Resiliência e Psicologia Positiva
Interfaces do Risco à Proteção

Organizadoras:
Débora Dalbosco Dell'Aglio
Sílvia H. Koller
Maria Angela Mattar Yunes

Resiliência e Psicologia Positiva
Interfaces do Risco à Proteção

Obra organizada por membros do Grupo de Trabalho e Desenvolvimento Humano em Situação de Risco Pessoal e Social da Associação Nacional de Pesquisa e Pós-graduação em Psicologia (ANPEPP).

Casa do Psicólogo®

© 2006, 2011 Casapsi Livraria e Editora Ltda.
É proibida a reprodução total ou parcial desta publicação, para qualquer finalidade,
sem autorização por escrito dos editores.

1ª Edição
2006

2ª Edição
2011

Editores
Ingo Bernd Güntert e Myriam Chinalli

Editora Assistente
Christiane Gradvohl Colas

Produção Gráfica e Editoração Eletrônica
Renata Vieira Nunes

Capa
Renata Vieira Nunes

Revisão
Eduardo Moreira

Dados Internacionais de Catalogação na Publicação (CIP)
(Câmara Brasileira do Livro, SP, Brasil)

Resiliência e psicologia positiva : interfaces do risco a
proteção / Débora Dell'Aglio, Sílvia H. Koller, Maria
Ângela Yunes, organizadoras. — 2. ed. — São Paulo :
Casa do Psicólogo®, 2011.

Bibliografia.
ISBN 978-85-8040-047-2

1. Resiliência (Traço da personalidade) I. Dell'Aglio,
Débora. II. Koller, Sílvia H.. III. Yunes, Maria Ângela.

11-02846	CDD-155.24

Índices para catálogo sistemático:
1. Resiliência : Psicologia positiva 155.24

Impresso no Brasil
Printed in Brazil

*As opiniões expressas neste livro, bem como seu conteúdo, são de responsabilidade de seus
autores, não necessariamente correspondendo ao ponto de vista da editora.*

Reservados todos os direitos de publicação em língua portuguesa à

Casapsi Livraria e Editora Ltda.
Rua Santo Antônio, 1010
Jardim México • CEP 13253-400
Itatiba/SP – Brasil
Tel. Fax: (11) 4524-6997
www.casadopsicologo.com.br

Dedicatória

Às nossas filhas Denise e Daniela Dalbosco Dell'Aglio,
Ariela Koller Hutz,
Mariana e Marcella Mattar Yunes.

Aos nossos amores Marcelo Coda Dell'Aglio,
Piotr Trzesniak.

Aos nossos alunos do NEPA/Instituto de Psicologia/UFRGS,
CEP-RUA/Instituto de Psicologia/UFRGS,
CEP-RUA/FURG.

Sumário

Prefácio **11**
Raquel Souza Lobo Guzzo

PARTE I - RESILIÊNCIA E PSICOLOGIA POSITIVA:
CONCEITUALIZAÇÃO E INTERFACES **17**

Resiliência: uma perspectiva conceitual e histórica **19**
Michele Poletto
Sílvia H. Koller

Psicologia positiva e resiliência: foco no indivíduo
e na família **45**
Maria Angela Mattar Yunes

Psicologia positiva, emoções e resiliência **69**
Simone Paludo
Silvia H. Koller

8 Resiliência e Psicologia Positiva: Interfaces do Risco a Proteção

PARTE II - RESILIÊNCIA E PSICOLOGIA POSITIVA: PESQUISA E INTERVENÇÃO 87

Desafios metodológicos para a pesquisa em resiliência: conceitos e reflexões críticas 89
Renata Maria Coimbra Libório
Bernardo Monteiro de Castro
Angela Elizabeth Lapa Coêlho

Resiliência familiar: baixa renda e monoparentalidade 117
Narjara Mendes Garcia
Maria Angela Mattar Yunes

Violência e pobreza: um estudo sobre vulnerabilidade e resiliência familiar 141
Clarissa De Antoni
Luciana Rodriguez Barone
Sílvia H. Koller

Família e abrigo como rede de apoio social e afetiva 173
Luciana Cassol
Clarissa De Antoni

A constituição de moradas nas ruas como processos de resiliência em adolescentes 203
Lene Lima Santos
Débora Dalbosco Dell'Aglio

Índice

Terapia cognitivo-comportamental e promoção de resiliência para crianças e adolescentes vítimas de violência sexual intrafamiliar 233
Luísa F. Habigzang
Sílvia H. Koller

Neuroplasticidade e resiliência em crianças e adolescentes vítimas de maus-tratos 259
Jeane Lessinger Borges
Christian Haag Kristensen
Débora Dalbosco Dell'Aglio

Sobre os autores e as autoras 285

Prefácio
Resiliência e vulnerabilidade: conceitos e discussões para uma psicologia que se recrie pela crítica

Temos vivido em um mundo onde as relações entre as pessoas são marcadas pela exploração e dominação – uma sociedade desigual e injusta, cheia de atrocidades, de abusos, de ilusão plantada pela ideologia dominante, uma sociedade que precisa de muitos pobres para que poucos esbanjem no poderio econômico, que imputa a uma grande maioria de homens, mulheres e crianças a dor cotidiana de lutar por tão pouco para sobreviver. A cada dia, para aqueles que querem ver e ouvir, ler a realidade tal como ela é, o antagonismo das classes sociais se impõe disfarçado de políticas públicas e ações assistencialistas.

Em todos os segmentos sociais, em cada canto dos espaços onde homens, mulheres e crianças se desenvolvem, pode-se perceber como a qualidade das relações sociais se perde, deixando transpirar um jeito de ser e viver contrário ao pleno desenvolvimento das possibilidades humanas.

12 Resiliência e Psicologia Positiva: Interfaces do Risco a Proteção

A prática profissional em contextos de pobreza e marginalidade faz surgir a necessidade de reflexões teóricas que possam denunciar o compromisso da psicologia com a classe dominante. Ao mesmo tempo, configura-se um desafio para esta profissão e ciência, a capacidade que certas pessoas têm de sobreviver diante de situações adversas, diante de tanto sofrimento, abandono, negligência e violência. A psicologia pouco ou nada contribui para compreender como muitas pessoas vivem. A capacidade de se tornar invencível ou invulnerável a certos embates do cotidiano chama a atenção de estudiosos e pesquisadores do ser humano. O que contribui para que certas pessoas resistam, lutem sem perder sua dignidade, sua capacidade de serem saudáveis?

Por isso, este livro apresenta-se como um momento instigador da evolução da psicologia como ciência e profissão, sobretudo no Brasil. O convite que recebi para escrever este prefácio chegou em boa hora. Um momento em que fecho um ciclo de produção e debates em torno da busca de indicadores para a avaliação de fatores de risco e proteção de comunidades de baixa renda, marcadas por um cotidiano de violência e violação de direitos fundamentais. Momento de crise, em que percebo o quanto distante estamos da construção teórica capaz de iluminar a prática em contextos não tradicionais de trabalho. Momento em que percebemos a importância do pensar e construir o conhecimento psicológico que ajude a desvelar a realidade em que vivemos. Agradeço à Sílvia pela oportunidade e cumprimento autoras e autores pela iniciativa estruturada em dez capítulos que abrangem uma variedade de temas relacionados à vulnerabilidade, resiliência, risco e proteção além de outros.

Interessante entender que a produção nesta área busca responder como e por que crianças ou adultos sobrevivem. E, neste processo, nuances conceituais são colocadas. Deixam clara a relação da resiliência com o conceito de estresse, de risco, mas também de processos psicossociais presentes em dado momento do desenvolvimento pessoal. Descrevem estudos que serviram como base para a formulação deste conceito e esclarecimentos sobre esta questão muito

Prefácio 13

associada aos processos de adaptação e ajustamento a situações inesperadas ou antagônicas àquilo que é considerado padrão social de comportamento.

A resiliência surge como um constructo que aponta para um novo modelo de se compreender o desenvolvimento humano – pela dimensão da saúde e não da doença. Ser resiliente, contudo, pode significar ajustar-se às diferentes condições de exploração, abuso, negligência e dominação tão presentes em uma sociedade como a nossa. Aí reside a importância de se pensar uma psicologia que almeje, antes de qualquer coisa, romper com o viés "negativo" e reducionista de algumas tradições epistemológicas que têm adotado o ceticismo diante de expressões salutogênicas de indivíduos, grupos ou comunidades.

Nesse sentido, postular uma ciência que focalize potencialidades e qualidades humanas exige esforço, reflexão e seriedade conceitual, teórica e metodológica maiores do que o estudo de distúrbios e desordens humanas, exatamente porque o conhecimento não está disponível e, mais do que isso é uma proposta de se romper com um pensamento dominante que hegemoniza a formação e a prática psicológicas.

Importante apontar para as possibilidades de pesquisa que se delineiam pela leitura deste livro - abordagens qualitativas por meio de histórias de vida, entrevistas reflexivas ou inserção ecológica, que buscam compreender a interpretação dada pelas pessoas sobre suas vidas, suas biografias, trazendo à luz elementos novos para a compreensão do que seja risco ou proteção neste processo. O desenvolvimento desse conceito em sociedades como a brasileira e latino americana surge como uma alternativa de compreensão para a dinâmica de sobrevivência e resistência à opressão e violência. No entanto, é preciso cautela na sugestão de uma capacidade de se conformar com as circunstâncias concretas que destroem a força e o potencial de transformação social.

No capítulo 1, Poletto e Koller iniciam suas reflexões a respeito da resiliência narrando as duas histórias que exemplificam trajetórias

14 Resiliência e Psicologia Positiva: Interfaces do Risco a Proteção

de vidas diferentes de crianças que enfrentam um contexto tão presente na realidade brasileira – são pobres, habitam em periferia e estudam em escolas públicas, no entanto, apresentam diferentes realidades de convívio familiar e de interação social e respondem às demandas da vida também de forma muito diferente. As autoras apresentam o conceito de resiliência, a origem do termo e discutem a relação entre resiliência e vulnerabilidade, fatores de risco e proteção. Além disso, fazem uma revisão sobre as pesquisas que associam a resiliência a certas condições, tais como a segurança do apego, ao mesmo tempo em que desvelam a importância e a necessidade de muitos estudos ainda sobre este tema.

No capítulo 2, Yunes enfatiza a relação entre psicologia positiva e resiliência, detalhando esse movimento da psicologia contemporânea que procura compreender os aspectos potencialmente saudáveis das pessoas, em contraposição ao modelo tradicional de orientação a partir das psicopatologias. Sugere que a resiliência pode ser indicativa de padrões saudáveis de comportamento. No entanto, a autora chama a atenção para a importância e o cuidado de se discutir este constructo ressaltando aspectos ideológicos que podem provocar equívocos na compreensão da melhor atitude das pessoas diante da conjuntura política e social. Destaca três elementos para a análise dos processos de resiliência em grupos sociais, como a família: o sistema de crenças e valores, processos de comunicação e padrões de organizações, os quais dão suporte à construção de um grupo saudável e à compreensão do que ocorre em termos individuais. Oferece, portanto, novas direções para as futuras pesquisas nesta área.

No capítulo 3, Paludo e Koller aprofundam a importância do movimento da psicologia positiva e as pesquisas que apontam para elementos relacionados tanto às características de indivíduos como de grupos e comunidades. Importante neste capítulo é a revisão da literatura que demonstra dimensões metodológicas presentes nos estudos referentes a esta área.

O capitulo 4, apresentado por Liborio, Castro e Coelho, chama a atenção para a metodologia de pesquisa envolvendo esse conteúdo

Prefácio 15

teórico e destaca o perigo da possibilidade de rotulação ou classificação de indivíduos ou grupos e comunidades em resilientes ou não resilientes. Destacam ainda a importância de se buscar, com essas investigações, subsídios para a formulação e avaliação de políticas públicas que visem a saúde física e psicológica da população.

O capítulo 5, de Garcia e Yunes, discute a resiliência familiar e suas relações com situações de baixa renda e monoparentalidade, descrevendo uma pesquisa feita com mulheres de baixa renda e suas histórias de vida. As autoras procuraram desvelar processos e dinâmicas de famílias pobres, pouco estudadas sob esta perspectiva da resiliência.

O capítulo 6, de Antoni, Baroni e Koller, apresenta uma discussão sobre violência, pobreza, vulnerabilidade e resiliência familiar. Uma mistura de ingredientes desafiadora para a psicologia hegemônica que, de forma categórica, estabelece uma associação quase sempre linear entre estes fenômenos.

No capítulo 7, Cassol e Antoni apresentam um estudo de caso de uma adolescente em situação de risco e discutem a importância das redes de apoio social e afetivo envolvidos na história de vida dela. Trazem para a reflexão a presença de diferentes sistemas de desenvolvimento das crianças e adolescentes, suas contradições e possibilidades.

No capítulo 8, Santos e Dell'Aglio discutem a resiliência a partir da morada na rua, em que o habitar-morar passa a se constituir como referência para proteção ou risco nestes contextos, considerando o período da adolescência. Os adolescentes em situação de rua, segundo as autoras, vivem uma história de resistência às adversidades e rompem com um padrão social-familiar imposto criando novas formas de ajuste psicossocial.

O capítulo 9, apresentado por Habigzang e Koller, chama a atenção para a violência sexual contra crianças e adolescentes e o impacto sobre o desenvolvimento infantil. Mostra um quadro de grandes dificuldades e necessidades para o estudo e a intervenção, junto a este problema, e associa direções para intervenção.

Finalizando, o capítulo 10, de Borges, Kristensen e Dell'Aglio, retoma a questão dos maus-tratos e da violência contra crianças e adolescentes sob a perspectiva da neuroplasticidade e chama a atenção para a resiliência como forma de impedir os efeitos de circunstâncias adversas no desenvolvimento infantil.

Não devemos entender aqui que todo esse conhecimento deva ser aplicado para a construção de sociedades, comunidades e pessoas conformadas e satisfeitas com as injustiças, com as adversidades provenientes de exploração de uns pelos outros. Muito menos cabe a nós essa tarefa.

Não devemos incorporar o conhecimento da resiliência e a perspectiva positiva da psicologia, enquanto uma ciência do "saudável e não do patológico", como mais um instrumento de legitimação da desigualdade e do ajustamento servil à ordem social dominante.

A cada momento em que penso na história da psicologia como uma ciência que apareceu para legitimar interesses de classe, arvoro-me diante das possibilidades de negarmos esta psicologia em favor de uma ciência que nos ajude a promover processos psicossociais de emancipação humana. Afinal, temos que nos rebelar contra esta ordem social que nos sufoca, nos diferencia, nos exclui, nos ameaça.

E, para mim, conhecendo a força humanizadora que vem das relações de proteção, dos processos de resiliência construídos ao longo da convivência entre humanos, podemos estimular o sentido crítico que cada criança, adolescente, agrupamentos familiares e comunidade precisam desenvolver para reafirmar o direito à vida, digna e justa para todos.

Encerro agradecendo a oportunidade de compartilhar com este conhecimento produzido e desejando a todos os leitores que se sintam estimulados a promover pela resiliência a emancipação capaz de devolver a cada sujeito seu potencial realizador e transformador diante da vida.

Raquel Souza Lobo Guzzo
PUC-Campinas
Campinas, abril de 2006

PARTE I

Resiliência e psicologia positiva: conceitualização e interfaces

Resiliência: uma perspectiva conceitual e histórica

Michele Poletto
Sílvia H. Koller

Pedro e João são dois bons amigos, de oito anos de idade, que estudam na escola de sua comunidade. Eles freqüentam a mesma sala de aula, mas têm trajetórias de vida muito diferentes. Pedro mora com sua mãe e uma irmã de três anos. Sua casa pode ser descrita como um casebre sem pintura e feito de madeiras de demolição. No entanto, apesar dos buracos feitos pelo tempo, a família o mantém limpo e organizado. A mãe de Pedro sai cedo de casa para trabalhar em uma fábrica de calçados do outro lado da cidade. Seu salário é indispensável para garantir o sustento da família. O pai de Pedro morreu há mais de um ano, em um acidente de trabalho. Quando a mãe sai para trabalhar, Pedro imbui-se da condição de "mocinho da casa": cuida de tarefas domésticas, como lavar a louça, limpar o chão e levar sua irmã, por quem fica também responsável, para creche antes de ir para a sua escola. A mãe de Pedro, apesar da carência financeira e a permanente preocupação pelo sustento e cuidado dos filhos, tem um convívio que pode ser considerado saudável. Ela acompanha as atividades escolares de Pedro e incentiva muito que ele e sua irmã estudem, para que no futuro alcancem uma condição de vida melhor. Pedro tem apresentado um bom desempenho escolar, é um menino inteligente, embora às vezes, pareça um pouco cansado. Mas tem tido o apoio da escola e dos colegas nas tarefas e sempre diz que quando crescer que ser doutor, por isto estuda bastante.

João tem oito anos e também mora com sua mãe. A casa onde vivem é muito pequena e as condições são precárias. Há meio ano, João apresentou uma suspeita de diabetes e sua mãe foi orientada sobre os cuidados com a alimentação e a necessidade de fazer alguns exames médicos. A mãe de João, apesar de preocupar-se com o filho, não tem tido tempo para levá-lo ao médico e fazer uma avaliação. Ela apenas o proíbe de comer doces, o que o deixa muito irritado. Sua mãe é empregada doméstica em uma casa de família e quando chega em casa já não sente vontade de cuidar das tarefas. João quase não vê o pai. Seus pais estão separados há um ano, depois de algumas desavenças e situações de violência. Geralmente, o pai chegava embriagado e se mostrava agressivo. Inúmeras vezes, sua mãe e ele se abrigaram na casa de Pedro para escapar das agressões. Após uma denúncia e, posterior intervenção do Conselho Tutelar, o pai de João foi embora. Mas ainda retorna freqüentemente alcoolizado e quer invadir a casa para agredir a família. No último ano, o rendimento escolar de João foi baixo, não conseguindo aprovação. Além disso, a saúde do menino está fragilizada. João não interessa-se pelas aulas, não quer brincar com os colegas e prefere fugir da escola para conseguir dinheiro e comprar doces na redondeza. João não tem o apoio da escola e dos colegas nas tarefas, ele é considerado como desinteressado e não pertencente ao grupo de brincadeiras da turma de escola. No entanto, João encontra Pedro no caminho para a escola e diz a ele que vai tentar ser um menino bom, que quer estudar e que os dois vão ser companheiros no trabalho quando ficarem adultos. João também sonha com uma vida melhor.

As histórias de João e de Pedro exemplificam trajetórias de vidas diferentes de crianças que enfrentam situações de adversidade, têm carência financeira, habitam um bairro de baixa renda e freqüentam uma escola de periferia. Suas realidades de convívio familiar e de interação social diferem fortemente. João encontra-se muitas vezes sozinho, ao lado de uma mãe frágil, que nem sempre consegue protegê-lo da presença e da ausência "problemática" do pai. Além disso, a falta de cuidados em relação à saúde o expõe a uma condição de vulnerabilidade, diante dos inúmeros riscos presentes em seu contexto de desenvolvimento (alcoolismo e brigas em casa, por exemplo). Esta falta de apoio afetivo e social gera danos a João, fragiliza sua saúde, baixa seu rendimento escolar e o deixa ainda mais só. Pedro também é pobre, anda sozinho e tem responsabilidades de adulto, apesar de ter apenas oito anos de idade. A confiança da mãe em Pedro, embora demasiada, o faz sentir ainda mais seguro. Mostra-se muitas vezes cansado, mas tem encontrado apoio na escola, que o percebe como esforçado. Recebe carinho e atenção da mãe, embora em muitos momentos a falta de recursos comprometa o suprimento total das suas necessidades básicas. No entanto, João e Pedro sonham como qualquer criança e sua amizade os ajuda a fazer planos juntos. São pessoas em desenvolvimento, cidadãos de direitos e deveres e, como muitas outras crianças brasileiras, protagonizam histórias de enfrentamento e superação de condições adversas.

Histórias como as de João e Pedro e de muitas outras crianças em desenvolvimento serão tratadas neste livro. São histórias de pessoas que lidam no seu cotidiano com adversidades, mas que contam com a proteção e os recursos de seu contexto e suas próprias potencialidades para seguir suas trajetórias de vida. São histórias sobre o fenômeno da resiliência e de um ser humano que cresce, amadurece e aprende, principalmente por suas capacidades e características positivas do que pelas suas limitações e iminência de adoecimento.

Neste capítulo é apresentado o conceito de resiliência, sua evolução ao longo do tempo e os principais conceitos associados a ele. Além disso, é discutida a relação estabelecida entre resiliência, fatores de proteção, fatores de risco e vulnerabilidade. A abordagem teórica e metodológica do desenvolvimento humano, postulada por Bronfenbrenner (1979/1996) constitui-se no pano de fundo deste livro e, é brevemente descrita, pois contribui na compreensão das interações das pessoas com seus contextos e histórias de vida ao longo do seu ciclo de desenvolvimento.

Aspectos históricos: a origem do termo

Originariamente, o termo resiliência surgiu da física, conforme o dicionário brasileiro de Ferreira (1975) e se refere à "propriedade pela qual a energia armazenada em um corpo deformado é devolvida quando cessa a tensão causadora da deformação elástica" (p. 1223). Um exemplo muito utilizado para representar tal conceituação é o de um elástico que, após uma tensão inicial, volta ao estado inicial. Já o dicionário de língua inglesa *Longman Dictionary of Contemporary English* (1995) traz duas definições ao termo. A psicológica diz que resiliência é a habilidade de voltar rapidamente para o seu usual estado de saúde ou de espírito, depois de passar por doenças e dificuldades. Menciona essa descrição como resiliência de caráter. De acordo com a definição da física é a habilidade de uma substância retornar à sua forma original quando a pressão é removida: flexibilidade (Yunes, 2003).

Na psicologia, a conceituação do termo resiliência não é tão precisa como na física e na engenharia, principalmente considerando a multiplicidade e a complexidade de fatores e variáveis levadas em conta no estudo de fenômenos humanos. No entanto, o estudo da resiliência é relativamente recente e vem ganhando espaço em muitos centros de pesquisa e a atenção de inúmeros pesquisadores, em países em desenvolvimento, na América Latina e no Brasil.

Invulnerabilidade ou invencibilidade são precursores da definição do termo resiliência na psicologia. A invulnerabilidade era utilizada para descrever crianças que, apesar de vivenciarem longos períodos de adversidades e estresse psicológico, apresentavam saúde emocional e alta competência (Werner & Smith, 1982, 1992).

Para um dos precursores no estudo da resiliência na psicologia, o psiquiatra Michael Rutter (1985, 1993), a invulnerabilidade significaria uma resistência absoluta ao estresse, uma característica não sujeita a mudanças. Esta seria apenas uma característica intrínseca do indivíduo, principalmente porque a resistência ao estresse é variável. Zimmerman e Arunkumar (1994) afirmam que a resiliência e a invulnerabilidade não são termos que se equivalem, ou seja, a resiliência seria uma habilidade de superar adversidades. Não significa, no entanto, que o indivíduo saia completamente ileso de determinada situação adversa, como na idéia associada ao termo invulnerabilidade.

Os padrões de adaptação individual da criança são estudados em associação ao ajustamento apresentado na idade adulta. O maior exemplo dessas pesquisas são os estudos longitudinais. Werner e Smith (1982, 1992) realizaram um estudo longitudinal que durou cerca de 40 anos, com início em 1955. Embora não tivessem como objetivo primordial estudar a resiliência, mas os efeitos cumulativos da pobreza, do estresse perinatal e dos cuidados familiares deficientes no desenvolvimento de crianças, estes estudiosos perceberam que nem todas as crianças provenientes de ambiente com a presença de quatro ou mais fatores de risco (pobreza, baixa escolaridade dos pais, baixo peso ao nascer, estresse perinatal, entre outros) desenvolveram ou apresentavam problemas de aprendizagem ou de comportamento. Essas crianças, então, foram denominadas resilientes (Werner, 1986, 1993; Werner & Smith, 1982, 1992).

Os primeiros estudos do psiquiatra Michael Rutter datam do princípio da década de 1970, com a investigação de diferenças entre meninos e meninas que viviam em lares desfeitos por conflitos. Os resultados obtidos mostraram que os meninos eram mais vulneráveis que as meninas, não apenas aos estressores físicos, como também aos psicossociais (Rutter, 1970). Suas pesquisas seguintes deram resultados que levaram à afirmação de que um único estressor não possui impacto significante, entretanto a combinação de dois ou mais estressores pode diminuir a probabilidade de conseqüências positivas no desenvolvimento e estressores adicionais aumentam o impacto de outros estressores presentes (Rutter, 1979, 1981).

Considerações conceituais

A resiliência, de acordo com Rutter (1987), é como uma "variação individual em resposta ao risco e os mesmos eventos estressores podem ser experienciados de maneira diferente por diferentes pessoas. [...] A resiliência não pode ser vista como um atributo fixo do indivíduo, e se as circunstâncias mudam a resiliência se altera" (p. 317). Em 1999, Rutter define a resiliência como "um fenômeno em que se supera o estresse e as adversidades" (p. 119). Entretanto, esclarece que a "resiliência não constitui uma característica ou traço individual" (p. 135). Rutter considera que a resiliência só pode ser vista como um conjunto de processos sociais e intrapsíquicos que acontece em dado período, juntamente a certas combinações benéficas de atributos da criança, de sua família, do ambiente social e cultural. Dessa forma, todos os processos psicossociais que subjazem o desenvolvimento saudável podem envolver-se na resiliência. Seguindo este raciocínio, "a resiliência seria, pois, o desenvolvimento normal sob condições difíceis" (Moraes & Rabinovich, 1996, p. 12).

O conceito de resiliência sustenta-se, segundo Kotliarenco, Alvarez e Cáceres (1995), através da compreensão das diferenças individuais existentes entre os indivíduos e de como estas diferenças interagem, dependendo de vários fatores, como por exemplo, a idade do indivíduo, o nível de desenvolvimento do sistema nervoso, o gênero, a genética, o contexto cultural e ambiental. De acordo com as autoras, as respostas diante de eventos que ocorrem durante a vida do indivíduo, muitas vezes, dependem também da etapa do desenvolvimento na qual o indivíduo se encontra.

Apesar do conceito de resiliência ser novidade no campo da Saúde Pública, Junqueira e Deslandes (2003) mencionam que a área da Psicologia se debruça exatamente sobre estes aspectos, buscando a elaboração simbólica diante do sofrimento humano. O enfoque da resiliência está centrado nas situações que permitem estudos sobre o desenvolvimento sadio e positivo. Diante disso, ao considerar a criança um ser atuante frente ao ambiente, quanto mais resistente às condições desfavoráveis e estressantes ela estiver, conseqüentemente, de maneira mais ativa desenvolverá estratégias benéficas ao seu desenvolvimento e atuará sobre seu ambiente (Poletto, Wagner, & Koller, 2004).

Em 2000 e 2001, a revista da Associação Americana de Psicologia (*American Psychologist*) publicou artigos que mencionavam conceitos centrais de uma nova área na psicologia, a denominada psicologia positiva. Conforme Seligman e Csikszentmihalyi (2001), a psicologia positiva busca o entendimento dos processos e fatores que proporcionam o desenvolvimento psicológico sadio. Além disso, lhe interessa saber quais elementos implicam o fortalecimento e a construção de competências nos indivíduos. A resiliência é um dos conceitos que se aplica a esta concepção. Sheldon e King (2001) sugerem que os psicólogos adotem uma abertura que propicie uma perspectiva que considere as potencialidades, motivações e capacidades humanas nos mais variados momentos e situações de vida. Com este direcionamento, diversos trabalhos têm utilizado a psicologia positiva e a resiliência para a compreensão/entendimento de temáticas quanto à concepção de saúde e em estudo com famílias (por exemplo, Morais & Koller, 2004; Yunes, 2003).

A teoria do apego de Bowlby é utilizada por alguns autores para entender aspectos relacionados à resiliência (Fonagy, Steele, Steele, Higgitt, & Target, 1994). Segundo esses autores, crianças resilientes seriam aquelas seguramente apegadas. Sugerem que o apego seguro seria parte do processo mediador da resiliência devido ao modelo interno hipotético de relações decorrentes deste apego. A partir disso, pais inseguramente apegados podem transmitir este tipo de relação a seus filhos. Entretanto uma presença, mesmo que pouco freqüente, mas estável e responsiva na vida da criança pode ser um fator protetivo e contribuir para o estabelecimento de um modelo interno mais seguro de relação.

A compreensão de Cyrulnik (2002) sobre resiliência concebe-a como capacidade do ser humano em responder a um trauma e de ser feliz apesar deste ter marcado sua vida. Este estudioso menciona, como exemplo, crianças maltratadas ou abandonadas ou que sobrevivem a guerras em campos de refugiados. Algumas podem arrastar o mal sofrido por toda sua vida, outras podem conseguir seguir adiante e manter suas vidas positivamente.

Ao abordar a questão do desenvolvimento da resiliência, Rutter (1985) identifica como importantes fatores as experiências positivas que levam a sentimentos de auto-eficácia, autonomia e auto-estima, capacidade em lidar com mudanças e adaptações, e um repertório amplo de abordagens para resolução de problemáticas. Bandura (1989) define auto-eficácia como crença do indivíduo sobre sua capacidade de desempenho em atividades específicas, envolvendo o julgamento sobre suas capacidades para mobilizar recursos cognitivos e ações de controle sobre eventos e demandas do meio.

A resiliência é considerada por Moraes e Rabinovich (1996, p. 11) como "uma combinação de fatores que auxiliam os indivíduos a enfrentar e superar problemas e adversidades na vida". Segundo essas autoras, pesquisas recentes mencionam três fontes de resiliência: 1) atributos da criança; 2) atributos do ambiente; e, 3) atributos do funcionamento psicológico da criança. Em relação aos atributos da criança destacam: a) ausência de deficiências orgânicas; b) temperamento fácil; c) idade precoce por ocasião do trauma; d) ausência de perdas e separações precoces. Como atributos do ambiente elegem: a) maternagem competente, esta inclui responder às necessidades únicas da criança, oportunizar modelos de comportamento, propiciar o desenvolvimento da criatividade e da expressividade;

b) boa rede de relações informais; c) apoio social formal (educação); d) atividade organizada; e) ter fé. Conforme Moraes e Rabinovich (1996), as características do funcionamento psicológico da criança incluem: a) inteligência e capacidade de resolver problemas; b) autonomia ou locus interno de controle; c) boa auto-estima; d) empatia; e) desejo; f) capacidade de planejamento; e, g) senso de humor.

A resiliência e a abordagem bioecológica do desenvolvimento humano

A teoria bioecológica de desenvolvimento humano (TBDH) é útil para o estudo e para a compreensão do construto da resiliência, uma vez que procura integrar aspectos individuais e ambientais, contemplando os fatores relacionados com o fenômeno a ser investigado. Deste modo, se constitui em uma abordagem através da qual se pode compreender o desenvolvimento em situações atípicas, privilegiando aspectos de resiliência, vulnerabilidade, risco e proteção (Cecconello, 2003).

Esta teoria concebe o desenvolvimento a partir da interação dinâmica de quatro elementos: o contexto, a pessoa, o tempo e o processo. O contexto é definido em quatro níveis ambientais organizados de forma concêntrica: microssistema, mesossistema, exossistema e macrossistema. É no contexto dos microssistemas que ocorrem os processos proximais pela presença de outros significativos. Nesse nível, há um padrão de atividades, papéis sociais e relações interpessoais experienciados face-a-face pelo indivíduo. O mesossistema consiste no conjunto de microssistemas que uma pessoa freqüenta e as inter-relações estabelecidas por eles. O exossistema envolve ambientes que o indivíduo não freqüenta como um participante ativo, mas que influenciam indiretamente o seu desenvolvimento (trabalho dos pais, rede de apoio social e comunidade em que a família está inserida). O macrossistema é o conjunto de ideologias, valores e crenças, religiões, formas de governo, culturas e subculturas que influenciam o desenvolvimento do indivíduo (Bronfenbrenner, 1979/1996). O segundo componente da teoria bioecológica é a pessoa. As características da pessoa influenciam de forma fundamental a direção e o conteúdo dos processos proximais. Bronfenbrenner (1979/1996) situa três características da pessoa que atuam no desenvolvimento e influenciam os processos proximais: força, recursos e demandas. A força refere-se às disposições comportamentais ativas que têm o potencial de desenvolver ou impedir a ocorrência de processos proximais. As forças geradoras dispõem orientações comportamentais ativas e as desorganizadoras, dificuldades. O funcionamento efetivo da pessoa através dos processos proximais ao longo do ciclo vital envolve os recursos biopsicológicos, isto é, experiências, habilidades e conhecimentos que se desenvolvem no tempo. Por fim, as demandas são atributos da pessoa capazes de provocar ou impedir reações do ambiente social e, por isso, podem favorecer o desenvolvimento dos processos proximais (Bronfenbrenner, 1979/1996).

O terceiro componente é o tempo. Este exerce um papel no desenvolvimento a partir de mudanças e continuidades características do ciclo de vida. Assim, há o microtempo (continuidade e descontinuidade observadas dentro de pequenos episódios dos processos proximais), o mesotempo (periodicidade dos episódios de processo proximal através de intervalos maiores de tempo como dias e semanas, sendo que os efeitos cumulativos destes processos podem produzir resultados significativos no desenvolvimento) e o macrotempo (eventos em mudança dentro da sociedade através de gerações). Ainda em relação ao tempo, situam-se transições biológicas e sociais designadas como normativas (criança na escola, namoro, casamento, puberdade) e não normativas (mudanças súbitas, não previstas; Bronfenbrenner, 1979/1996).

O processo é o construto central do modelo bioecológico. Os processos proximais são formas particulares de interação entre o

Resiliência: uma perspectiva conceitual e histórica   29

organismo e o ambiente, incluindo outras pessoas, objetos e símbolos, que operam ao longo do tempo e são os principais motores do desenvolvimento. A competência e a disfunção são dois tipos de efeitos resultantes desses processos. A primeira envolve a aquisição de conhecimentos, habilidades e capacidades para a condução e direcionamento do comportamento do indivíduo e a segunda refere-se à manifestação recorrente de dificuldades na manutenção da integração e do controle do comportamento, na qual encontram-se os sintomas psicopatológicos (Bronfenbrenner & Morris, 1998).

Na perspectiva da TBDH, enfatizam-se as peculiaridades desenvolvimentais experienciadas pelos indivíduos que se desenvolvem em determinado contexto e não os déficits encontrados quando relacionados comparativamente com outros indivíduos que vivem em contextos culturalmente esperados. É esse o caso, por exemplo, quando se estuda crianças ou adolescentes em situação de rua. Seguindo esta concepção, percebe-se claramente que os contextos nos quais estas crianças "circulam" são certamente diferentes se comparados aos contextos de crianças da mesma faixa etária que moram com suas famílias. Para o estudo da resiliência, tais diferenças e dimensões devem ser levadas em conta.

A TBDH, ao estudar o desenvolvimento contextualizado, permite que a resiliência seja melhor entendida e, ao mesmo tempo, impede que critérios de estudos para a compreensão do desenvolvimento com determinadas populações sejam utilizados em outras (Morais & Koller, 2004).

A resiliência em estudos/pesquisas

Estudos brasileiros recentes na área da psicologia discutem e analisam as mais variadas temáticas à luz do conceito de resiliência. Poletto, Wagner e Koller (2004) estudando meninas em situação de risco, destacaram a resiliência pela utilização de diferentes recursos de enfrentamento e de superação de problemas e dificuldades nas suas vidas. O estudo com adolescentes que sofreram maus tratos intrafamiliares, realizado por De Antoni e Koller (2000), analisou a vulnerabilidade e a resiliência das famílias destas adolescentes diante de situações de estresse. Abuso sexual (Junqueira & Deslandes, 2003), dependência química (Neiva-Silva, 2003), famílias de baixa renda (Yunes, 2001) são também temas, dentre outros, encontrados na literatura discutindo a resiliência. No Brasil, a resiliência tem sido tema de poucos e recentes estudos, entretanto, este número vem aumentando nos últimos anos. Apesar disso, uma parte expressiva da população desconhece a palavra resiliência e seus significados.

Diante de inúmeros trabalhos desenvolvidos sobre resiliência, Junqueira e Deslandes (2003) realizaram um estudo de conceitos atribuídos à resiliência. Estes autores concluíram que o conceito de resiliência apresenta polarizações em torno dos seguintes eixos: adaptação/superação, inato/adquirido, permanente/circunstancial, mas também mencionam uma questão em comum: a singularidade e a delicadeza das relações microssociais de promoção de saúde. Além disso, defendem que o conceito de resiliência traduziria de maneira conceitual a possibilidade de superação num sentido dialético. Neste sentido, representa um novo olhar, uma resignificação da problemática que não a elimina, mas que é parte constituinte da história do indivíduo.

Com o objetivo de investigar os processos de resiliência e vulnerabilidade em famílias em situação de risco, Cecconello (2003) identificou a presença de diversos fatores de risco e proteção, internos e externos em cada família. A pobreza e a violência presentes na comunidade potencializam os efeitos negativos associados aos fatores de risco internos à família, como a violência doméstica, o alcoolismo e a depressão materna. Entretanto, a pobreza e a violência não atuam como risco para estas famílias quando estão ausentes, uma vez que parecem ser moderadas pela presença de fatores de proteção, internos e externos à família: características pessoais dos seus membros, a coesão familiar e o apoio conjugal/social, por exemplo. A interação destes fatores de proteção contribui para a promoção da resiliência, através de um processo compartilhado pela família como um todo e por processos individuais.

Resiliência e fatores de risco e de proteção

A definição de resiliência, segundo Morais e Koller (2004), a partir da compreensão da interação do indivíduo com o seu ambiente, implica o entendimento também dinâmico dos chamados fatores de risco e de proteção. Os fatores de risco estão relacionados a toda sorte de eventos negativos de vida que, quando presentes no seu contexto, aumentam a probabilidade do indivíduo apresentar problemas físicos, psicológicos e sociais. Já os fatores de proteção correspondem às influências que modificam, melhoram ou alteram respostas individuais a determinados riscos de desadaptação. Além disso, enfatiza-se também uma abordagem de processos, nos quais diferentes fatores interagem entre si e modificam o percurso do indivíduo, tanto para produzir uma experiência estressora como uma protetora em seus efeitos.

Rutter (1987) afirma que a resiliência é o processo final de mecanismos de proteção que não eliminam o risco, mas encorajam o indivíduo a se engajar na situação de risco efetivamente. Cowan, Cowan e Schulz (1996) relacionam a resiliência ao risco da seguinte maneira: "resiliência refere-se aos processos que operam na presença de risco para produzir conseqüências boas ou melhores do que aquelas obtidas na ausência de risco" (p. 14).

As primeiras pesquisas científicas relacionadas a risco foram realizadas no campo da Epidemiologia e da Medicina e possuíam como foco estudar padrões de doença em determinadas populações e fatores que influenciariam estes padrões (ver Lilienfield & Lilienfield, 1980). O sentido e a maneira de mensurar risco sofreram mudanças significativas, principalmente ao considerar a atual aplicação do termo na área da saúde mental. Certamente, definir risco quando se trata de doenças mentais é mais complicado e complexo do que prever a perda ou não de mercadorias (Cowan, Cowan, & Schulz, 1996).

A conceituação do termo risco sofreu ampliação, segundo Yunes (2001), à medida que se passou a estudar os riscos psicossociais. Especialmente quando se reconheceu que a privação econômica é, para a criança, fonte principal de risco sociocultural e que a pobreza e a miséria são importantes fatores de risco universal. O termo risco tem sido utilizado na área da saúde mental com a significação de estressor ou fator que predispõe um resultado negativo ou indesejado. O risco poderá desencadear um distúrbio ou uma doença de acordo com sua severidade, duração, freqüência ou intensidade de um ou mais sintomas ou comportamentos. Risco é um processo e não um evento estático. Pode ser conceituado por suas implicações nas relações e em seus resultados específicos. Determinada situação poderá ter qualquer variável agindo como indicador de risco. "A magnitude do risco é medida como a probabilidade de um resultado negativo específico em dada população, quando um risco está presente comparado com a probabilidade de quando ele não está presente" (Cowan, Cowan, & Schulz, 1996, p. 9).

Um olhar cauteloso e crítico sobre a história da infância demonstra que riscos de todas as espécies sempre estiveram presentes em qualquer tempo e lugar, o que varia é a construção social do que se constitui como risco (Martineau, 1999). Nos últimos anos, é crescente o interesse em compreender o poder de determinados tipos de estressores sobre a infância. Cowan, Cowan e Schulz (1996) entendem que os fatores de risco relacionam-se com toda a sorte de eventos negativos de vida, e que, quando presentes, aumentam a probabilidade de o indivíduo apresentar problemas físicos, sociais ou emocionais. Yunes (2001) menciona que alguns eventos experienciados pela criança são estudados como estressores no desenvolvimento: divórcio dos pais, perdas de entes próximos, abuso sexual/físico, pobreza, entre outros. Entretanto, Hutz, Koller e Bandeira (1996) assinalam que uma criança será considerada em situação de risco quando do seu desenvolvimento não ocorrer conforme o esperado para sua faixa etária e para os parâmetros de sua cultura.

Risco não deve ser concebido estaticamente. Cowan, Cowan e Schulz (1996) verificaram que os estressores eram tradicionalmente concebidos de modo imóvel, dessa forma, a presença de risco já previa conseqüências indesejáveis. No entanto, dependerá do comportamento que se tem em mente e dos mecanismos pelos quais os processos de risco operam efeitos negativos sobre a criança, que fatores como pobreza e conflito marital se constituirão como risco ou não. Por isso, diversos autores (Cowan, Cowan & Schulz, 1996; Luthar, 1993) evocam que uma condição de risco não pode ser assumida *a priori* e que o risco deve sempre ser pensado como processo e não como a variável em si.

Quaisquer mudanças no ambiente, que comumente levam a um alto grau de tensão e interferem nos padrões normais de resposta do indivíduo são considerados eventos estressantes de vida (Masten & Garmezy, 1985). Tais eventos têm sido associados a inúmeros distúrbios físicos e mentais. O baixo nível sócio-econômico, baixa escolaridade, famílias numerosas e ausência de um dos pais são alguns fatores estressores encontrados e apontados por diversos pesquisadores (Hutz, Koller, & Bandeira, 1996; Yunes, 2001).

Risco psicológico, de acordo com Cowan, Cowan e Schulz (1996), pode mudar à medida que há transformações nas circunstâncias de vida, passando o indivíduo a ter chances aumentadas de defrontar-se com novos riscos, desenvolver novas vulnerabilidades e de possuir novas oportunidades de desenvolver resiliência. Dessa forma, não há a possibilidade da utilização de um raciocínio linear quando se trata de risco psicológico. Conforme Tavares (2001, p. 25), "é preciso identificar que processos ou mecanismos influenciam o que liga risco à conseqüência em um determinado ponto da história do indivíduo".

Fatores de risco estão menos relacionados às conseqüências do comportamento e mais aos fatores que limitam a probabilidade de sucesso (Blum, 1997). Todavia, expor-se ao risco focaliza o comportamento propriamente dito, ou seja, a conduta de risco.

Os fatores de risco associados ao desenvolvimento de distúrbios abrangem características individuais e ambientais. As características ambientais incluem eventos estressantes de vida, apoio social e características familiares e culturais. Já as individuais envolvem sexo, variáveis demográficas, habilidades sociais e intelectuais, história genética e aspectos psicológicos (Masten & Garmezy,1985).

Para a redução dos efeitos do risco é necessário compreender as variações nas respostas individuais diante destes indicadores (fatores de risco ou de proteção). Principalmente porque a situação de risco pode ser modificada para produzir resultados positivos ou negativos. Neste sentido, alguns indivíduos/famílias enfrentam satisfatoriamente um problema e outras não (Pianta & Walsh, 1996). Os fatores de risco e de proteção, segundo Rutter (1987), devem ser investigados dentro do contexto da vida do indivíduo, principalmente porque um fator de proteção pode futuramente transformar-se em um risco. Neste sentido, um indicador na mesma criança pode funcionar, dependendo da situação, como risco e, também, como fator de proteção ou mesmo ser considerado um fator neutro. Marta é uma estudante de 15 anos, tímida, quase não fala em grandes grupos e tem poucos amigos; entretanto possui um desempenho excelente na escola e participa de atividades em sua comunidade proporcionadas por uma organização não-governamental (ONG). Pode-se tomar uma das características dessa adolescente para pensar a necessidade de contextualização quando se avalia se determinado aspecto é risco, proteção ou um elemento neutro. Neste exemplo, tomar-se-á a timidez (mesma variável) da adolescente, que pode levar a depressão (risco), evitar a delinqüência (proteção) ou não interferir na aquisição de conhecimentos (neutro).

Os fatores protetivos são entendidos por Jessor, Van Den Boss, Vanderryn, Costa e Turbin (1995) como condições que diminuem a probabilidade de o indivíduo desenvolver problemas de externalização. Seus efeitos podem ser diretos ou indiretos; atuando na conduta dos indivíduos de forma intermediária ou não ao moderar a relação entre os fatores de risco e comportamento. Já Kotliarenco, Alvarez e Cáceres (1995) entendem os fatores protetores como características ambientais

Resiliência: uma perspectiva conceitual e histórica 35

e/ou individuais que amenizam ou reforçam aos indivíduos para que não estejam sob os efeitos negativos do ambiente. A proteção não elimina os fenômenos psicológicos da situação vivenciada, o que ocorre é uma mudança na maneira como os indivíduos enfrentam as situações em suas vidas, principalmente, quando submetidos a circunstâncias estressantes e desvantajosas.

Os fatores de proteção podem não apresentar efeito na ausência de um estressor, pois de acordo com Rutter (1987), sua função é modificar a resposta do indivíduo à situação de risco. Ele adverte que estudiosos não devem equivaler fatores de proteção a condições de baixo risco e considera três aspectos para fazer esta distinção: 1) um fator de proteção não é necessariamente uma experiência agradável; 2) os fatores protetivos podem não ter efeito algum na ausência de um estressor; e, 3) os fatores de proteção não são somente experiências, mas também as qualidades do indivíduo.

Dessa forma, diante de uma situação estressora, os conceitos de proteção e de vulnerabilidade podem aparecer como se fossem lados diferentes de uma mesma moeda, no entanto não significa dizer que proteção signifique falta de vulnerabilidade (Rutter, 1987). O exemplo a seguir ilustra, de certa maneira, a importância de olhar com cautela a configuração dos fatores envolvidos em dada situação e contexto no desenvolvimento de um indivíduo. Joana, uma menina de 11 anos, vive em uma comunidade pobre e violenta e participa com sua família de um programa social no centro comunitário do seu bairro. Apesar do breve relato, não se pode desconsiderar que esta menina e sua família vivem em um ambiente ameaçador e, se encontram, inúmeras vezes, diante da carência financeira que dificulta, quando muito severa, a própria sobrevivência de sua família. Entretanto, para reconhecer os fatores de risco e de proteção ou mesmo de vulnerabilidade é preciso avaliar cuidadosamente as diferentes variáveis presentes no contexto e na vida dessa família.

Os mecanismos de proteção serão aqueles que, numa trajetória de risco, modificam o rumo da vida do indivíduo para um final mais adaptado. No entanto, o processo de vulnerabilidade será assim

36 Resiliência e psicologia positiva: interfaces do risco à proteção

denominado, se uma trajetória sem detecção de risco for alterada por uma trajetória com aspectos negativos, que coloca em risco a adaptação do indivíduo (Yunes, 2001). Alguns mecanismos de proteção colaboram para a ocorrência de processos de proteção. Segundo Rutter (1987), há quatro destes mecanismos: 1) redução do impacto dos riscos, ou seja, diminuir a exposição do indivíduo a um evento estressor; 2) redução das reações negativas em cadeia que acompanham a exposição do indivíduo à situação de risco; 3) estabelecimento e manutenção da autoestima e da auto-eficácia, através da presença de relações de afeto seguras e incondicionais e o cumprimento de tarefas com sucesso; e, 4) capacidade criativa. Tomando estes mecanismos mencionados por Rutter, a rede de apoio social (centro de atividades da comunidade, posto de saúde, escola, entre outros) pode "funcionar" como um mecanismo de proteção ao disponibilizar espaço para convivências saudáveis, aprendizagem, reforço de habilidades e de capacidades sociais e emocionais importantes para o desenvolvimento. Não será, no entanto, simplesmente o meio sócio-ambiental que conferirá à rede de apoio a qualidade de fator de proteção, mas as significações internas do indivíduo dadas a esta rede. Esse enfoque é salientado por Brito e Koller (1999), ao mencionarem que a percepção do suporte social protege os indivíduos contra a desestabilização.

Os fatores pessoais e os recursos do ambiente são classificados como dois grupos de indicadores de proteção (Eckenrode & Gore, 1996). Os fatores pessoais evidenciam-se pelo biológico, através da saúde física e do temperamento, e relacionam-se às experiências com o ambiente social, através da auto-estima e da confiança. Quanto aos recursos do ambiente, relacionam o poder aquisitivo ou o apoio social oferecido pela comunidade e a afetividade oportunizada pela família e pelos amigos.

Garmezy, Masten e Tellegen (1984) propõem três mecanismos de interação risco/proteção para descrever o impacto do estresse e das características individuais na qualidade de adaptação: desafio, imunização e compensação. Tais mecanismos podem atuar conjuntamente ou em fases diferentes do desenvolvimento. Pelo mecanismo de desafio, o estresse é visto como um estímulo para atuação com maior competência, ou seja, o fator de proteção (competência) interage com o fator de risco (estresse), diminuindo seu impacto. No caso, por exemplo, Carla é uma adolescente de 16 anos que engravidou porque ela e o namorado não usavam preservativo quando mantinham relações sexuais. Pedro, o namorado, reclamava quando Carla pedia que ele usasse. Tal evento mudou radicalmente a vida dessa adolescente, pois, além de cuidar de sua vida, de seus estudos, agora ela tinha outro ser para cuidar. Diante da gravidez e, posteriormente, com o nascimento de Vitor, Carla iniciou uma campanha em sua escola buscando conscientizar seus amigos e colegas quanto aos riscos da relação sexual sem preservativo.

Na compensação, os fatores de estresse e as características individuais atuam de maneira acumulativa e o estresse potencial pode ser amenizado por alguma fonte de apoio. Nesse caso, um fator compensatório é uma variável que neutraliza a exposição ao risco, e apesar de não interagir com este, influencia o resultado final (Garmezy, Masten, & Tellegen, 1984). A competência social (fator compensatório) de uma criança é uma variável que compensa a exposição ao risco, por exemplo, violência intrafamiliar (fator de risco), incrementa sua adaptação (resposta). Entretanto, uma criança que não demonstra competência social tenderá a sofrer mais diante das situações violentas vivenciadas em casa do que outra que demonstra esta característica.

No mecanismo de imunidade, há uma relação condicional entre os estressores e os protetores (Garmezy, Masten, & Tellegen, 1984). Dessa forma, o fator de risco exerce um papel de reforçador da capacidade de adaptação, quando diante da superação do risco, ele aumenta as possibilidades de estratégias e habilidades para lidar com os eventos estressantes. Por exemplo, sendo a auto-eficácia (fator de proteção) uma característica de um adolescente, esta se relacionará com a influência negativa de um determinado grupo de jovens, que incentiva o abuso de álcool (fator de risco), na prevenção do uso de drogas (resposta).

Resiliência e vulnerabilidade

Vulnerável vem do latim *vulnerare*, que significa: ferir, penetrar. Pelas raízes desta palavra, vulnerabilidade é um termo geralmente utilizado na referência à predisposição a desordens ou tendência ao estresse (Yunes & Szymanski, 2001). Ao buscar as origens do termo vulnerabilidade, Yunes (2001) apresenta que este conceito foi formulado nos anos 30 pelo grupo de pesquisas de Murphy. Este grupo definiu o termo como susceptibilidade à deteriorização de funcionamento diante de estresse. Tais pesquisadores focaram seus estudos nas diferenças individuais das vulnerabilidades das crianças e suas formas de lidar com elas, associadas às adversidades ambientais. Tal enfoque proporcionou o reconhecimento de complexas interações entre três aspectos: as vulnerabilidades/"forças" individuais, o ambiente e a presença ou não de apoio social.

A vivência de situações adversas desencadeia nos indivíduos respostas diversas, algumas eficientes, outras que os expõem a riscos ainda maiores. O comportamento dos indivíduos diante de situações de risco depende de sua vulnerabilidade. Zimmerman e Arunkumar (1994) definem vulnerabilidade como uma predisposição para o desenvolvimento de disfunções psicológicas ou de respostas pouco adequadas à ocasião. De acordo com estes autores, a vulnerabilidade trata-se de um atributo individual que opera somente quando um risco está presente e refere-se, portanto, a uma variável individual.

Rutter (1987) define vulnerabilidade como alterações aparentes no desenvolvimento físico e/ou psicológico de um indivíduo submetido a situações de risco. Estas alterações evidenciam-se na trajetória de adaptação deste indivíduo e podem torná-lo passível e propenso a desenvolver sintomas e enfermidades.

A vulnerabilidade diz respeito à predisposição individual para o desenvolvimento de psicopatologias ou de comportamentos ineficazes em situações de crise e a todos aqueles elementos que potencializam situações de risco ou impedem que os indivíduos respondam de forma satisfatória ao estresse (Zimmerman & Arunkumar, 1994). Ao contrário da resiliência, a vulnerabilidade caracteriza-se pela emissão de respostas mal-adaptadas que produzem resultados negativos para o desenvolvimento psicológico dos indivíduos submetidos a situações de risco. A relação entre vulnerabilidade e risco, segundo Cowan, Cowan e Schulz (1996), merece atenção para a compreensão do processo que ocorre entre eles. A vulnerabilidade opera apenas quando o risco está presente, pois sem risco ela não possui efeito. Esses autores fazem uma analogia física para fazer uma distinção mais clara entre risco e vulnerabilidade. Um barco retorna para a água depois de um breve tempo no cais, durante o qual uma rachadura no casco foi rapidamente remendada. Enquanto o tempo estiver bom e as ondas estiverem moderadas, o barco estará bem e provavelmente ficará assim indefinidamente. Entretanto, se uma violenta tempestade começar, todos os barcos nas proximidades estão em risco de serem danificados, mas este barco especificamente está particularmente vulnerável a um dano mais severo assim que a tempestade começar.

De acordo com Cowan, Cowan e Schulz (1996), a vulnerabilidade não diz respeito apenas à predisposição genética a um determinado transtorno, baixa auto-estima, traços de personalidade, por exemplo. As variações na sensibilidade da criança a riscos do ambiente tanto podem ser influenciadas geneticamente quanto derivadas de experiências vividas anteriormente. Entretanto, Rutter (1999) considera que as conseqüências poderão ser nocivas ao desenvolvimento psicológico dependendo das inter-relações de fatores abordados, o que permite a diversidade de respostas das crianças submetidas a situações de risco psicossocial.

Considerações finais

O estudo da resiliência implica um entendimento dinâmico e de relação entre vários fatores. É por meio de comportamentos adaptados em resposta a riscos que a resiliência se aparece, sendo risco uma condição imprescindível para se pensar em resultados resilientes. Da mesma forma, a vulnerabilidade não se manifesta sem a presença de risco. Nesse sentido, é condição para analisar os processos de resiliência e vulnerabilidade, uma investigação de fatores de risco e proteção em interação.

O enfoque da resiliência está dirigido às situações que visam ao estudo do desenvolvimento humano sadio e positivo. Ao considerar o indivíduo como um ser atuante frente ao ambiente, é tomado o pressuposto de que, conseqüentemente, quanto mais resistente às condições desfavoráveis e estressantes, mais ativamente desenvolverá estratégias que o beneficiarão. Além da possibilidade de compreender as situações estressoras, os estudos sobre resiliência permitiram uma investigação também sobre aspectos que minimizam os efeitos decorrentes de tais situações, principalmente porque rompe com a noção de que o indivíduo se encontra preso a um ciclo sem saída.

Referências

Bandura, A. (1989). Human agency in social cognitive theory. *American Psychologist, 44*, 1175-1184.

Blum, R. W. (1997). Risco e resiliência: Sumário pra desenvolvimento de um programa. *Adolescência Latinoamericana, 1*(1), 16-19.

Brito, R. C. & Koller, S. H. (1999). Desenvolvimento humano e redes de apoio social e afetivo. In A. M. Carvalho (Ed.), *O mundo social da criança: Natureza e cultura em ação* (pp.115-126). São Paulo: Casa do Psicólogo.

Bronfenbrenner, U. & Morris, P. (1998). The ecology of developmental processes. In W. Damon (Ed.), *Handbook of child psychology* (Vol. 1, pp. 993-1027). New York: John Wiley & Sons.

Resiliência: uma perspectiva conceitual e histórica 41

Cecconello, A. M. (2003). *Resiliência e vulnerabilidade em famílias em situação de risco.* Tese de Doutorado não publicada, Curso de Pós-Graduação em Psicologia do Desenvolvimento, Universidade Federal do Rio Grande do Sul, Porto Alegre/RS. Disponível em www.psicologia.ufrgs.br/cep_rua

Cowan, P. A., Cowan, C. P. & Schulz, M. S. (1996). Thinking about risk and a resilience in families. In E. M. Hetherington & E. A. Blechman (Eds.), *Stress, coping and a resiliency in children and families* (pp. 1-38). New Jersey: Lawrence Erlbaum.

Cyrulnik, B. (2002). *Los patitos feos, la resiliência: Una infancia infeliz no determina la vida.* Barcelona: Gedisa.

De Antoni, C. & Koller, S. H. (2000). Vulnerabilidade e resiliência familiar: Um estudo com adolescentes que sofreram maus tratos intrafamiliares. *Psico, 31*(1), 39-66.

Eckenrode, J. & Gore, S. (1996). Context and process in research on risk and resilience. In N. Garmezy, R. J. Haggerty, M. Rutter, & L. Sherrod (Eds.), *Stress, risk and resilience in children and adolescents* (pp. 19-63). Cambrigde: Cambrigde University Press.

Ferreira, A. B. de H. (1975). *Novo Aurélio: O dicionário do século XXI.* São Paulo, Nova Fronteira.

Fonagy, P., Steele, M. Steele, H., Higgitt, A., & Target, M. (1994). The Emanuel Miller memorial lecture 1992. The theory and practice of resilience. *Journal Child Psychology and Psychiatry, 35*(2), 231-257.

Garmezy, N., Masten, A. S. & Tellegen, A. (1984). The study of stress and competence in children: A building block for development psychopathology. *Child Development, 55*, 97-111.

Hutz, C. S., Koller, S. H., & Bandeira, D. R. (1996). Resiliência e vulnerabilidade em crianças em situação de risco. *Coletâneas da ANPEPP, 1*(12), 79-86.

Jessor, R., Van Den Boss, J., Vanderryn, J., Costa, F., & Turbin, M. (1995). Protective factors in adolescent problem behavior: Moderator effects and development change. *Developmental Psychology, 31*, 923-933.

Junqueira, M. de F. P. da S., & Deslandes, S. F. (2003). Resiliência e maus-tratos à criança. *Cadernos de Saúde Pública, 19*(1), 227-235.

Kotliarenco, M. A., Alvarez, C., & Cáceres, I. (1995). *Una nueva mirada de la pobreza*. Trabalho apresentado no Fórum Internacional pelo Bem Estar da Infância. Puntarenas, Costa Rica.

Lilienfeld, A. M. & Lilienfeld, S. (1980). *Foundations of epidemiology* (2. ed). New York: Oxford University Press.

Longman Dictionary of Contemporary English (1995). (3ª ed.) Longman Dictionaries.

Luthar, S. S. (1993). Annotation: Methodological and conceptual issues in research on childhood resilience. *Journal of Child Psychology and Psychiatry, 34*, 441-453.

Martineau, S. (1999). *Rewriting resilience: A critical discourse analysis of childhood resilience and the politics of teaching resilience to "kids at risk"*. Tese de Doutorado não publicada. University of British Columbia, Vancouver, Canadá.

Masten, A. & Garmezy, N. (1985). Risk, vulnerability and protective factors in developmental psychopathology. In B. Lahey & A. Kazdin (Eds.), *Advances in clinical child psychology* (Vol. 8, pp. 1-53). New York: Plenum Press.

Moraes, M. C. L. & Rabinovich, E. P. (1996). Resiliência: Uma discussão introdutória. *Revista Brasileira de Crescimento e Desenvolvimento Humano, 6*(1/2), 70-75.

Morais, N. A. & Koller, S. H. (2004). Abordagem ecológica do desenvolvimento humano, psicologia positiva e resiliência: Ênfase na saúde. In S. H. Koller (Ed.), *Ecologia do desenvolvimento humano: pesquisa e intervenção no Brasil* (pp. 91-107). São Paulo: Casa do Psicólogo.

Neiva-Silva, L. (2003). *Expectativas futuras de adolescentes em situação de rua: Um estudo autobiográfico*. Dissertação de Mestrado não publicada, Curso de Pós-Graduação em Psicologia do Desenvolvimento, Universidade Federal do Rio Grande do Sul, Porto Alegre/RS. Disponível em www.psicologia.ufrgs.br/cep_rua

Pianta, R. C. & Walsh, D. (1996). *High-risk children in schools: Constructing, sustaining relationships*. New York: Routledge.

Resiliência: uma perspectiva conceitual e histórica 43

Poletto, M., Wagner, T.M.C., & Koller, S. (2004). Resiliência e desenvolvimento infantil de crianças que cuidam de crianças: Uma visão em perspectiva. *Psicologia: Teoria e Pesquisa, 20*(3), 241-250.

Rutter, M. (1970). Sex differences in children's response to family stress. In Anthony, E. J. & Koupernik, C. (Eds.), *The child in his family* (pp. 165-196). New York, Wiley.

Rutter, M. (1979). *Changing youth in a changing society: Patterns of adolescent development and disorder*. London: Nulfield Provincial Hospitals Trust.

Rutter, M. (1981). Stress, coping and development: Some issues and some questions. *Journal of Child Psychology and Psychiatry, 22*, 323-356.

Rutter, M. (1985). Resilience in the face of adversity: Protective factors and resistance to psychiatric disorder. *British Journal of Psychiatry, 147*, 598-611.

Rutter, M. (1987). Psychosocial resilience and protective mechanisms. *American Journal of Orthopsychiatry, 57*, 316-331.

Rutter, M. (1993). Resilience: Some conceptual considerations. *Journal of Adolescent Health, 14*, 626-631.

Rutter, M. (1999). Resilience concepts and findings: Implications for family therapy. *Journal of Family Therapy, 21*, 119-144.

Seligman, M. E. P. & Csikszentmihalyi, M. (2001). Positive Psychology: An introduction. *American Psychologist, 55*(1), 5-14.

Sheldon, K, M. & King, L. (2001). Why positive psychology is necessary. *American Psychologist, 56*(3), 216-217.

Werner, E. (1986). The concept of risk from a developmental perspective. In B. Keogh, (Ed.), *Advances in special education, development problems in infancy and preschool year* (pp. 1-23). Greenwich: JAI Press.

Werner, E (1993). Risk, resilience and recovery: Perspectives from the Kauai longitudinal study. *Development and Psychopathology, 5*, 503-515.

Werner, E. & Smith, R. (1982). *Vulnerable but invincible: A longitudinal study of resilient children and youth*. New York: McGraw-Hill.

Werner, E. & Smith, R. (1992). *Overcoming the odds: High risk children from birth to adulthood*. New York: Cornell University Press.

Yunes, M. A. M. (2001). *A questão triplamente controvertida da resiliência em famílias de baixa renda.* Dissertação de Doutorado não publicada. Programa de Pós-Graduação em Psicologia, Pontifícia Universidade Católica de São Paulo, São Paulo, SP.

Yunes, M. A. M. (2003). Psicologia positiva e resiliência: O foco no indivíduo e na família. *Psicologia em Estudo, 8*, 75-84.

Yunes, M. A. M. & Szymanski, H. (2001). Resiliência: noção, conceitos, afins e considerações críticas. In J. Tavares (Ed.), *Resiliência e educação* (pp. 13-42). São Paulo: Cortez.

Zimmerman, M. A. & Arunkumar, R. (1994). Resiliency research: Implications for schools and policy. *Social Policy Report, 8*, 1-18.

Psicologia positiva e resiliência: foco no indivíduo e na família

Maria Angela Mattar Yunes[1]

O presente capítulo apresenta a resiliência como um construto inserido nas prioridades de investigação da psicologia positiva. Tal movimento caracteriza alguns aportes da psicologia contemporânea que buscam compreender os aspectos potencialmente saudáveis dos seres humanos em oposição à psicologia tradicional e sua ênfase nos aspectos psicopatológicos. Tendo em vista que o construto de resiliência toma dimensões a partir de processos que explicam a superação de adversidades, poderia-se sugerir que o conceito de resiliência busca tratar de fenômenos indicativos de padrões de vida saudável. As pesquisas quantitativas realizadas sobre esse assunto apontam para um discurso que foca aspectos individuais e colabora para naturalizar a resiliência como uma capacidade humana. Os estudos sobre resiliência em famílias trazem contribuições de pesquisas

---

1. Versão revisada de artigo publicado na revista *Psicologia em Estudo*, 8 (número especial), 75-84, em 2003.

46 Resiliência e psicologia positiva: interfaces do risco à proteção

qualitativas realizadas na visão sistêmica, ecológica e de desenvolvimento. Neste texto, são apresentadas considerações acerca das dificuldades metodológicas e as controvérsias ideológicas conceituais que visam a sugerir uma cautelosa investigação de sentido antes da aplicação do termo resiliência na área das ciências humanas e sociais.

Psicologia positiva e resiliência

Durante todo o ano de 1998, Martin E. P. Seligman, na condição de presidente da American Psychological Association, escreveu artigos mensais que focalizavam a necessidade de mudança no foco das contribuições da psicologia, ainda centrados numa prática historicamente orientada para a compreensão e tratamento de patologias. Segundo este importante pesquisador, a ciência psicológica tem "esquecido" ou negligenciado a sua mais importante missão: a de construir uma visão de ser humano com ênfase em aspectos "virtuosos". Nesta ótica, o movimento intitulado psicologia positiva vem afirmar-se na edição especial de 2001 do periódico *American Psychologist* e é definido como uma "tentativa de levar os psicólogos contemporâneos a adotarem uma visão mais aberta e apreciativa dos potenciais, das motivações e das capacidades humanas" (Sheldon & King, 2001, p. 216). Tendo em vista esta perspectiva, a ciência psicológica busca transformar velhas questões em novas possibilidades de compreensão de fenômenos psicológicos, tais como, felicidade, otimismo, altruísmo, esperança, alegria, satisfação e outros temas humanos tão importantes para a pesquisa quanto depressão, ansiedade, angústia e agressividade. Trata-se, portanto, de uma psicologia que almeja antes de qualquer coisa romper com o viés "negativo" e reducionista de algumas tradições epistemológicas que têm adotado o ceticismo diante de expressões salutogênicas de indivíduos, grupos ou comunidades. Entretanto, postular uma ciência que focalize potencialidades e qualidades humanas exige tanto esforço, reflexão e seriedade conceitual, teórica e metodológica, quanto o estudo de distúrbios e desordens humanas. Na esteira destas iniciativas, alguns fenômenos indicativos de "vida saudável" têm sido mencionados como sistemas de adaptação ao longo do desenvolvimento (Masten, 2001), dentre os quais é destacada a resiliência.

Resiliência é frequentemente apontada em processos que explicam a "superação" de crises e adversidades em indivíduos, grupos e organizações (Yunes, 2001; Yunes & Szymanski, 2001; Tavares, 2001). Por tratar-se de um conceito relativamente novo no campo da psicologia, a resiliência vem sendo bastante discutida do ponto de vista teórico e metodológico pela comunidade científica. Alguns estudiosos reconhecem a resiliência como um fenômeno comum e presente no desenvolvimento de qualquer ser humano (Masten, 2001) e outros enfatizam a necessidade de cautela no uso "naturalizado" do termo (Martineau, 1999; Yunes, 2001).

Na língua portuguesa, a palavra resiliência aplicada às ciências sociais e humanas vem sendo utilizada há poucos anos. Nesse sentido, seu uso no Brasil ainda se restringe a um grupo bastante limitado de pesquisadores de alguns círculos acadêmicos. Muitos profissionais da área da psicologia, da sociologia ou da educação nunca tiveram contato com a palavra e desconhecem seu uso formal ou informal, bem como sua aplicação em quaisquer das áreas da ciência. Por outro lado, profissionais das áreas da engenharia, ecologia, física e, até mesmo, da odontologia revelam certa familiaridade com a palavra quando ela se refere à resistência de materiais. Nos diferentes países da Europa, nos Estados Unidos e no Canadá, a palavra resiliência vem sendo utilizada com freqüência não só por profissionais das ciências sociais e humanas, mas também em referências da mídia a pessoas, lugares, ações e objetos em geral. Uma pesquisadora canadense (Martineau, 1999) cita, em seu trabalho de doutorado sobre resiliência, alguns exemplos das contradições desse uso coloquial, quando pessoas famosas são consideradas "resilientes" pela mídia tanto por tolerarem como por terminarem seus casamentos. Pessoas ou produtos (desde pneus de carros até cremes para a pele)

48 Resiliência e psicologia positiva: interfaces do risco à proteção

que tanto resistem como provocam mudanças também são descritas como "resilientes" nos comerciais de jornais ou TV. Em diálogos informais, as pessoas classificam-se como "resilientes" ou "não-resilientes", o que sugere uma "objetificação" ou "coisificação" do conceito.

No entanto, no Brasil, a palavra resiliência e seus significados ainda permanecem como "ilustres desconhecidos" para a maioria das pessoas, enquanto nos demais países mencionados o termo resiliência é inclusive muito utilizado para referendar e direcionar programas políticos de ação social e educacional, o que aqui (talvez felizmente) ainda parece estar longe de acontecer.

Para melhor exemplificar a diferença cultural nas prioridades de significado da palavra resiliência nas línguas portuguesa e inglesa, recorreu-se a dicionários atualizados. O dicionário de língua portuguesa de autoria de Ferreira (1999), conhecido como "Novo Aurélio", diz que, na física, resiliência "é a propriedade pela qual a energia armazenada em um corpo deformado é devolvida quando cessa a tensão causadora duma deformação elástica" (p. 566). No sentido figurado, o mesmo dicionário aponta o termo como "resistência ao choque". O dicionário de língua inglesa *Longman Dictionary of Contemporary English* (1995) oferece duas definições de resiliência, sendo a primeira: "habilidade de voltar rapidamente para o seu usual estado de saúde ou de espírito depois de passar por doenças, dificuldades etc.: resiliência de caráter"[2]. A segunda explicação para o termo encontrada no mesmo dicionário afirma que resiliência "é a habilidade de uma substância retornar à sua forma original quando a pressão é removida: flexibilidade."[3] (p. 1206)

Como se pode ver, os dois dicionários apontam para conceituações semelhantes e que ao mesmo tempo divergem, pois no dicionário em português a referência é feita apenas à resiliência de

---

2. Original em inglês: *"the ability to return quickly to your usual health or state of mind after suffering an illness, difficulties etc.: resilience of character"*.

3. Original em inglês: *"the ability of a substance to return to its former shape when pressure is removed: flexilibity"*.

materiais e, mesmo no sentido figurado, nada é especificamente claro para a compreensão do que seja a resiliência quando se trata de pessoas. Já o dicionário de inglês confirma a prioridade ou maior familiaridade para o uso do termo em fenômenos humanos, apontando em primeiro plano a definição neste sentido.

Origens do conceito de resiliência

A noção de resiliência vem sendo utilizada há muito tempo pela física e engenharia, sendo um de seus precursores o cientista inglês Thomas Young. Em 1807, considerando tensão e compressão, introduz a noção de módulo de elasticidade. Young descrevia experimentos sobre tensão e compressão de barras, buscando a relação entre a força que era aplicada num corpo e a deformação que esta força produzia. Esse cientista foi também o pioneiro na análise dos estresses trazidos pelo impacto, tendo elaborado um método para o cálculo dessas forças (in Timosheibo, 1983). Resiliência é conceituada na engenharia como a energia de deformação máxima que um material é capaz de armazenar sem sofrer deformações permanentes, após receber determinada solicitação (Silva Jr., 1972). Dito de uma outra maneira, a resiliência refere-se à capacidade de um material absorver energia sem sofrer deformação plástica ou permanente. Nos materiais, portanto, o módulo de resiliência pode ser obtido em laboratório através de medições sucessivas ou utilização de uma fórmula matemática que relaciona tensão e deformação e fornece com precisão a resiliência dos materiais. É importante ressaltar que diferentes materiais apresentam módulos variados de resiliência.

A resiliência como construto psicológico

Em psicologia, o estudo do fenômeno da resiliência é relativamente recente. Vem sendo pesquisado há cerca de trinta anos, mas

50 Resiliência e psicologia positiva: interfaces do risco à proteção

apenas nos últimos cinco anos os encontros internacionais têm trazido este construto para discussão. Sua definição não é clara, nem tampouco precisa quanto na física ou na engenharia (e nem poderia ser), diante da complexidade e multiplicidade de fatores e variáveis que devem ser levados em conta no estudo dos fenômenos humanos. Os precursores do termo resiliência na psicologia são os termos *invencibilidade* ou *invulnerabilidade*, ainda bastante utilizados na literatura sobre resiliência. Vários autores (Masten & Garmezy, 1985; Rutter, 1985; Werner & Smith, 1992) relatam que "em 1974, o psiquiatra infantil E. J. Anthony introduziu o termo *invulnerabilidade* na literatura da psicopatologia do desenvolvimento, para descrever crianças que, apesar de prolongados períodos de adversidades e estresse psicológico, apresentavam saúde emocional e alta competência" (in Werner & Smith, 1992, p. 4). Alguns anos depois, era discutida a aplicação do termo, que parecia sugerir que as crianças seriam totalmente imunes a qualquer tipo de desordem, independente das circunstâncias. Como afirmaram Masten e Garmezy (1985): "um termo menos olímpico como *resiliência* ou *resistência ao estresse*, se fazia necessário" (p. 12). Segundo Rutter (1985, 1993), *invulnerabilidade* passa uma idéia de resistência absoluta ao estresse, de uma característica imutável, como se o ser humano fosse intocável e sem limites para suportar o sofrimento. Rutter (1993) considera que *invulnerabilidade* passa somente a idéia de uma característica intrínseca do indivíduo, e as pesquisas mais recentes têm indicado que a resiliência ou resistência ao estresse é relativa, que suas bases são tanto constitucionais como ambientais, e que o grau de resistência não tem uma quantidade fixa, e sim varia de acordo com as circunstâncias (Rutter, 1985). Resiliência e invulnerabilidade não são termos equivalentes, afirmam Zimmerman e Arunkumar (1994). Segundo estes autores, resiliência refere-se a uma "habilidade de superar adversidades, o que não significa que o indivíduo saia da crise ileso, como implica o termo invulnerabilidade" (p. 4).

Apesar dessas considerações, é essa versão inicial de resiliência como *invulnerabilidade* ou *resistência* frente às adversidades que

Psicologia positiva e resiliência: foco no indivíduo e na família 51

ainda vem orientando a produção científica de muitos pesquisadores da área. Tal perspectiva tem dado lugar à construção de um conceito que define a resiliência como um conjunto de traços e condições que podem ser replicados, conforme afirma Martineau (1999) em sua análise crítica sobre o discurso dos denominados por ela *experts* no assunto. A autora detectou três perspectivas distintas nos discursos vigentes sobre resiliência.

Em primeiro lugar, o discurso dominante e bem documentado dos especialistas, resultante de elaborados estudos psicométricos e da análise estatística dos dados obtidos por medidas e em ambientes controlados através de escores de testes, notas de escola e perfis de personalidade ou temperamento. Esses são alguns exemplos de instrumentos utilizados para se chegar a um conjunto de características e traços que identificam a "criança/pessoa resiliente". Martineau sumariza que os principais traços vistos como características fixas da resiliência e que formam um consenso na opinião de diversos autores são: sociabilidade, criatividade na resolução de problemas e um senso de autonomia e de proposta. Estas medidas do observável e de alguma maneira mensurável acabam por definir o que os autores (*experts*) chamam de resiliência. Em segundo lugar, a autora analisa o discurso experiencial, menos valorizado e subordinado ao discurso dos especialistas cuja base são os estudos qualitativos, com dados obtidos a partir de histórias de vida de adultos relatadas a psicoterapeutas (e identificados por outras pessoas como "resilientes"), nas quais "estão embutidas as idiossincrasias de memória, narrativa, identidade, interpretação e subjetividade" (Martineau, 1999, p. 73). São histórias de vida construídas e reconstruídas através das múltiplas interpretações do indivíduo. E, em terceiro lugar, Martineau apresenta o discurso de pessoas que trabalham diretamente com crianças e adolescentes (educadores, psicólogos, assistentes sociais), uma perspectiva de resiliência ainda *em construção,* que sintetiza aspectos dos dois discursos, dos *experts* e do experencial. Ao posicionar-se, Martineau afirma que reificar/replicar as características de uma determinada criança como "resiliente" (através da mensuração de um conjunto de traços) é negar que resiliência é contingente/provisória, imprevisível e dinâmica.

Resiliência e pesquisas com foco no indivíduo

Vários autores estrangeiros, principalmente dos Estados Unidos e do Reino Unido, têm desenvolvido pesquisas sobre resiliência. A maioria dos estudos tem por objetivo estudar a criança ou o adolescente numa perspectiva individualística, que foca traços e disposições pessoais. Ilustrativa desta tendência, é a definição adotada pelo Projeto Internacional de Resiliência, coordenado por Edith Grotberg e apoiado pela Bernard van Leer Foundation: "resiliência é *uma capacidade universal* que permite que uma pessoa, grupo ou comunidade previna, minimize ou supere os efeitos nocivos das adversidades" (Grotberg, 1995, p. 7). Muitos pesquisadores do desenvolvimento humano estudam os padrões de adaptação individual da criança associados ao ajustamento apresentado na idade adulta, ou seja, "procuram compreender como adaptações prévias deixam a criança protegida ou sem defesa quando exposta a eventos estressores" (Hawley & DeHann, 1996), e estudam também como os "padrões particulares de adaptação, em diferentes fases de desenvolvimento, interagem com mudanças ambientais externas" (Sroufe & Rutter, 1984, p. 27). Entre as publicações mais citadas, estão as primeiras no assunto, intituladas *Vulnerable but invincible* (Vulneráveis, porém invencíveis), *Overcoming the odds* (Superando as adversidades), ambos de Werner e Smith (1982, 1992) e *The invulnerable child* (A criança invulnerável) de Anthony e Cohler (1987). A importância destes estudos está na característica *long-term*, ou seja, são estudos longitudinais que acompanham o desenvolvimento do indivíduo desde a infância até a adolescência ou idade adulta. Segundo Werner e Smith (1992), poucos investigadores têm acompanhado populações de "alto risco" desde a infância e adolescência até a idade adulta, com o objetivo de monitorar efeitos dos fatores de risco e os fatores de proteção que operam durante os anos de desenvolvimento do indivíduo. O estudo longitudinal realizado por Werner (1986, 1993), Werner e Smith (1982, 1989, 1992) e outros colaboradores durou cerca de 40 anos, tendo iniciado em 1955. Esse estudo não tinha como proposta inicial estudar a questão da resiliência, mas investigar os efeitos cumulativos da pobreza, do estresse perinatal e dos "cuidados familiares deficientes"[4] no desenvolvimento físico, social e emocional das crianças. A pesquisa acompanhou 698 crianças nascidas em Kauai, uma ilha do Havaí. As crianças foram avaliadas com um ano de idade (incluindo entrevistas com os pais) e acompanhadas até as idades de 2, 10, 18 e 32 anos. O foco da pesquisa relatada no livro *Vulnerable but invincible* foram 72 crianças (42 meninas e 30 meninos) com uma história de quatro ou mais fatores de risco, a saber: pobreza, baixa escolaridade dos pais, estresse perinatal ou baixo peso no nascimento, ou ainda a presença de deficiências físicas. Uma proporção significativa dessas crianças era proveniente de famílias cujos pais eram alcoolistas ou apresentavam distúrbios mentais. Para surpresa dos pesquisadores, nenhuma dessas crianças desenvolveu problemas de aprendizagem ou de comportamento (Werner & Smith, 1982), o que foi considerado então como "sinal de adaptação ou ajustamento". Diante desses indicativos, as crianças foram denominadas "resilientes" pelas pesquisadoras, pois nesse período já era discutido o que haveria de diferente nas crianças que eram criadas em circunstâncias adversas e não eram atingidas (embora não fique bem claro o que significa ser ou não atingido). Uma outra amostra estudada por Werner (1986) foi um subgrupo de 49 jovens da mesma ilha, cujos pais tiveram sérios problemas devido ao abuso do uso de álcool e sofreram conflitos familiares desde cedo, além de viver em condições de pobreza. Por volta dos 18 anos, 41% desse grupo apresentou problemas de aprendizagem, ao contrário dos restantes 59%. Esse último grupo foi denominado grupo "resiliente", e diferia do primeiro por um número de medidas obtidas através de entrevistas com pais e entrevistas retrospectivas com os próprios jovens. Os fatores que discriminaram o grupo "resiliente", tanto nas pesquisas de 1982 como na de 1986, incluíam: temperamento das crianças/jovens (percebidos como

---

4. *Poor parenting* no original em inglês (Martineau, 1999, p. 102).

afetivos e receptivos); melhor desenvolvimento intelectual; maior nível de auto-estima; maior grau de auto controle; famílias menos numerosas; menor incidência de conflitos nas famílias. As autoras atribuíram as diferenças às características constitucionais das crianças e ao ambiente criado pelos cuidadores da infância. Na última etapa dessa laboriosa pesquisa, Werner e Smith (1992, p. 192) concluíram que "um terço dos indivíduos considerados de alto risco tornaram-se adultos competentes capazes de amar, trabalhar, brincar/divertir-se e ter expectativas". Conforme afirma Martineau (1999), a "resiliência" a que as autoras se referem foi identificada nas pesquisas iniciais como "invulnerabilidade às adversidades", conceituação reformulada e mais tarde definida como "habilidade de superar as adversidades". Werner (1993) notou que o componente chave do efetivo *coping* dessas pessoas é o sentimento de confiança que o indivíduo apresenta de que os obstáculos podem ser superados, o que confirma a ênfase colocada nos componentes psicológicos individuais, de um "algo interno", apesar das inúmeras referências feitas pelas autoras aos aspectos protetores decorrentes de relações parentais satisfatórias e da disponibilidade de fontes de apoio social na vizinhança, escola e comunidade.

Como já citado, outro importante e referido pensador do assunto é o psiquiatra britânico Michael Rutter, precursor da temática, que, pelo número de publicações e pesquisas empíricas, tem orientado até hoje o curso dos projetos na área. Seus trabalhos mais conhecidos datam do início dos anos 70, com a investigação de diferenças entre meninos e meninas provenientes de lares desfeitos por conflitos (Rutter, 1970) e as relações entre os efeitos destes conflitos parentais no desenvolvimento das crianças (Rutter, 1971). Seus resultados indicaram que os meninos são mais vulneráveis que as meninas, não somente a estressores físicos, mas também aos psicossociais. Um de seus marcantes trabalhos nesta área foi desenvolvido com uma amostra de participantes da Ilha de Wight e da cidade de Londres (Rutter, 1979, 1981b), os quais haviam experenciado discórdias na família dos pais, eram de camadas sociais de baixa renda, famílias numerosas, com história de criminalidade de um dos pais, doença mental da mãe ou institucionalizados sob custódia do governo. Seus resultados deram origem à sua afirmação bastante divulgada de que um único estressor não tem impacto significativo, mas que a combinação de dois ou mais estressores pode diminuir a possibilidade de conseqüências positivas (*positive outcomes*) no desenvolvimento, e que estressores adicionais aumentam o impacto de outros estressores presentes. Em 1981, Rutter publica um livro que trata da relação entre a ausência da figura materna e o desenvolvimento de psicopatologias na criança (Rutter, 1981a), com um capítulo que versa sobre resiliência e o comportamento parental de adultos que na infância tenham sofrido abandono. Entre as principais questões levantadas, aparece a mais freqüente formulação inicial dos estudos sobre resiliência: por que, apesar de passar por terríveis experiências, alguns indivíduos não são atingidos e apresentam um desenvolvimento estável e saudável? Rutter (1987) define resiliência como uma "variação individual em resposta ao risco", e afirma "que os mesmos estressores podem ser experenciados de maneira diferente por diferentes pessoas". De acordo com ele, a resiliência "não pode ser vista como um atributo fixo do indivíduo", e "se as circunstâncias mudam a resiliência se altera" (p. 317). Mais recentemente, Rutter (1999) define a resiliência de uma forma mais ampla: "o termo refere-se ao fenômeno de superação de estresse e adversidades" (p. 119), e categoricamente afirma que "resiliência não constitui uma característica ou traço individual" (p. 135).

Entre outros pontos, nessa mesma publicação, Rutter (1999) chama a atenção para a extensão e variedade de respostas psicológicas implicadas, que envolvem processos a serem cuidadosamente examinados. Mas o foco de suas considerações mantém-se no indivíduo, e em especial na criança. Mais recentemente, importantes pesquisadores do assunto (Luthar, Cicchetti, & Becker, 2000) manifestaram-se a esse respeito defendendo uma posição mediadora no sentido de enfatizar o caráter processual da questão da resiliência. Segundo os autores mencionados, há uma "confusão" entre *Pro-*

cesso vs Traço nos estudos, em decorrência do ocasional uso do termo "criança resiliente" por pesquisadores que, na verdade, são adeptos de uma visão dinâmica da resiliência, ou seja, processual.

Luthar e colaboradores (2000) reiteram que o termo "criança resiliente", empregado por muitos autores, não se refere a atributos pessoais, mas à pressuposição de condições de resiliência, a saber: a) a presença de fatores de riscos ao bem estar da criança, e b) a adaptação positiva da criança, apesar das adversidades. A maioria destas considerações, e em especial as mais atuais (Luthar et al., 2000; Rutter, 1993, 1999), procura dar ao conceito um toque de relatividade, que nem sempre aparece nos estudos quantitativos que usam medidas e critérios estatísticos (talvez seja o que Luthar *et al.*, 2000 chamam de "rigor científico", p. 556) baseados em comportamentos observáveis para identificar crianças "resilientes" num determinado ponto de suas vidas. O estudo desenvolvido por Martineau (1999) deixa claro que "resiliência tem diferentes formas entre diferentes indivíduos em diferentes contextos, assim como acontece com o conceito de risco" (p. 103).

A perspectiva no indivíduo é notória também na introdução de diversos estudos que investigam resiliência. As questões relativas a "habilidades individuais" são, em geral, ilustradas com pequenas histórias de pessoas que, apesar de terem trajetórias semelhantes, algumas conseguem superar os momentos de crise e outras sucumbem. Desta forma, o foco no indivíduo busca identificar resiliência a partir de características pessoais, tais como sexo, temperamento e *background* genético. Isso ocorre apesar de todos os autores acentuarem em algum momento o aspecto relevante da interação entre bases constitucionais e ambientais da questão da resiliência.

Muitos destes trabalhos situam-se na área da psicopatologia do desenvolvimento, a qual tem sido descrita como a ciência que estuda as "origens e o curso dos padrões individuais de comportamentos de desadaptação" (Sroufe & Rutter, 1984, p. 18), cuja ênfase está no desenvolvimento dos comportamentos patológicos ao longo

Psicologia positiva e resiliência: foco no indivíduo e na família 57

do tempo (Hawley & DeHann, 1996). Em muitos casos, o patológico estudado nos trabalhos sobre resiliência refere-se tão somente a populações em desvantagem social ou a minorias étnicas. Martineau (1999), ao comentar os estudos pioneiros de Werner e Smith (1982, 1992), salienta a construção inicial do que as autoras chamaram de "pobreza", numa sociedade rural, não-industrializada, cuja população era predominantemente constituída por havaianos ou asiáticos. A eles foi atribuída pobreza, pois por volta de 1950, a economia do local girava em torno da pesca e da cana-de-açúcar. Segundo Martineau, as pesquisadoras do *cohort*[5] em Kauai fizeram uma descrição dos pais das crianças (classificados como "não-habilidosos e grosseiros"), com indicações de que eles estavam sendo comparados com populações urbanas de áreas industrializadas que tinham acesso a serviços médicos, educacionais e outras facilidades. Ilustrativo desta visão que permeia diversas pesquisas sobre resiliência é um dos artigos de Garmezy (1991) sobre "Resiliência e vulnerabilidade associados à pobreza" no qual o autor relata que, desde o início da década de 1970, seu grupo tem feito esforços no sentido de compilar os atributos de crianças negras que vivem em circunstâncias desfavoráveis, ou de baixa renda, mas que denotam competência. Esta atenção dos pesquisadores da resiliência dirigida especialmente a estas populações de imigrantes, pobres ou aqueles que vivem em circunstâncias de "desvantagem", parece refletir uma preocupação daquelas sociedades com a "ameaça" que estes grupos podiam (ou podem) representar para as camadas das classes dominantes. É com esta conotação que as populações têm sido denominadas "populações em situação de risco", ou de "alto risco". Risco para quem? Dependendo da maneira como forem tratados os estudos sobre resiliência no Brasil, pode ser mantido este mesmo viés. Por isso, esta é uma questão que merece ser analisada com muita cautela.

---

5. Grupo de pessoas que nasceram e viveram durante o mesmo período histórico (Garbarino & Abramovitz, 1992).

A resiliência em famílias

Resiliência em famílias é um construto relativamente novo (Hawley & DeHann, 1996). Dos estudos sobre a resiliência no indivíduo, poucos têm considerado explicitamente as contribuições da família (Rutter, 1985; Werner & Smith, 1982). No geral, os estudos sobre família enfatizam os aspectos deficitários e negativos da convivência familiar. Uma criança "sintomática" ou um adolescente "com problemas na escola" logo dirigem o pensamento das pessoas para os possíveis desajustes de suas famílias. O interesse pela resiliência em famílias vem contribuir para reverter esse ciclo de raciocínio, trazendo para o mundo familiar uma ênfase "salutogênica" (Antonovsky & Sourani, 1988), ou seja, significa focar e pesquisar os aspectos sadios e de sucesso do grupo familiar ao invés de destacar seus desajustes e falhas.

A realização de uma pesquisa bibliográfica sobre o tema indica que, foi no final dos anos 80 que as questões sobre *coping*, competência, desafios e adaptação do grupo familiar começaram a ser divulgadas. Um dos primeiros trabalhos específicos dessa área foi publicado por McCubbin e McCubbin (1988) sobre a "tipologia de famílias resilientes", partindo da definição de que famílias "resilientes" são aquelas que resistem aos problemas decorrentes de mudanças e "adaptam-se" às situações de crise. Os autores estavam interessados em investigar características, dimensões e propriedades de famílias que as ajudariam a lidar com situações de crise, tragédias ou simplesmente transições no ciclo de vida e os efeitos na dinâmica familiar, como o nascimento do primeiro filho, sua adolescência ou a saída do filho de casa para a universidade. Para tal estudo, usaram o modelo das teorias de estresse para guiar as investigações e explicar o comportamento das famílias em situações que chamaram de "normativas" (as transições esperadas decorrentes do próprio desenvolvimento) e "não-normativas" (catástrofes e outras crises não esperadas no desenvolvimento). Chegaram a quatro tipos de famílias: *vulneráveis, seguras, duráveis* e *regenerativas,* dependendo da

Psicologia positiva e resiliência: foco no indivíduo e na família 59

forma como a unidade familiar lidava com as situações e em função do relacionamento entre os membros. Esse trabalho é importante por ter lançado o desafio aos pesquisadores do tema, chamando a atenção para a necessidade não só de estudar a resiliência em famílias, mas também de entendê-la em diferentes classes sociais e étnicas. Além disso, McCubbin e McCubbin (1988) delinearam a importância de olhar para o grupo familiar, sem esquecer a sua inserção e relação com a comunidade, e a importância de incrementar políticas de programas de apoio às famílias.

O potencial de pesquisas nesta área passou a ser explorado e alguns autores (Hawley & DeHann, 1996; Walsh, 1996) passaram a preocupar-se em esclarecer, conceituar, definir e propor novas perspectivas teóricas de resiliência em famílias.

Froma Walsh apresenta uma longa trajetória no estudo de famílias na cidade de Chicago e várias publicações sobre o tema (Walsh, 1993, 1996, 1998, 1999, 2003, 2005). Seus achados resultam dos anos de docência, da experiência no atendimento clínico e orientação de famílias e da prática de supervisão de casos acompanhados por outros profissionais de diferentes áreas. Segundo Walsh (1996),

"o foco da resiliência em família deve procurar identificar e implementar os processos-chave que possibilitam que famílias não só lidem mais eficientemente com situações de crise ou estresse permanente, mas saiam delas fortalecidas, não importando se a fonte de estresse é interna ou externa à família. Desta forma, a unidade funcional da família estará fortalecida e possibilitada a resiliência em todos os membros" (p. 263).

Numa de suas publicações sintetiza afirmando que "o termo resiliência em família refere-se a processos de adaptação e *coping* na família enquanto uma unidade funcional" (Walsh, 1998, p. 14). Na tentativa de integrar as contribuições das pesquisas e da

60 Resiliência e psicologia positiva: interfaces do risco à proteção

literatura sobre a resiliência no indivíduo e na família, Hawley e DeHann (1996) propõem a seguinte definição:

"Resiliência em família descreve a trajetória da família no sentido de sua adaptação e prosperidade diante de situações de estresse, tanto no presente como ao longo do tempo. Famílias 'resilientes' respondem positivamente a estas condições de uma maneira singular, dependendo do contexto, do nível de desenvolvimento, da interação resultante da combinação entre fatores de risco, de proteção e de esquemas compartilhados" (p. 293).

Nas concepções de Hawley e DeHann (1996) e de Walsh (1996), resiliência em família aparece definida de forma similar à encontrada na literatura em que o foco é o indivíduo. Isso não poderia ser diferente, já que se trata de concepções acerca do mesmo fenômeno. Entretanto, o nível de análise é que deve ser diferente, pois, quando se trata de resiliência em família, o fenômeno deixa de ser considerado como uma característica individual que sofre a influência da família, e passa portanto a ser conceitualizado como uma qualidade sistêmica de famílias (Hawley & DeHann, 1996).

Como já apontado anteriormente neste texto, vários autores indicaram nos seus estudos sobre resiliência no indivíduo a influência de relações com pessoas significativas e próximas como apoio para superação das adversidades da vida (Rutter, 1987; Werner, 1993; Werner & Smith, 1992). De acordo com Walsh (1998), a maioria das pesquisas e teorias sobre resiliência tem abordado o contexto relacional de maneira limitada, em termos da influência de uma única pessoa significativa numa relação diádica. A autora afirma: "A compreensão global de resiliência requer um complexo modelo interacional. A teoria sistêmica expande nossa visão de adaptação individual para a mutualidade de influências através dos processos transacionais". (p. 12). Walsh propõe que sejam estudados processos-chave da resiliência em famílias, os quais fundamentam a sua proposta de abordagem denominada "funcionamento familiar efetivo". A autora organizou seus conhecimentos nesta área e propõe um panorama conceitual dentro de três domínios: sistema de crenças da família, padrões de organização e processos de comunicação. O quadro a seguir apresenta um sumário dos processos-chave da resiliência em família segundo Walsh (2003):

Tabela 1. Resumo dos Processos-Chave da Resiliência em Famílias

Processos-chave da resiliência		
Sistema de crenças (o coração e a alma da resiliência)	Atribuir sentido à adversidade	Visão das bases relacionais da resiliência vs bases indivídualistas Normalizar contextualizar a adversidade e o estresse Senso de coerência. Crises como desafios significantes, compreensíveis e administráveis Atribuir causas e explicações: Como isso pode acontecer? O que pode ser feito?
	Olhar positivo	Esperança e otimismo: confiança na superação das adversidades Coragem e encorajamento; afirmar forças; e focar nos potenciais Iniciativa (ação) e perseverança (espírito de poder fazer) Confrontar o que é possível: aceitar o que não pode ser mudado
	Transcendência e espiritualidade	Amplos valores, propostas e objetivos de vida Espiritualidade: fé, comunhão e rituais curativos Inspiração: visualiza sonhos, novas possibilidades, apresenta expressão criativa e ação social Transformação: aprende, muda e cresce através das adversidades

Padrões de organização	Flexibilidade	Abertura para mudanças: reformular, reorganizar e adaptar-se frente aos novos desafios Estabilidade: sentido de continuidade e acompanhamento de rotinas Forte liderança: prover, cuidar, proteger e guiar Formas familiares variadas: parentalidade cooperativa/ equipes de cuidado Casais/ relação co-parental: igualdade na parceria
	Coesão	Apoio mútuo, colaboração e compromisso Respeito às diferenças, necessidades e limites individuais Busca de reconciliação e reunião em casos de relacionamentos conflituosos familiares
	Recursos sociais e econômicos	Mobilização da família extensa e da rede de apoio social. Busca de modelos e mentores Construção de segurança financeira: equilíbrio entre trabalho e exigências
Processos de comunicação	Clareza	Mensagens claras e consistentes (palavras e ações) Esclarecimentos de informações ambíguas. Busca-se a verdade/Fala-se a verdade
	Expressões emocionais "abertas"	Sentimentos variados são compartilhados (felicidade e dor; esperança e medo) Empatia nas relações: tolerância das diferenças Responsabilidade pelos próprios sentimentos e comportamentos, sem busca do "culpado" Interações prazerosas e bem-humoradas
	Colaboração na solução de problemas	"Explosão de idéias" com criatividade Tomada de decisões compartilhada: negociação, reciprocidade e justiça Foco nos objetivos: dar passos concretos; aprender através dos erros Postura proativa: prevenção de problemas, resolução de crises, preparação para futuros desafios

Fonte: extraído do artigo publicado por Walsh (2003; traduzido pela autora deste capítulo).

Estes processos podem estar organizados e expressarem-se de diferentes formas e níveis, já que servem diferentes constelações, valores, recursos e desafios das famílias (Walsh, 1998). Apesar de os pesquisadores da resiliência em família defenderem teorias que ampliam a compreensão anteriormente limitada pelo espectro no indivíduo, surgem outras questões semelhantes às anteriores. Serão os critérios apresentados por Walsh (1998), suficientes para *definir* resiliência em família? Como garantir que o conceito de resiliência seja usado no Brasil, por políticas públicas que apóiam e mantêm as desigualdades sociais, baseadas no "sucesso" ou "insucesso" de indivíduos e das famílias? Será possível escapar da concepção de resiliência dominante no discurso dos especialistas e apontada por Martineau (1999): "a resiliência como um código ideológico de conformidade ao sucesso prescrito por normas sociais vigentes" (p. 11)? Um exemplo desta tendência é a freqüência da afirmação do papel crítico da pobreza nos estudos sobre resiliência e desenvolvimento humano. Embora a situação de pobreza não seja apontada como a causa direta de deficiências, sugere-se que as circunstâncias associadas a ela apresentam alta correlação com respostas adversas (Garmezy, 1991; Thompson, 1991). Até mesmo os principais mentores do conceito da resiliência, que em alguns momentos apresentam afirmações contrárias a estas concepções, acabam de alguma forma caindo no viés daqueles que patologizam a pobreza e às vezes indiretamente acabam por "culpar a vítima" (Rutter, 1996).

Reflexões finais

Na primeira parte deste artigo foi apresentada a questão da resiliência inserida no movimento da psicologia positiva, reafirmando a sua importância para a determinação de novos horizontes para pesquisas nas áreas das ciências humanas e sociais. Num segundo momento, foi revisada a noção de resiliência sob diferentes perspectivas, demonstrando que, no enfoque da psicologia, tem-se procurado compreender os processos e as condições que possibilitam a "superação" de situações de crises e adversidades. Foram apresentadas as idéias de Martineau (1999), com destaque para os discursos sobre resiliência como: o discurso dos *experts* que fala sobre traços e características individuais; o discurso experiencial, baseado em dados qualitativos das histórias de vida, relatos e narrativas construídas e reconstruídas pelas interpretações de cada indivíduo; e o discurso dos educadores, psicólogos e assistentes sociais, que denota a resiliência na perspectiva da "síntese" entre os dois discursos mencionados, o dos *experts* e o experiencial. Na categoria dos *experts*, inclui-se ainda um dos estudos mais recentes de Rutter (1999), que, apesar de manter suas considerações no indivíduo, pondera afirmações de que resiliência não é uma característica ou traço individual, mas que processos psicológicos devem ser cuidadosamente examinados. Tal idéia, de certa forma, coincide com a posição de Martineau (1999) sobre o assunto. Conforme demonstrado, outros importantes pesquisadores contemporâneos, como Luthar, Cicchetti e Becker (2000) e Masten (2001), também defendem claramente o caráter processual da questão da resiliência.

Quanto aos pesquisadores da resiliência em famílias, os debates neste campo ainda estão em fase inicial de investigação. As discussões têm contribuído para reverter o panorama "negativo" no qual o mundo familiar tem como figura principal os desajustes e os conflitos. Focar, pesquisar, compreender e fortalecer os aspectos sadios e de sucesso do grupo familiar significa estudar processos e percepções de elementos das experiências de vida, compreendidos na ótica sistêmica, ecológica (Bronfenbrenner, 1996, 1998) e de desenvolvimento, conforme mostra a abordagem de Walsh (1996, 1998, 2003, 2005). Poder-se-ia dizer que este corpo de conhecimentos forma um "discurso subordinado", não por "curvar-se" ou submeter-se às regras do discurso dominante (muito pelo contrário), mas por estar ainda em construção (Yunes, 2001). Assim, deve ser enfatizada a importância da questão da resiliência, seja em crianças, adolescentes, adultos, idosos ou grupos familia-

Psicologia positiva e resiliência: foco no indivíduo e na família 65

res. Devem-se ter em mente as controvérsias apontadas neste capítulo, cujo objetivo foi insinuar um "discurso crítico". Este discurso sugere uma cautelosa investigação de sentido que possibilite o uso criterioso do termo. O conceito é interessante para ser pesquisado, principalmente por trazer o desafio para a construção de linhas de pesquisa centradas num conhecimento que justifique os aspectos de saúde da condição humana, sem que se incorra em classificações ou rotulações ideologicamente determinadas.

Referências

Anthony, E. J. & Cohler, B. J. (1987). *The invulnerable child*. New York: Guilford.

Antonovsky, A. & Sourani, T. (1988). Family sense of coherence and family sense of adaptation. *Journal of Marriage and the Family, 50*, 79-92.

Bronfenbrenner, U. (1996). *A ecologia do desenvolvimento humano: experimentos naturais e planejados* (M. A. V. Veronese, Trad) Porto Alegre: Artes Médicas. (Original publicado em 1979)

Bronfenbrenner, U. & Morris, P. (1998). The ecology of developmental processes. Em W. Damon (Ed.), *Handbook of child psychology* (Vol. 1; pp. 993-1027). New York: John Wiley & Sons.

Ferreira, A. B. de H. (1999). *Novo Aurélio: o Dicionário do Século XXI*. São Paulo: Nova Fronteira.

Garbarino, J. & Abramowitz, R. H. (1992) Sociocultural risk and opportunity. In J. Garbarino (Ed.), *Children and families in the social environment* (2nd ed.) (pp. 35-70). New York: Aldine de Gruyter,

Garmezy, N. (1991). Resiliency and vulnerability to adverse developmental outcomes associated with poverty. *American Behavioral Scientist, 34*, 416-430.

Grotberg, E. (1995). *A guide to promoting resilience in children: Strengthening the human spirit*. The Hague: The Bernard van Leer Foundation.

66 Resiliência e psicologia positiva: interfaces do risco à proteção

Hawley, D. R. & DeHann, L. (1996). Toward a definition of family resilience: Integrating life span and family perspectives. *Family Process, 35*, 283-298.

Longman Dictionary of Contemporary English (1995). (3ª ed.) Longman Dictionaries.

Luthar, S. S., Cicchetti, D.,& Becker, B. (2000) The construct of resilience: a critical evaluation and guidelines for future work. *Child Development, 71*(3), 543-562.

Martineau, S. (1999). *Rewriting resilience: a critical discourse analysis of childhood resilience and the politics of teaching resilience to "kids at risk"*. Tese de Doutorado não publicada, The University of British Columbia, Vancouver, Canada.

Masten, A. S. (2001). Ordinary magic: resilience processes in development. *American Psychologist, 56* (3), 227-238.

Masten, A. S. & Garmezy, N. (1985). Risk, vulnerability and protective factors in developmental psychopathology. In B. B Lahey & A. E. Kazdin (Eds.), *Advances in clinical child psychology* (Vol. 8; pp.1-52). New York: Plenum Press.

McCubbin, H. I. & McCubbin, M. A. (1988). Typologies of resilient families: Emerging roles of social class and ethnicity. *Family Relations, 37*, 247-254.

Rutter, M. (1970). Sex differences in children's response to family stress. In E. J. Anthony & C. Koupernik (Eds.), *The child in his family* (pp. 165-196). New York: Wiley.

Rutter, M. (1971). Parent-child separation: Psychological effects on the children. *Journal of Child Psychology and Psychiatry, 12*, 233-260.

Rutter, M. (1979). *Changing youth in a changing society: Patterns of adolescent development and disorder.* London: Nulfield Provincial Hospitals Trust.

Rutter, M. (1981a). *Maternal deprivation reassessed.* Harmondsworth: Penguin.

Rutter, M. (1981b). Stress, coping and development: Some issues and some questions. *Journal of Child Psychology & Psychiatry, 22*, 323-356.

Rutter, M. (1985). Resilience in the face of adversity: protective factors and resistance to psychiatric disorder. *British Journal of Psychiatry, 147*, 598-611.

Psicologia positiva e resiliência: foco no indivíduo e na família 67

Rutter, M. (1987). Psychosocial resilience and protective mechanisms. *American Journal of Orthopsychiatry, 57*(3), 316-331.

Rutter, M. (1993). Resilience: Some conceptual considerations. *Journal of Adolescent Health, 14*, 626-631.

Rutter, M. (1999). Resilience concepts and findings: Implications for family therapy. *Journal of Family Therapy, 21*, 119-144.

Sheldon, K. M. & King, L. (2001). Why positive psychology is necessary. *American Psychologist, 56*(3), 216-217.

Silva Jr., J. F. (1972). *Resistência dos materiais.* São Paulo: Ao Livro Técnico.

Sroufer L. A.& Rutter, M. (1984). The domain of developmental psychopathology. *Child Development, 55*, 17-29.

Tavares, J. (2001). A resiliência na sociedade emergente. In J.Tavares (Ed.), *Resiliência e educação* (pp. 43-75). São Paulo: Cortez.

Timosheibo, S. P. (1983). *History of strength of materials.* Stanford.

Walsh, F. (1993). Conceptualization of normal family processes. In F. Walsh (Ed.), *Normal family processes* (pp. 3-69). New York: The Guilford Press.

Walsh, F. (1996). The concept of family resilience: Crisis and challenge. *Family Process, 35*, 261-281.

Walsh, F. (1998). *Strengthening family resilience.* New York: The Guilford Press.

Walsh, F. (1999). *Spiritual resources in family therapy.* New York: The Guilford Press.

Walsh, F. (2003). Family resilience: Framework for clinical practice. *Family Process, 42*(1), 1-18.

Walsh, F. (2005). *Fortalecendo a resiliência familiar.* São Paulo: Roca.

Werner, E. E. (1986). The concept of risk from a developmental perspective. In B. K. Keogh (Ed.), *Advances in special education, developmental problems in infancy and preschool years* (Vol. 4; pp. 1-23) Greenwich: JAI Press.

Werner, E. E. (1993). Risk, resilience and recovery: Perspectives from the Kauai longitudinal study. *Development and Psychopathology, 5*, 503-515.

68 Resiliência e psicologia positiva: interfaces do risco à proteção

Werner E. E. & Smith, R. S. (1982). *Vulnerable but invincible: A longitudinal study of resilient children and youth.* New York: McGraw-Hill.

Werner E. E. & Smith, R. S. (1989). *Vulnerable but invincible: A longitudinal study of resilient children and youth.* New York: Adams-Banaster-Cox.

Werner E. E. & Smith, R. S. (1992). *Overcoming the odds: High-risk children from birth to adulthood.* Ithaca: Cornell University Press.

Yunes, M. A. M. (2001). *A questão triplamente controvertida da resiliência em famílias de baixa renda.* Tese de Doutorado não publicada, Programa de Pós-Graduação em Psicologia, Pontifícia Universidade Católica de São Paulo, São Paulo.

Yunes, M. A. M. & Szymanski, H. (2001). Resiliência: noção, conceitos afins e considerações críticas. In J. Tavares (Ed.), *Resiliência e educação* (pp. 13-42). São Paulo: Cortez.

Zimmerman, M. A.& Arunkumar, R. (1994). Resiliency research: Implications for schools and policy. *Social Policy Report: Society for Research in Child Development, 8*(4), 1-18.

Psicologia positiva, emoções e resiliência

Simone Paludo
Silvia H. Koller

O interesse dos pesquisadores pelo estudo das emoções positivas e da resiliência tem aumentado significativamente nos últimos anos. Inúmeras razões podem justificar a pouca atenção recebida anteriormente. Historicamente, a ciência psicológica preocupou-se em investigar patologias, negligenciado os aspectos saudáveis dos seres humanos. No entanto, a partir de 1998, ao assumir a presidência da American Psychological Association (APA), Martin Seligman iniciou um movimento denominado Psicologia Positiva. A publicação de uma edição especial da *American Psychologist* em 2001, produzida por Seligman e Czikszentmihalyi, enfatizou que a psicologia não produzia conhecimento suficiente sobre os aspectos virtuosos e as forças pessoais que todos seres humanos possuem. Os autores apontaram as lacunas presentes nas investigações psicológicas e destacaram a necessidade de pesquisas sobre os aspectos positivos como, por exemplo, esperança, criatividade, coragem, sabedoria, espiritualidade, felicidade. O conhecimento dessas forças pessoais e virtudes poderiam propiciar o que Keyes e Haidt (2003) chamam de *florescimento* (*flourishing*) das pessoas, comunidades e instituições, ou seja, uma abertura para o que há de positivo e saudável no ser humano. Somente após cinco anos, houve uma grande expansão e muito tem acontecido nesse movimento científico. Muitos artigos e livros têm sido publicados (ver Aspinwall & Staudinger, 2003; Compton, 2005; Keyes & Haidt, 2003; Lopez & Snyder, 2003; Peterson & Seligman, 2004; Schmuck & Sheldon, 2001; Snyder & Lopez, 2002).

Aspectos teóricos, filosóficos e históricos que propiciaram a visão negativa da natureza humana foram discutidas por Gable e Haidt (2004) que ofereceram três razões para justificar o interesse dos pesquisadores pela investigação das "fraquezas" dos indivíduos. Primeiramente, apontam a compaixão ou a necessidade de ajudar outras pessoas quando essas estão sofrendo. A segunda razão refere-se à II Guerra Mundial, e a todos os aspectos históricos e pragmáticos que permearam esse acontecimento. E, por último, indicam a evolução das próprias teorias sobre os processos psicológicos, as quais focalizam o "reparo" dos danos e prejuízos provocados pelas patologias de acordo com um modelo de doença do funcionamento humano. Os autores argumentam que o momento atual é propício para o rompimento dessas idéias que permearam a história da psicologia durante muito tempo. A proposta de retomar um dos objetivos da ciência psicológica, especialmente, no que diz respeito à vida saudável dos indivíduos parece inovadora. No entanto, é importante ressaltar que vários teóricos e psicólogos humanistas como, por exemplo, Rogers e Maslow, já haviam feito algumas tentativas, mas não alcançaram sucesso naquela época. Seligman e Czikszentmihalyi (2001) têm impulsionado essas questões que pareciam óbvias e sem importância para o cerne do estudo e das pesquisas psicológicas, solidificando, assim, o movimento da psicologia positiva.

A psicologia positiva pretende contribuir com o desenvolvimento e o "funcionamento" saudável das pessoas, grupos e

Psicologia positiva, emoções e resiliência 71

instituições, preocupando-se em fortalecer competências ao invés de corrigir deficiências. Seligman (2003) identifica três importantes pilares para a psicologia positiva: 1) experiência subjetiva, 2) características individuais – forças pessoais e virtudes; e, 3) instituições e comunidades. O primeiro refere-se a estudos sobre experiências positivas ocorridas no passado, sobre o bem-estar subjetivo (Diener, 2000), e emoções positivas (Frederickson, 2002); no presente como felicidade (Myers, 2000; Seligman, 2002) e transcendência – *flow* (ou seja, a possibilidade de ir além e buscar o que é saudável; Nakamura & Csikszentmihalyi, 2002); e no futuro, relacionadas à esperança (Snyder, Rand, & Sigmon, 2002) e ao otimismo (Carver & Scheier, 2002). Em relação às características individuais, são focalizados os estudos relacionados às capacidades para o amor (Hendrick & Hendrick, 2002), perdão (McCullough & Witvliet, 2002), espiritualidade (Pargament & Mahoney, 2002), talento e sabedoria (Baltes, Gluck, & Kunzmann, 2002). E, por fim, o nível relacionado ao funcionamento dos grupos, favorece o estudo sobre as virtudes cívicas e instituições que possibilitam mudanças de indivíduos para cidadãos mais implicados em suas sociedades, focalizando na responsabilidade, altruísmo, tolerância (Turner, Barling, & Zacharatos, 2002) e na ética de trabalho (Handelsman, Knapp, & Gottlieb, 2002).

Inúmeros cursos, conferências, financiamentos e prêmios têm sido oferecidos a pesquisadores do mundo inteiro a fim de fortalecer e expandir o estudo empírico e teórico sobre o que Keyes e Haidt (2003) chamam de florescimento humano. A psicologia positiva está em pleno processo de solidificação dentro da ciência psicológica, o qual permite uma reavaliação das potencialidades e virtudes humanas através do estudo das condições e processos que contribuem para o desenvolvimento saudável dos indivíduos, grupos e instituições. Somente nas últimas décadas essa preocupação tem se fortalecido e as propostas científicas visam a investigar os aspectos saudáveis dos indivíduos, ao invés de simplesmente apontar suas limitações ou deficiências.

72 Resiliência e psicologia positiva: interfaces do risco à proteção

No Brasil, o movimento da psicologia positiva ainda não recebeu a devida atenção. São encontrados poucos estudos científicos ou publicações nos bancos de dados. Uma busca no *Index Psi-Periódicos* (www.bvs-psi.org.br), usando como palavras chave resiliência e psicologia positiva, aponta apenas uma referência sobre psicologia positiva. Yunes (2003) introduz a discussão do fenômeno da resiliência como uma importante contribuição do movimento da psicologia positiva, uma vez que salienta os aspectos saudáveis do desenvolvimento humano. No entanto, ainda são escassas as informações sobre essa mudança que está ocorrendo na psicologia. A comunidade acadêmica brasileira deveria despertar para acompanhar os relevantes avanços nessa área (Paludo & Koller, submetido). O estudo dos aspectos positivos ligados à saúde e ao bem-estar presentes nos indivíduos emergiu como tentativa de romper o viés patologizante (negativo) sobre o desenvolvimento humano (Frederickson, 2003; Frederickson, Tugade, Waugh, & Larkin, 2003; Tugade & Frederickson, 2004). Nesse sentido, temáticas como as emoções positivas e a resiliência destacam-se nos atuais estudos científicos da psicologia.

A diversidade de emoções expressa pelos seres humanos e os animais foi investigada por Darwin (1872/2000) e continua sendo alvo de estudos até hoje. Emoções podem ser definidas como estados afetivos produzidos pelas respostas fisiológicas e avaliações cognitivas que motivam as ações. Teóricos do desenvolvimento humano propõem que as emoções estão presentes no nascimento ou se desenvolvem nos meses após o nascimento e podem ser indicadas pelas expressões faciais que os bebês comunicam (Ekman, 1992). Também concordam que os bebês experimentam e comunicam seis emoções primárias denominadas alegria, medo, raiva, surpresa, tristeza e nojo. À medida que as crianças tornam-se auto-conscientes, ou seja, capazes de agir, pensar e comunicar sobre si mesmas às outras pessoas, emergem novas emoções denominadas morais. As emoções morais incluem orgulho, vergonha, culpa, constrangimento e inveja. Essas emoções são reguladoras do comportamento moral. Lewis, Sullivan, Stanger e Weiss (1989) sugerem que o desenvolvimento das emoções autoconscientes é derivado, em parte, do desenvolvimento das capacidades cognitivas e das experiências de socialização das crianças (Allessandri & Lewis, 1996). As emoções servem a uma variedade de funções na vida diária, enfatizando a atenção das pessoas a eventos importantes, motivando-as e dirigindo-as a subseqüentes comportamentos. Além disso, ajudam as pessoas a distinguir características morais em contextos específicos, motivam o comportamento moral e revelam os valores morais e a preocupação consigo mesmo e com os outros (Eisenberg, 2000). Podem ser classificadas em três grupos de emoções: morais, negativas e positivas.

Para Haidt (2003), as emoções morais são aquelas que respondem a violações morais ou que motivam o comportamento moral. Considerou duas características para identificá-las, os eliciadores desinteressados e as tendências de ações pró-sociais. Os eliciadores desinteressados são caracterizados pela ocorrência de eventos, sejam esses bons ou ruins, que conseqüentemente provocarão algum tipo de emoção. Essas emoções podem ser provocadas facilmente, por diferentes eventos, que não afetarão diretamente a pessoa. A emoção provocada motivará algum tipo de ação em resposta ao evento eliciador, seja essa uma ação de tendência pró-social ou não. A ação pró-social refere-se ao engajamento da pessoa em ações que beneficiem outras pessoas ou a sociedade. Assim, quanto mais desinteressados forem os eliciadores, e quanto mais tendências pró-sociais apresentarem, mais prototípicas serão as emoções morais. Entre as emoções consideradas morais destacam-se os estudos sobre culpa e vergonha (Baumeister, Stillwell, & Heatherton, 1994; Ferguson, Stegge, Miller, & Olsen, 1999; Kugler & Jones, 1992; La Taille, 2002; Tangney, Miller, Flicker, & Barlow, 1996; Leith & Baumeister, 1998), gratidão (Haidt, 2003; McCullough, Kilpatrick, Emmons, & Larson; 2001), empatia e simpatia (Eisenberg, 2000).

As emoções negativas, como a raiva, o medo e a tristeza têm recebido maior atenção na ciência psicológica por diversos motivos. Entre eles, podem ser destacados a tendência natural de estudar as aflições da humanidade, sua possibilidade de distinção universal e seu valor para sobrevivência humana. Outra característica importante é a universalidade das emoções negativas, uma vez que possuem características faciais específicas. Por exemplo, as expressões faciais produzidas pela raiva, o medo e a tristeza são reconhecidos facilmente e universalmente pelos indivíduos. Estudos de Ekman e Friesen (1986) apontaram que as emoções negativas podem ser adaptações evolucionárias que ameaçaram os ancestrais. Essas ameaças provocavam respostas automáticas do sistema nervoso. Assim, situações que provocam medo incitam o desejo de escapar de uma situação de perigo. Por esses motivos possuem um valor protetivo e essencial para sobrevivência dos seres vivos. Nessa visão evolucionista, as emoções negativas provocam soluções eficientes para os problemas enfrentados. Por outro lado, as emoções positivas não são facilmente visíveis ou necessárias para a sobrevivência imediata como as negativas.

Frederickson (2000) propôs um novo modelo provocativo da função das emoções positivas. A fim de investigar o valor e a importância das emoções positivas na vida dos indivíduos, estabeleceu a teoria denominada *broaden-and-build theory*. Essa teoria sugere que emoções positivas e negativas não são isomorfas. Pelo contrário, são distintas e complementares, enquanto as emoções negativas estreitam os repertórios de pensamento e ação evocando apenas tendências de ação específicas, como a fuga e o escape, as emoções positivas ampliam os repertórios de pensamento e ação. Além disso, Frederickon (1998, 2000, 2001) afirma que o estreitamento do repertório provocado pelas emoções negativas é adaptativo e utilizado em situações de ameaça. O alargamento provocado pelas emoções positivas também é adaptativo ao longo da trajetória do indivíduo. A ampliação dos repertórios de ação e pensamento ganha significado porque há variedade de recursos pessoais. Esses incluem recursos: físicos, sociais, intelectuais e psicológicos (ver Frederickson, 2003). Os recursos pessoais promovidos pela expressão das emoções positivas são duradouros, ou seja, são adquiridos após o estado emocional. Além disso, funcionam como "reserva" em outras situações, melhoram o enfrentamento, as estratégias e as possibilidades de sobrevivência.

As emoções positivas ajudam e promovem saúde física e mental, sugere Frederickson (1998, 2001). Dessa forma, as estratégias de intervenção devem priorizar experiências que promovam emoções positivas e que funcionem como um espiral. Essas experiências ampliam o repertório de ações e pensamentos e constroem recursos pessoais que serão necessários ao longo da trajetória dos indivíduos. Segundo Frederickson, a resiliência configura-se como um recurso psicológico produzido pelas emoções positivas.

O significado de resiliência e sua definição operacional têm sido objeto de debates e controvérsias durante anos (Luthar, Cicchetti, & Becker, 2000; Wang & Gordon, 1994). Alguns autores definem resiliência como a habilidade dos indivíduos de retornar de uma experiência negativa e a flexibilidade de adaptação para enfrentar as transformações e os desafios da vida (Block & Block, 1980; Block & Kremen, 1996; Lazarus, 1993). Outros autores definem resiliência como um processo ou uma capacidade para alcançar sucesso frente a situações de ameaça e desafio (Garmezy & Masten, 1994). No entanto, a literatura é unânime sobre a possibilidade de adaptação positiva em contextos de adversidade e riscos significativos. Diversos critérios têm sido utilizados para julgar a "boa adaptação". Existe um amplo escopo de pesquisas sobre esse fenômeno. Para investigar resiliência muitos fatores devem ser considerados como, por exemplo, os recursos individuais, os fatores de proteção, os processos protetivos, entre outros. É importante examinar as qualidades individuais e os ambientes que explicam os motivos de algumas pessoas enfrentarem de forma mais positiva e adaptativa as adversidades.

Dois modelos de abordagem têm sido mais utilizados na investigação da resiliência: modelo focado nas variáveis e o modelo focado na pessoa (ver Masten & Reed, 2002). Esses modelos têm sido testados através de diferentes métodos estatísticos (ver Gest, Neemann, Hubbard, Masten, & Tellegen, 1993; Jessor, Van den Bos, Vanderryn,

Costa, & Turbin, 1995; Luthar, 1991; Masten, Garmezy, Tellegen, Pellegrini, Larkin, & Larsen, 1988). Uma discussão importante diz respeito à caracterização de indivíduos como resilientes ou não resilientes. Alguns pesquisadores têm denominado crianças resilientes ao estresse e crianças afetadas pelo estresse, identificando resiliência como um traço de personalidade que as pessoas têm ou não, mais do que uma capacidade inata potencializada por fatores protetivos ambientais e contextuais (Work et al., 1990). Essa rotulação ou diagnóstico não é amplamente aceita na academia. No ano de 2001, Masten ofereceu uma importante contribuição ao argumentar que resiliência é um processo normativo da adaptação, presente na espécie humana e aplicável ao desenvolvimento em ambientes favoráveis ou adversos. Dessa forma, pertence a todos seres vivos essa "capacidade" para o desenvolvimento saudável e positivo, o que antes parecia exclusiva apenas a alguns indivíduos. Essa afirmação apóia aos temas centrais da psicologia positiva. De acordo com a autora, a psicologia negligenciou um fenômeno humano essencial para a adaptação e o desenvolvimento durante os períodos de risco, problemas, patologias e tratamento. Ressalta que a resiliência não emerge de qualidades raras ou especiais, ao contrário, surge de fatos cotidianos e usuais presentes na trajetória e nas relações das crianças, famílias, e comunidades. Masten revela uma perspectiva mais otimista e lança o desafio da compreensão dos processos que podem favorecer ou dificultar as expressões de resiliência.

A literatura indica múltiplas estratégias para a promoção de resultados positivos frente a situações estressantes ou adversas. Recentemente, estudos têm demonstrado que as emoções positivas podem colaborar e reforçar recursos psicológicos como a resiliência (Frederickson, 1998, 2001). O modelo *broaden-and-build theory* sugere que experiências recorrentes envolvendo emoções positivas colaboram na construção de habilidades dos indivíduos. Esse repercute na reformulação do construto de resiliência indicado por Masten (2001), que reitera resultar a resiliência de uma operação dos sistemas humanos básicos e usuais de adaptação, entre eles, a capacidade de experenciar emoções positivas.

A associação entre resiliência e emoções positivas tem sido apoiada por estudos longitudinais, observacionais e de auto-relatos (ver Keyes & Haidt, 2003). Dessa forma, a expressão dessa emoção mostra-se como um fator protetivo e de grande valor na vida das pessoas. Assim, é possível supor que os indivíduos são capazes de superar uma situação adversa ou estressante e que apresentam ou apresentaram, em algum momento de suas vidas, emoções positivas que os ajudam a construir os processos de resiliência. Block e Kremen (1996) sugerem que as emoções positivas apresentam-se, às vezes, como resultado de estratégias de resiliência ou *coping*. Outras evidências apóiam que os indivíduos aos quais é atribuída a condição de resiliente utilizam as emoções positivas para alcançar *coping* através do humor (Masten, 2001; Werner & Smith, 1992; Wolin & Wolin, 1993), da exploração criativa (Cohler, 1987), relaxamento (Anthony, 1987), e pensamento otimista (ver Masten & Reed, 2002). Indivíduos considerados resilientes não cultivam emoções positivas apenas para eles mesmos, mas eliciam essas emoções em outras pessoas. Embora existam evidências, poucos estudos exploram a utilidade das emoções positivas. Frederickson (2000) argumentou que essas emoções servem a uma importante função na habilidade dos indivíduos de retornar de uma situação estressante ou adversa.

Um importante estudo demonstrou que as emoções positivas parecem ajudar e contribuir na habilidade de construir recursos psicológicos e estratégias essenciais para o enfrentamento de situações adversas. Frederickson, Tugade, Waugh e Larkin (2003) testaram estudantes americanos no ano de 2001 e repetiram as medidas semanas após o episódio trágico do ataque no dia 11 de setembro nos Estados Unidos. Os estudantes identificados com maior presença de características resilientes notificaram mais experiências e emoções positivas como a gratidão, o amor e o interesse no meio de

78 Resiliência e psicologia positiva: interfaces do risco à proteção

emoções negativas experenciadas depois dos ataques. Achados sugerem que as emoções positivas nas situações de crise protegem as pessoas e as ajudam a prosperar.

Tugade e Frederickson (2004) encontraram evidências empíricas que comprovam a relação existente entre as emoções positivas e a resiliência psicológica através *broaden-and-build theory*. Examinaram a influência das emoções positivas nos indivíduos que apresentavam características consideradas resilientes e buscaram predizer que essas emoções são essenciais para superar e encontrar significados positivos nas situações estressantes e adversas. As autoras argumentaram que, se os indivíduos resilientes têm capacidade psicológica para lidar e enfrentar situações adversas, possivelmente, essa capacidade poderia ter refletido fisiologicamente. Para testar essas hipóteses, as autoras realizaram três estudos experimentais. O primeiro estudo empregou métodos psicofisiológicos para explorar os processos emocionais associados com a resiliência psicológica. Foram utilizados instrumentos capazes de avaliar esses fatores e medidas cardiovasculares. A escala *ego-resiliency* (Block & Kremen, 1996) para acessar a capacidade de modificação de respostas em situações desafiantes, a escala de afeto positivo e negativo (*Positive and Negative Affectivity Schedule* – PANAS; Watson, Clark, & Tellegen, 1988), escalas *Likert* para avaliar as experiências subjetivas dos participantes sobre as emoções e as avaliações cognitivas. Os achados demonstraram que os indivíduos que apresentaram mais características resilientes evidenciaram uma recuperação cardiovascular mais rápida do que aqueles que faziam avaliações emocionais negativas.

O segundo estudo teve como objetivo examinar o papel das avaliações cognitivas envolvendo ameaça e desafio na resiliência psicológica (ver Tugade & Frederickson, 2004). Os achados apóiam a predição de emoções positivas e as avaliações de desafio são fatores que contribuem para a resiliência psicológica. A partir desses achados, propuseram um terceiro estudo para testar a associação das emoções positivas com a habilidade dos indivíduos resilientes encontrarem significados positivos nas circunstâncias negativas da vida. Os instrumentos foram repetidos e acrescida uma escala para avaliar *coping* (*Moos Coping Responses Inventory*; Moos, 1988). Os resultados indicaram que as diferenças individuais na resiliência psicológica predizem a habilidade de apresentar significados positivos nas situações adversas. Como proposto pela *broaden-and-build theory* (Fredrickson, 1998, 2001), o significado positivo foi mediado pelas experiências de emoções positivas. Os resultados encontrados nesse estudo corroboram os principais estudos teóricos que indicam presença de altos níveis de emoções positivas em indivíduos resilientes (Block & Kremen, 1996; Klohnen, 1996; Wolin & Wolin, 1993) e confirmam a capacidade de superar circunstâncias negativas (Block & Block, 1980; Lazarus, 1993; Masten, 1994). No entanto, uma nova perspectiva é oferecida na literatura através da utilização de medidas psicológicas. Um aspecto importante refere-se ao paralelismo entre a resiliência e as reações fisiológicas, o qual sugere que a resiliência não é um fenômeno apenas psicológico.

Nesse sentido, as emoções positivas representam uma ampliação das estratégias de enfrentamento e ajudam a construir recursos psicológicos como a resiliência. Além disso, Tugade e Frederickson (2004) demonstram a utilidade das emoções positivas no processo de *coping*. Diversos métodos experimentais para compreender a resiliência psicológica foram utilizados e se mostraram úteis para compreender as estruturas psicológicas que estão conectadas aos resultados cognitivos e fisiológicos. Delineamentos quantitativos têm se mostrado eficazes, no entanto, diversas discussões ainda são presentes sobre essa tentativa de mensurar ou avaliar processos relacionados à resiliência.

O estudo das emoções sempre ocupou um importante espaço na ciência, uma vez que indica condições peculiares aos seres vivos. A relevância dessas para saúde e para o bem-estar está ganhando suporte teórico e empírico. A proposta de que as emoções positivas não transformam apenas os indivíduos, mas grupos de pessoas inseridos em comunidades e organizações têm sido amplamente

80 Resiliência e psicologia positiva: interfaces do risco à proteção

considerados. Isen (1987) demonstrou que as pessoas que experienciam emoções positivas tornam-se mais favoráveis ao comportamento cooperativo e de ajuda. Esse comportamento promove e produz emoções positivas, uma vez que essa relação é bidirecional. Aquele que ajuda provavelmente sentirá orgulho e aquele que recebe ajuda pode sentir-se grato e, ainda, aquele que assiste ou testemunha a boa ação pode sentir-se elevado. Dessa forma, cada uma dessas emoções positivas pode ampliar a atenção dos indivíduos e inspirar ações positivas no futuro, estabelecendo, assim, uma cadeia de eventos e promovendo organizações mais harmoniosas e coerentes.

Por fim, cabe ressaltar o importante papel que as emoções positivas assumem na vida das pessoas, comunidades e organizações. Eventos estressantes estão presentes no cotidiano de todos os seres humanos o que difere é a forma como cada pessoa lida com esses momentos. As emoções positivas podem funcionar como fator de proteção nas situações adversas e consideradas de risco, promovendo resultados saudáveis, conseqüentemente, afetando os processos envolvidos na resiliência. Cultivar significados e emoções positivas podem ser estratégias eficazes para promoção e construção de habilidades e atitudes saudáveis frente a circunstâncias negativas. Essa proposta reflete a transformação científica que a psicologia positiva está revelando. Estudos sobre essas temáticas podem e devem continuar contribuindo com o avanço científico da psicologia. É necessário reunir mais esforços para o estudo do outro lado do funcionamento humano – o positivo. A ciência precisa aprender como proteger e prevenir a saúde mental, física, emocional e social dos indivíduos.

Referências

Alessandri, S. M. & Lewis, M. (1996). Differences in pride and shame in maltreated and nonmaltreated preschoolers. *Child Development, 67,* 1857-1869.

Psicologia positiva, emoções e resiliência   81

Anthony, E. J. (1987). Risk, vulnerability, and resilience: An overview. In E. J. Anthony & B. J. Cohler, *The invulnerable child. The Guilford psychiatry series* (pp. 3-48). New York: Guilford Press.

Aspinwall, L. G. & Staudinger, U. M. (Eds.). (2003). *A psychology of human strengths: Fundamental questions and future directions for a positive psychology.* Washington, DC: American Psychology Association.

Baltes, P., Gluck, J., & Kunzmann, U. (2002). Wisdom: Its structure and function in regulation successful life span development. In C. R. Snyder & S. J. Lopez (Eds.), *Handbook of positive psychology* (pp. 327-347). New York: Oxford University Press.

Baumeister, R., Stillwell, A., & Heatherton, T. (1994). Guilt: An interpersonal approach. *Psychological Bulletin, 115*, 243-267.

Block, J.H. & Block, J. (1980). The role of ego-control and ego-resiliency in the origination of behavior. In W.A. Collings (Ed.), *The Minnesota Symposia on Child Psychology* (Vol. 13, pp. 39-101). Hillsdale, NJ: Erlbaum.

Block, J. & Kremen, A.M. (1996). IQ and ego-resiliency: Conceptual and empirical connections and separateness. *Journal of Personality and Social Psychology, 70*, 349-361.

Carver, C. & Scheier, M. (2002). Optimism. In C. R. Snyder & S. Lopez (Eds.), *Handbook of positive psychology* (pp. 231-256). New York: Oxford University Press.

Cohler, B. J. (1987). Adversity, resilience, and the study of lives. In E. J. Anthony & B. J. Cohler (Eds.), *The invulnerable child* (pp. 363-424). New York: Guilford Press.

Compton, W. (2005). *An introdution to positive psychology.* Califórnia: Thompson Wadsworth.

Darwin, C. (2000). *Expressão das emoções no homem e nos animais.* São Paulo: Companhia das Letras (Original publicado em 1872)

Diener, E. (2000). Subjective well-being: The science of happiness, and a proposal for a national index. *American Psychologist, 55*, 34-43.

Eisenberg, N. (2000). Emotion, regulation, and moral development. *Annual Review Psychology, 51*, 665-697.

Ekman, P. (1992). Are there basic emotions? *Psychological Review, 99*, 550-553.

82 Resiliência e psicologia positiva: interfaces do risco à proteção

Ekman. P. & Friesen, W.V. (1986). A new pan-cultural expression of emotion. *Motivation and Emotion, 10,* 159-168.

Ferguson, T. J., Stegge, H., Miller, E. R., & Olsen, M. E. (1999). Guilt, shame, and symptoms in children. *Developmental Psychology, 35,* 347-357.

Fredrickson, B.L. (1998). What good are positive emotions? *Review of General Psychology: Special Issue: New Directions in Research on Emotion, 2,* 300-319.

Fredrickson, B.L. (2000). Cultivating positive emotions to optimize health and well-being. *Prevention and Treatment, 3,* Article 1. Available at http://journals.apa.org/prevention/volume 3/pre0030001a.html.

Fredrickson, B.L. (2001). The role of positive emotions in positive psychology: The broaden-and-build theory of positive emotions. *American Psychologist: Special Issue, 56,* 218-226.

Fredrickson, B. L. (2002). Positive emotions. In C. R. Snyder & S. J. Lopez (Eds.), *Handbook of positive psychology* (pp. 120–134). New York: Oxford University Press.

Frederickson, B. L. (2003). The value of positive emotions. *American Scientist, 91,* 330-335.

Fredrickson, B. L., Tugade, M. M., Waugh, C. E., & Larkin, G. R. (2003). What good are positive emotions in crisis? A prospective study of resilience and emotions following the terrorist attacks on the United States on September 11th, 2001. *Journal of Personality & Social Psychology, 84,* 365–376.

Gable, S. & Haidt, J. (2005). Positive psychology. *Review of General Psychology, 9,* 1089-2680.

Garmezy, N. & Masten, A. (1994). Chronic adversities. In M. Rutter, E. Taylor, & L. Herson (Eds.), *Child and adolescence psychiatry* (pp.191-207). Oxford: Blackwell.

Gest, S. D., Neemann, J., Hubbard, J. J., Masten, A. S., & Tellegen, A. (1993). Parenting quality, adversity, and adolescence: Testing process-oriented models of resilience. *Development and Psychopathology, 5,* 663–682.

Haidt, J. (2003). The moral emotions. In R. J. Davidson, K. R. Scherer, & H. H. Goldsmith (Eds.), *Handbook of affective sciences* (pp. 852-870). Oxford: Oxford University Press.

Handelsman, M. M., Knapp, S., & Gottlieb, M. C. (2002). Positive ethics. In C. R. Snyder & S. J. Lopez (Eds.), Handbook of positive psychology (pp. 731-744). New York: Oxford University Press.

Hendrick, S. & Hendrick, C. (2002). Love. In C. R. Snyder & S. Lopez (Eds.), *Handbook of positive psychology* (pp. 472-484). New York: Oxford University Press.

Isen, A. M. 1987. Positive affect, cognitive processes and social behavior. *Advances in Experimental Social Psychology, 20,* 203–253.

Jessor, R., Van Den Bos, J., Vaderryn, J., Costa, F. M., & Turbin, M. S. (1995). Protective factors in adolescent problem behavior: Moderator effects and developmental change. *Developmental Psychology, 31,* 923– 933.

Keyes, C. L. M. & Haidt, J. (Eds.). (2003). *Flourishing: Positive psychology and the life well lived.* Washington DC: American Psychological Association.

Klohnen, E.C. (1996). Conceptual analysis and measurement of the construct of egoresiliency. *Journal of Personality and Social Psychology, 70,* 1067-1079.

Kugler, K. & Jones, W. H. (1992). On conceptualizing and assessing guilt. *Journal of Personality and Social Psychology, 62,* 318-327.

La Taile, Y. (2002). O sentimento de vergonha e suas relações com a moralidade. *Psicologia: Reflexão e Crítica, 15,* 13-25.

Lazarus, R.S. (1993). From psychological stress to the emotions: A history of changing outlooks. *Annual Review of Psychology, 44,* 1-21.

Leith, K. & Baumeister, R. F. (1998). Empathy, shame, guilt and narratives of interpersonal conflicts: Guilt-prone people are better at perspective taking. *Journal of Personality, 66,* 2-37.

Lewis, M., Sullivan, M. W., Stanger, C. & Weiss, M. (1989). Self development and self-conscious emotions. *Child Development, 60,*146-156.

Lopez, S. J. & Snyder, C. R., Editors (2003). *Positive psychological assessment.* Washington, DC: American Psychological Association.

Luthar, S. S. (1991). Vulnerability and resilience: A study of high-risk adolescents. *Child Development, 62,* 600-616.

84 Resiliência e psicologia positiva: interfaces do risco à proteção

Luthar, S., Cicchetti, D., & Becker, B. (2000). The construct of resilience: A critical evaluation and guidelines for future work. *Child Development, 71*, 543-562.

Masten, A. (1994). Resilience in individual development: Successful adaptation despite risk and adversity. In M. Wang & E. Gordon (Eds.), *Risk and resilience in inner-city America: Challenges and prospects* (pp. 3-25). Hillsdale, NJ: Erlbaum.

Masten, A. S. (2001). Ordinary magic: Resilience processes in development. *American Psychologist, 56*(3), 227-238.

Masten, A. S., Garmezy, N., Tellegen, A., Pellegrini, D. S., Larkin, K., & Larsen, A. (1988). Competence and stress in school children: The moderating effects of individual and family qualities. *Journal of Child Psychology and Psychiatry, 29*, 745–764.

Masten, A. & Reed, M. (2002). Resilience in development. In C. R. Snyder & S. Lopez (Eds.), *Handbook of positive psychology* (pp. 74-88). London: Oxford University Press.

McCullough, M. E., Kilpatrick, S. D., Emmons, R. A., & Larson, D. B. (2001). Is gratitude a moral affect? *Psychological Bulletin, 2*, 249-266.1

McCullough, M. & Witvliet, C. (2002). The psychology of forgiveness. In C. R. Snyder & S. J. Lopez (Eds.), *Handbook of positive psychology* (pp. 446-458). New York: Oxford University Press.

Moos, R.H. (1988). *Coping responses inventory manual.* Palo Alto, CA: Stanford University and Department of Veterans Affairs Medical Centers.

Myers, D. G. (2000). The funds, friends, and faith of happy people. *American Psychologist, 55*, 56–67.

Nakamura, J. & Csikszentmihalyi, M. (2002). The concept of flow. In C. R. Snyder & S. J. Lopez (Eds.), *Handbook of positive psychology* (pp. 89-105). New York: Oxford University Press.

Paludo, S. & Koller, S. (submetido). Psicologia positiva: uma nova abordagem para antigas questões.

Pargament, K. & Mahoney, A. (2002). Spirituality: Discovering and conserving the sacred. In C. R. Snyder & S. J. Lopez (Eds.), *Handbook of positive psychology* (pp. 646-659). New York: Oxford University Press.

Peterson, C. & Seligman, M. (2004). *Character strengths and virtues: A classification and handbook*. Washington, DC: American Psychological Association.

Seligman, M. (2002). *Authentic Happiness*. New York: Free Press.

Seligman, M. (2003). Foreword: The past and future of positive psychology. In C. L. M. Keyes & J. Haidt (Eds.), *Flourishing: Positive psychology and the life well lived* (pp. xi-xx). Washington DC: American Psychological Association.

Seligman, M. E. P. & Csikszentmihalyi, M. (2001). Positive psychology: An introduction. *American Psychologist, 55,* 5-14.

Schmuck, P. & Sheldon, K. M. (2001). *Life goals and well-being: Towards a positive psychology of human striving*. Seattle: Hogrefe & Huber.

Snyder, C. R. & Lopez, S. J., (2002). *Handbook of positive psychology*. New York: Oxford University Press.

Snyder, C. R., Rand, K. L., & Sigmon, D. R. (2002). Hope theory: A member of the positive psychology family. In C. R. Snyder & S. J. Lopez (Eds.), *Handbook of positive psychology* (pp.257-276). New York: Oxford University Press.

Tangney, J. P., Miller, R. S., Flicker, L., & Barlow, D. H. (1996). Are shame, guilt and embarrassment distinct emotions? *Journal of Personality and Social Psychology, 70,* 1256-1269.

Tugade, M. M. & Fredrickson, B. L. (2004). Resilient individuals use positive emotions to bounce back from negative emotional experiences. *Journal of Personality and Social Psychology, 86,* 320–333.

Turner, N., Barling, J., & Zacharatos, A. (2002). Positive psychology at work. In C.R. Snyder & S.J. Lopez (Eds.), *The handbook of positive psychology* (pp 715-728). New York: Oxford University Press.

Yunes, M. A. (2003). Psicologia positiva e resiliência: O foco no indivíduo e na família. *Psicologia em Estudo, 8,* 75-84.

Wang, M., & Gordon, E. (1994). *Risk and resilience in inner-city America: Challenges and prospects*. Hillsdale, NJ: Erlbaum.

Watson, D., Clark, L.A., & Tellegen, A. (1988). Development and validation of brief measures of positive and negative affect: The PANAS scales. *Journal of Personality and Social Psychology, 54,* 1063-1070.

Werner, E. & Smith, R. S. (1992). *Overcoming the odds: High risk children from birth to adulthood.* Ithaca: Cornell University Press.

Wolin, S. J., & Wolin, S. (1993). *Bound and determined: Growing up resilient in a troubled family.* New York: Villard.

PARTE II

Resiliência e psicologia positiva: pesquisa e intervenção

Desafios metodológicos para a pesquisa em resiliência: conceitos e reflexões críticas

Renata Maria Coimbra Libório
Bernardo Monteiro de Castro
Angela Elizabeth Lapa Coêlho

O objetivo deste capítulo é apresentar uma análise sobre as propostas metodológicas da pesquisa em resiliência, articulando-as com a discussão conceitual do fenômeno resiliência, tendo em vista que a forma como esse fenômeno é considerado norteará o método para seu estudo. Esse objetivo está diretamente ligado à expansão da atenção que esse assunto vem recebendo por parte de pesquisadores de diversas áreas do saber, em especial das ciências sociais e humanas.

A discussão sobre resiliência remete diretamente a outros conceitos a ela associados e relacionados com o desenvolvimento humano, tais como os indicadores e os mecanismos de risco, os mecanismos ou processos de proteção, o *coping* e a condição de vulnerabilidade. Falar de resiliência sem mencionar tais conceitos é abordá-la sem a complexidade e a abrangência que o conceito requer. Há muitos desafios nessa tarefa e por essa razão é necessário mencionar que este capítulo não tem a pretensão de esgotar a problematização, que pode ser desdobrada a partir da análise desse complexo e fascinante fenômeno.

Para começar observando o conceito em si, deve-se ressaltar a qualidade positiva da produção de vários autores, de diversos países e distintos referenciais teóricos (Kotliarenco, Cáceres, & Fontecilla, 1997; Luthar, Cicchetti, & Becker, 2000; Luthar & Zelazo, 2003; Poletto,Wagner, & Koller, 2004; Smokowski, Reynolds, & Bezruczko, 1999; Ungar, 2003; Yunes & Szymanski, 2001), para os quais o corpo de conhecimentos acerca da resiliência encontra-se em processo de construção. Mais especificamente, Poletto, Wagner e Koller (2004) argumentam que, nos últimos dez anos, esse conceito tem sido amplamente explorado, revelando-se amplo, polêmico e dinâmico.

Considerando o grau de complexidade relativo ao conceito, Yunes (2006) alerta para não se incorrer no erro de se revestir tal discussão com um caráter de "discurso subordinado". Em vez disso, a perspectiva do discurso crítico é a que mais permitiria uma compreensão da amplitude do alcance e sentidos do termo, permitindo um estudo criterioso (ver Yunes, neste livro).

Um dos maiores equívocos que se pode cometer nos estudos dessa área refere-se a uma característica comum às teorias psicológicas: o risco de se assumir uma perspectiva ideológica que rotule, classifique e engesse determinados indivíduos ou populações, de forma binária e excludente, como resilientes ou não resilientes (Yunes, 2003). Ou seja, todo cuidado se faz necessário para não se atribuir ao conceito de resiliência, que está em processo de construção, uma visão determinista do desenvolvimento humano.

É dessa perspectiva que se abordarão as questões relacionadas à resiliência neste capítulo e se traçarão algumas considerações sobre a evolução do conceito e termos a ele afins. Busca-se articular essa discussão com as preocupações científicas e os desafios metodológicos para a pesquisa nessa área, possibilitando contribuições mais críticas que subsidiem futuros trabalhos com esse construto. Nessa abordagem, não apenas a questão do indivíduo e sua interrelação será considerada, mas também suas implicações para intervenções e elaboração de políticas públicas. É importante ressaltar que os estudos na área da resiliência, que buscam, muitas vezes, pesquisar as condições que podem promovê-la, não devem substituir a preocupação com a elaboração de políticas públicas de combate à desigualdade social e condições de vida violentas e violadoras de direitos (Pesce, Assis, Santos, & Oliveira, 2004).

Algumas considerações sobre aspectos conceituais da resiliência

As origens históricas do termo *resiliência* remetem ao ano de 1807 e às áreas da física e engenharia, tendo essa característica sido originalmente atribuída por Thomas Young a materiais altamente resistentes à deformações impostas pelo ambiente (Yunes & Szymanski, 2001). Para Young, a resiliência de um material se refere à sua capacidade em absorver energia sem sofrer deformação plástica permanente. Já na área da psicologia, uma atenção mais significativa ao conceito de resiliência data do início dos anos setenta (Masten, 2001), embora sejam bem mais recentes os debates sobre o assunto em congressos científicos, o que só se deu a partir do final dos anos noventa do século XX (Yunes, 2003).

O interesse inicial da Psicologia pelo fenômeno da resiliência respalda-se em dois pontos importantes: a) a psicologia do desenvolvimento começou a se interessar em compreender os processos pelos quais determinadas pessoas passam e, muitas vezes, são obrigadas a enfrentar situações totalmente adversas de vida, conseguindo superá-las com relativa competência (Trombeta & Guzzo, 2002); e, b) o reconhecimento de diversos profissionais e pesquisadores da área sobre o fato de a psicologia, por muito tempo, ter centrado sua atenção na compreensão e tratamento de patologias, de forma que havia chegado o momento de a ciência psicológica se voltar mais para os potenciais e capacidades humanos, caracterizando o movimento da psicologia positiva (Yunes, 2003).

Essas novas preocupações mobilizaram os pesquisadores, que passaram a buscar referenciais para o estudo dos fenômenos indicativos de adaptação psicológica durante os ciclos de desenvolvimento humano, sendo a resiliência e os conceitos a ela relacionados fundamentais para responder às indagações a que a psicologia se colocava naquela época. De acordo com Trombeta e Guzzo (2002), os estudos na área da resiliência se iniciaram atribuindo ao termo a idéia de capacidade de resistir, sendo a força necessária para a saúde mental durante a vida. Segundo as autoras, o termo foi utilizado por Bowlby (1969/1990), ao finalizar seu primeiro livro sobre a teoria do apego (pela qual ficou mundialmente conhecido), ainda em 1969. Nessa época, o sentido atribuído ao termo já era bem parecido com um significado que ficou bastante associado à resiliência: um traço ou característica de personalidade que pode aparecer mesmo sob condições adversas de vida. Bowlby apontava que o aparecimento dessa característica estaria associado às primeiras experiências da criança com a mãe, pai e outros adultos significativos. No caso de essas experiências serem positivas, elas "contribuiriam para a formação de personalidades saudáveis, resistentes às situações adversas, ou seja, resilientes" (Trombeta & Guzzo, 2003, p.16).

Lembrando que o conceito de resiliência permanece em construção, não oferecendo ainda uma definição consensual entre os pesquisadores, Junqueira e Deslandes (2003) observaram que alguns tópicos bastante polêmicos refletem essa falta de consenso, que pode ser explicitada por meio de algumas polarizações nos seguintes eixos: adaptação/superação, inato/adquirido, permanente/circunstancial. Essas polarizações remetem a uma questão central e mais ampla a respeito da resiliência: sua compreensão como um *traço individual*, ou como um *fenômeno* ou *processo*, decorrente de inter-relações do indivíduo e o meio (Luthar, Ciccheti, & Becker, 2000). Durante muitos anos, a resiliência foi analisada como um atributo pessoal e, embora essa compreensão de resiliência tenha sido redimensionada, alguns autores mantêm uma concepção de traço individual para o fenômeno. Conceber a resiliência, nesta perspectiva individual, dificulta a elaboração de programas e intervenções sociais (Pesce *et al.*, 2004).

Segundo Masten (2001), as pesquisas iniciais atribuíam à resiliência uma conotação de invulnerabilidade ou invencibilidade, que ainda comparece em estudos mais recentes sobre o fenômeno. Já Yunes (2003) explica que nos anos setenta, ao estudar crianças submetidas a prolongados períodos de estresse psicológico, a psiquiatria infantil identificou crianças que apresentavam saúde mental e competência, e encontrou no termo *invulnerabilidade* uma descrição que se adequava à sua condição.

Algum tempo depois, pioneiros no estudo da resiliência (Masten & Garmezy, 1985; Rutter, 1987) questionaram a inadequação do uso do termo invulnerável por indicar uma resistência absoluta ao estresse, transmitindo a idéia de que o limite para suportar sofrimento fosse infinito no ser humano. Além disso, o conceito de invulnerabilidade também remete à idéia de uma qualidade interna do indivíduo, um traço imutável adquirido em bases constitucionais. Passa-se então a questionar a pertinência do termo invulnerabilidade para os seres humanos, de forma que a palavra resiliência, que também é indicativa de enfrentamento às adversidades, mostrava-se mais sintonizada com o fenômeno que vinha sendo estudado.

A preocupação em questionar essa concepção de resiliência vinculada à invulnerabilidade associando-a a um traço individual fixo foi apresentada por Rutter (1987), quando afirmou que a "resiliência não pode ser vista como um atributo fixo do indivíduo, (...) e se as circunstâncias mudam, a resiliência se altera" (Rutter, in Yunes, 2003, p.79). Muito embora Rutter faça esse questionamento sobre o caráter fixo da resiliência, segundo Yunes (2003), ele mantém o foco no indivíduo, como fica claro na sua definição de resiliência como "variação *individual* em resposta ao meio". Mais recentemente, Rutter (1999, p. 159) teria ampliado suas considerações chamando "a atenção para a variedade de respostas psicológicas implicadas na questão, que envolvem processos a serem cuidadosamente examinados".

Yunes (2003) explica que Rutter (1993) concebe a resiliência como uma resistência relativa às adversidades, advinda de bases constitucionais e ambientais. Seu grau de resistência seria variável de indivíduo para indivíduo, recebendo influência das circunstâncias e do contexto ao seu redor.

Luthar e Zelazo (2003) recomendam que todos os estudos deveriam incluir uma definição clara de resiliência, afirmando de forma inequívoca de que se refere a um processo ou fenômeno e não a um traço. Alertam que se deve evitar uma conotação de característica, atributo ou traço de personalidade, pois para elas deve claramente haver o sentido de processo. Elas argumentam, ainda, que seria prudente evitar usar o termo como um adjetivo para pessoas.

Porém, é possível que esse tema seja abordado com base nas seguintes perspectivas: *individualizante* (que focam no indivíduo e nos traços individuais); *não-relacional* (que desconsideram a importância das relações interpessoais e do contexto na construção da resiliência); *determinista* (no sentido de que quem a "possui" como traço de personalidade teria mais condições de suportar "todas" condições adversas que vier a enfrentar na vida); *absolutizante* (que não relativiza o contexto ou experiência anterior de vida e demais fatores que podem influenciar na emergência do fenômeno, tais como os mecanismos de risco e proteção); *estática* (que não vê a resiliência como algo dinâmico e processual); *estigmatizante* (que rotula e classifica, *a priori*, os indivíduos e/ou outros contextos como resilientes ou não resilientes).

Apesar da variedade de opiniões, os autores aqui adotados como referência, até a data presente, defendem o caráter processual e dinâmico, bem como de relatividade, que deve ser atribuído ao fenômeno da resiliência. Dentre os autores que sustentam essa posição, são encontrados pesquisadores internacionais (Luthar, Cicheti, & Becker, 2000; Martineau, 1999; Ungar, 2003) e brasileiros (Morais & Koller, 2004; Trombeta & Guzzo, 2002; Yunes & Szymanski, 2001).

No presente capítulo, nas discussões sobre escolhas metodológicas nas pesquisas sobre resiliência, será adotada a seguinte definição dada por Cicchetti (2003):

"Resiliência é operacionalmente definida (...) como um *processo desenvolvimental* dinâmico que reflete evidência de adaptação positiva, apesar de significativas condições de vida adversas (...). A resiliência não é tida como um atributo individual* de uma criança que opera isoladamente; ao contrário, é tida como um fenômeno, um construto hipotético, que deve ser inferido a partir de um competente funcionamento manifesto de um indivíduo, apesar de ele experimentar adversidades significativas"* (Cicchetti, 2003, p. XX).

Pesquisas em resiliência

Embora, de acordo com Yunes e Szymanski (2001), Yunes (2003) e Trombeta e Guzzo (2002), a maior parte dos estudos na área de resiliência sejam desenvolvidos nos Estados Unidos (Luthar *et al.*, 2000; Luthar, 2003; Masten, 2001; Garmezy, 1991; Smokowski, Reynolds & Bezruczko, 1999) e Reino Unido (Rutter, 1987, 1999), também há grupos de pesquisadores e profissionais das ciências sociais e humanas localizados na Europa continental (Cyrulnik, 1999; Lindström, 2000; Steinhauer, 2001) e no Canadá (Martineau, 1999; Ungar, 2003).

Apesar da ampla discussão em outros países, no Brasil o termo resiliência ainda não foi bem incorporado pelo meio acadêmico, visto o pequeno número de publicações sobre o tema em livros didáticos e técnicos. Isso tem reflexo direto na ausência dessa discussão na formação de profissionais das áreas da educação, psicologia, serviço social, direito, medicina e demais cursos da área da saúde que lidam diretamente com questões relacionadas ao desenvolvimento humano e muito poderiam se beneficiar com o conhecimento desse conceito e de outros afins.

Embora ainda sejam poucas as pesquisas brasileiras sobre a resiliência, o Brasil já sofre os reflexos da popularização desse assunto nos EUA. Como aponta Yunes (2003), paralelamente à ampliação das pesquisas na área de resiliência, uma banalização do termo, que passou a ser usado nos meios de comunicação, comerciais de TV, revistas, e diálogos informais. Seguindo a moda dos livros de auto-ajuda, alguns artigos em revistas femininas até trazem testes para avaliar e classificar as pessoas como resilientes ou não resilientes.

Com o intuito de identificar o número e o período das publicações sobre resiliência, foi consultada a base de dados *PsycINFO*, que é uma base de dados da American Psychological Association (APA). O PsycINFO dispõe de aproximadamente 1,5 milhões de resumos desde 1887 até a presente data, no qual está indexada uma porção substancial da literatura mundial em um formato eletrônico.

A Tabela 1 mostra os dados coletados em maio de 2005, apresentando o número de resumos que contém a palavra *resilience* ou *resiliency*. Percebe-se claramente o crescimento da temática após os anos de 1990.

Tabela 1. Freqüência dos termos *resilience* e *resiliency* por período no *PsycINFO*

Período	Resilience	Resiliency
1887 – 1950	02	04
1951 – 1960	04	02
1961 – 1970	05	08
1971 – 1980	14	16
1981 – 1990	155	85
1991 – 2000	1415	623
2001 – 2002	602	248
2003 – 2004	817	231
2005	95	18
Total	3109	1235

Por sua vez, Trombeta e Guzzo (2002) relatam que fizeram um levantamento do estado da arte nessa área[1] e observaram que até o ano de 1997 não havia sido produzido nada a respeito desse conceito em língua portuguesa. Em razão dessa constatação as autoras sugerem que uma barreira para os estudos sobre resiliência no Brasil é o fato de que a maioria das publicações é em outro idioma.

Além do incremento quantitativo das pesquisas nas últimas duas décadas, o foco dos estudos empíricos mudou, o que indica uma transformação também qualitativa. Ao invés da preocupação mais objetiva para se identificarem os fatores protetores, passou-se para o interesse por compreender a dinâmica dos processos protetores, ou seja, em vez de analisar quais tipos de criança, família e fatores ambientais estão envolvidos, a preocupação mais recente visa a entender *como* esses fatores podem contribuir para um resultado positivo.

Por ser um conceito relativamente recente no campo da psicologia, muitos debates têm sido feitos, especialmente por pesquisadores ingleses e norte-americanos. Estes vêm possibilitando a construção de um corpo de conhecimento teórico e desenhos metodológicos para o desenvolvimento de pesquisas que permitam uma avaliação qualitativa e não só quantitativa do fenômeno (Howard, Dryden, & Johnson, 1999; Luthar, 2003; Luthar, Cicchetti, & Becker, 2000; Roosa, 2000; Rutter, 2003; Smokowski, Reynolds, & Bezruczko, 1999; Ungar, 2003). Esses dados reforçam a idéia de que o conceito de resiliência está em processo de construção, em constante evolução, podendo receber diferentes interpretações e enfoques, o que, no entanto, não inviabiliza seu estudo. Já no final da década passada, Rutter (1999, p. 159) destacava que o conceito de resiliência vinha sendo apresentado nas pesquisas como "(...) um conceito fluido, multifacetado que requer um foco nas relações sociais e grupos sociais da mesma maneira que no indivíduo".

---

1. As autoras mencionam ter feito um levantamento bibliográfico sobre o conceito de resiliência, a partir de uma busca de produções nas seguintes fontes: *PsycLIT, PsycINFO, Psycrawler, Mental Heath Abstracts, Dissertation Abstracts International, Medline, Lilacs e Ibict*, cobrindo os anos de 1990 a 1997, por meio da busca das seguintes palavras: "psychological resilience", "resilience" e em português, resiliência psicológica e resiliência.

No Brasil, foi somente a partir do final da década de 1990 que começaram a surgir as primeiras pesquisas e os primeiros trabalhos publicados nessa área. Em especial, destacam-se os estudos desenvolvidos por pesquisadores e professores da Universidade Federal do Rio Grande do Sul (Brito & Koller, 1999; Cecconello, Krum, & Koller, 2000; Hutz & Koller, 1996; Poletto & Koller, 1999).

Questões metodológicas nos estudos sobre resiliência

Na evolução dos estudos sobre resiliência, o foco tem mudado. Se, em princípio, um tom eufórico ressaltava as crianças *invulneráveis*, a partir do diálogo teórico entre os pesquisadores e as idéias de Bowlby (1969/1990) passou-se a dar mais valor às interações mãe-filho. Paralelamente, as atenções se voltaram também para a família (Yunes, 2001) e, para a interação do indivíduo com o meio e instituições (Fraser & Richman, 1999).

Por outro lado, os estudos estão apresentando graus cada vez mais elevados de crítica, seja sobre as teorias, seja sobre os conceitos. Nos dois casos, observa-se uma atenção especial voltada para a questão dos fatores de risco. Estudos como o de Trombeta e Guzzo (2002), que observam sobre a importância de se tratar cautelosamente a respeito das relações fatores de risco X vulnerabilidade e fatores de proteção X competências, e como o de Ungar (2003), que aponta para a necessidade de se desenvolverem mais pesquisas qualitativas em resiliência, são contribuições que questionam a forma como vem sendo abordada a problemática da influência dos fatores de risco.

Por que pesquisar risco em vez de resiliência? A questão do risco é mais concreta e possível de ser captada em pesquisa. Já a resiliência como processo é mais difícil de ser captada para avaliação. Em algumas pesquisas que se propõem estudar resiliência, busca-se, muitas vezes, captar um "traço" daquele que seria resiliente (Luthar, Cicchetti, & Becker, 2000). De fato, essa é uma área que

Desafios metodológicos para a pesquisa em resiliência

ainda requer pesquisas mais criteriosas e contextualizadas. Um país como o Brasil, que apresenta bolsões de pobreza crônicos e não tem uma ideologia triunfalista como os EUA, pode não ter como fator de risco tão forte a pobreza. Aliás, além da sensação de fracasso que "ser pobre" pode provocar em um indivíduo dos EUA – o que seria um fenômeno cultural – a própria condição de pobreza lá é muito diferente do que se pode observar nos países em desenvolvimento, se tomarmos como referências os riscos que estão associados ao fenômeno da pobreza. Ou seja, os pobres dos EUA não estão abertamente expostos a tantos desastres, privações e negligências como acontece no Brasil. Isso se verifica rapidamente a partir de uma comparação entre os indicadores sociais desses países, tais como acesso à escola, a médicos e a medicamentos, taxa de mortalidade infantil, infra-estrutura das moradias e suas localizações em zonas de risco, vulnerabilidade frente a catástrofes ambientais, entre outros.

Possivelmente em decorrência da diferença sociocultural entre esses dois países, encontra-se em Masten (2001) que um baixo *status* socioeconômico é uma variável estatisticamente bem estabelecida que pode predizer subseqüentes problemas no desenvolvimento. Por outro lado, observa-se em Yunes (2001) que a pobreza não deve ser, necessariamente, considerada um fator de risco. Talvez por isso, Rutter (1987) já propunha que o risco deve ser considerado mecanismo ou processo, mais do que como fator.

Essas observações são suficientes para levantar questões que ainda parecem abertas no campo da resiliência. É verdade que não se deve ter a ingenuidade para pensar que todos os pesquisadores devem se unir com princípios, ideologias e métodos idênticos, pois quanto mais houver grupos diversificados tratando do assunto, mais se pode desenvolver o conhecimento e suas aplicações.

Uma vez reconhecida a existência do fenômeno da resiliência e sua relação com os fatores de risco e de proteção, a pesquisa nessa área requer cuidados especiais em seu método, o que abre, pelo menos, as seguintes questões: O que e como se vai observar? Pode-se quantificar a resiliência? Haveria fatores de proteção universais que garantiriam a manifestação da resiliência (assim como se chega a propor um grupo de fatores de risco universais)? Haveria algum fator de risco fundamental que necessariamente deveria ser superado para que se comprove a resiliência? Se a resiliência deve ser contextualizada em uma determinada cultura, estaria relacionada com o senso moral? Existiria um modelo único de personalidade que levaria à resiliência, ou pessoas muito diferentes poderiam ter igual sucesso em uma mesma cultura? As pesquisas devem ser direcionadas prioritariamente para uma determinada classe social? Seria a família o principal núcleo promotor desse fenômeno?

Ademais, ainda se encontram duas outras perguntas levantadas por distintos autores. Primeiro, ao tomar como parâmetro o conceito de resiliência como processo, da forma como afirmam Luthar (2003), Yunes e Szymanski (2001), Cicchetti (2003) e Cecconello e Koller (2003), como captar e mensurar um processo que é dinâmico, circunstancial e por isso sempre em construção? Segundo, como indaga Pinheiro (2004), não se poderia considerar resiliente também aquele que se tornou sobrevivente na vida, mesmo cometendo atos contrários às normas sociais? Manter-se vivo não seria uma forma de resiliência?

Pretende-se abordar algumas dessas questões, mas, claro, sem a pretensão de estancá-las. Não obstante, para essa última pergunta já se pode propor que, tratando-se da resiliência como um fenômeno sócio-afetivo, reduzi-lo à sobrevivência do indivíduo seria uma questão para a biologia e para a medicina. Se o enfoque for ampliado de forma tão abrangente, faltarão critérios diferenciais para a avaliação dos resultados das pesquisas.

Já no que tange à viabilidade da mensuração, observam-se tendências diferentes. No Brasil, Pesce et al. (2004) utilizaram uma *Escala de Resiliência*, desenvolvida por Wagnild e Young em 1993, além de outras escalas, e concluíram que não havia relação entre eventos de vida negativos e resiliência, ao passo que houve correlação desta com os fatores de proteção. Em contraponto, Pinheiro

(2004) sugere que não haveria instrumentos de avaliação de resiliência eficazes para compreender o construto. A autora critica estudos que visam à mensuração do fenômeno e questiona: pode-se medir resiliência como se mede inteligência, auto-estima, autoeficácia? Para ela, as pesquisas que dizem avaliar resiliência na verdade avaliam esses indicadores e não o fenômeno da resiliência em si. Igualmente a esse respeito, Yunes (2001) propõe uma reavaliação dos modelos metodológicos nos estudos sobre resiliência, por questionar o caráter classificatório presente nos testes psicométricos, questionários, notas, testes de personalidade ou perfil de temperamento.

Quanto aos aspectos subjetivos, pesquisas recentes (Trombeta & Guzzo, 2002; Yunes, 2001; Yunes & Szymanski, 2001) indicam novas diretrizes para o estudo da resiliência, ressaltando a importância da interpretação dada pelo sujeito acerca das adversidades. Isso seria mais significativo do que se basear em "fatores de risco universais" propriamente ditos. Pesce *et al.* (2004) podem ser incluídos neste caso por argumentar a favor desse posicionamento. Em uma pesquisa realizada com adolescentes em São Gonçalo (RJ), que se propunha a analisar a relação da resiliência com eventos de vida desfavoráveis e com os fatores de proteção, os autores concluíram que é necessário considerar, como um importante fator de resiliência, a forma pela qual o sujeito processa a experiência de vida negativa e não aquilo que arbitrariamente o pesquisador considera risco em si.

Isso permite propor que o sujeito confere valores pessoais aos eventos de sua vida, o que certamente se deve ao grau de segurança que tem ao longo desses eventos. Esse processo está vinculado à sua história de vida, permeada pelas influências da família, da comunidade e da cultura. A partir dessa perspectiva, o sujeito singular é acentuado frente a uma improvável universalidade dos fatores de risco, pois as pessoas respondem de forma diferente frente às mesmas adversidades. Resiliência não depende de traços e disposições pessoais apriorísticos, nem se manifesta apenas a partir da superação de fatores de risco predeterminados.

Na medida em que se defende que as pesquisas em resiliência devem priorizar o processo de interpretação e a busca do sentido por parte do sujeito, é preciso assumir a necessidade de novos recortes metodológicos capazes de captar a complexidade do fenômeno. Isso deve ocorrer por meio de um olhar maximamente descontaminado por parte do pesquisador, que priorize os processos e que escape das análises reducionistas, centradas nas características ou traços individuais, e dos estereótipos que assumem fatores de risco e fatores de proteção universais. No que concerne a isso, Yunes (2001) enfatiza a importância de se reconhecer a percepção que o sujeito faz da situação em que se encontra, sua interpretação do evento estressor e o sentido a ele atribuído. Pode-se explicitar ou não a condição de estresse a partir da percepção do sujeito, porém não se deve buscar fatores de risco (estressores) universais. Por sua vez, Slap (2000) argumenta que não há definição única, nem parâmetro inquestionável, nem medida uniforme de resiliência. Mesmo sendo "resilientes", os indivíduos podem funcionar de modos diferentes.

Mas os métodos mais comumente utilizados nos estudos de resiliência, que a estudam a partir de uma abordagem mais quantitativa, dariam conta de captar as dimensões da subjetividade do indivíduo que participa da pesquisa? Diante disto, serão apresentadas algumas idéias de autores que propõem o estudo da resiliência a partir de métodos de pesquisa de cunho mais qualitativo, que poderiam contribuir para a captação da dimensão mais dinâmica e subjetiva da resiliência.

Para Garcia (2001), por exemplo, o modelo de pesquisa, no qual os estudos sobre resiliência têm se apoiado, apresenta um método que parece insuficiente para uma compreensão dinâmica dos fatores envolvidos no desenvolvimento dessa capacidade. Além disso, esses estudos dificultam a aplicação dos resultados para outra cultura, sendo que deveria haver uma preocupação com o contexto social e cultural, no qual se desenvolvem as pesquisas na área de resiliência.

Ungar (2003) afirma que o uso de métodos qualitativos teria muito a contribuir, porque a pesquisa qualitativa aborda dois problemas

Desafios metodológicos para a pesquisa em resiliência   103

específicos da pesquisa com resiliência: a) a arbitrariedade da esco-lha das variáveis dependentes; e, b) a exclusão do contexto sociocultural da análise. Sugere cinco diferentes formas para resolver os problemas. Em primeiro lugar, descobrir processos que ainda não foram identificados e que são relevantes para os participantes do estudo. Em segundo, descrever detalhadamente o fenômeno em contextos bem específicos. Em terceiro, ter o potencial de evocar e dar poder às vozes das minorias que são responsáveis por definições únicas e localizadas de resultados positivos. Em quarto, promover a tolerância para essas construções localizadas, evitando generalizações, e facilitando a transferência de resultados. E, finalmente, esse enfoque metodológico requer que os pesquisadores se responsabilizem por suas abordagens teóricas.

Howard, Dryden e Johnson (1999) argumentam que estudos futuros sobre a resiliência, principalmente aqueles que têm objetivos práticos, deveriam ser guiados por três princípios fundamentais. Em primeiro lugar, eles deveriam adotar o modelo ecológico de Bronfenbrenner (1979/1996). Em segundo lugar, serem extremamente cuidadosos em considerar o contexto social no qual a pesquisa será conduzida. Por último, deveriam levar em conta os sentidos que a criança/sujeito dá aos termos chave usados na pesquisa sobre resiliência.

Smokowski, Reynolds e Bezruczko (1999), com o objetivo de estudar os fatores protetivos associados ao desenvolvimento da resiliência em adolescentes nos EUA, propuseram estudar essa temática por meio de uma perspectiva mais qualitativa. Tal perspectiva deve conceber a resiliência "menos como uma característica individual e mais como um processo determinado pelo impacto de experiências particulares de vida entre pessoas com distintas concepções sobre sua própria história de vida ou narrativa pessoal" (p. 428). Nessa perspectiva, o fenômeno da resiliência é entendido como um processo que pode receber diferentes avaliações por parte dos participantes das pesquisas, devendo ser considerada a interpretação subjetiva que cada um deles atribui aos eventos adversos que enfrentou durante sua vida e o reflexo disso sobre suas trajetórias de vida ao longo do tempo.

Para poder estudar a complexa inter-relação entre risco e resiliência na vida de adolescentes, e mais especificamente como estes descrevem risco, resiliência e processos protetivos em sua vida, bem como o papel que atribuem às características individuais, laços familiares e sistemas de apoio externos, Smokowski, Reynolds e Bezruczko (1999) utilizaram-se de redações autobiográficas escritas pelos participantes da pesquisa. Os autores buscaram compreender os microprocessos usados pelos adolescentes para superar as adversidades da vida. Ao escrever redações autobiográficas, foi possível aos adolescentes expressar sua subjetividade, possibilitando aos pesquisadores um contato com aspectos íntimos de suas vidas. Com o uso desse método, os autores conseguiram identificar os mecanismos utilizados pelos adolescentes que se associam a um desenvolvimento mais positivo, pois estes puderam apontar aglomerados de fatores protetivos, dentre os quais o suporte motivacional e emocional oferecidos por seus pais. Apontam que o uso desse método de pesquisa em resiliência, mais qualitativa, pôde identificar temas que têm recebido pouca atenção nos estudos prévios sobre resiliência. Para eles, este tipo de investigação, que capta dados mais qualitativos, pode ser um recurso precioso para as pesquisas que se propõem a compreender risco e resiliência. Isso é especialmente apropriado para auxiliar na compreensão dos processos existentes na história de vida pregressa do sujeito e que interferem no desenvolvimento da resiliência.

Estudos realizados por pesquisadores brasileiros também apresentam um recorte metodológico diferenciado ao pesquisar o fenômeno da resiliência. Dentre eles podem-se citar os de Yunes (2001) e Cecconello e Koller (2003), que também adotaram uma perspectiva mais qualitativa na investigação sobre resiliência. Yunes (2001), ao estudar o processo de resiliência familiar, remete à pertinência do uso da "entrevista reflexiva" como uma forma de avaliar o fenômeno, de maneira que se rompa com as metodologias mais padronizadas usadas tradicionalmente na área.

Szymanski (2002) apresenta a entrevista reflexiva como uma proposta de pesquisa qualitativa que tem sido empregada como "uma solução para o estudo de significados subjetivos e de tópicos complexos demais para serem investigados por instrumentos fechados em um formato padronizado" (p. 10). Por meio da entrevista reflexiva, o pesquisador poderá entrar em contato com conteúdos a serem estudados, tais como "fatos, opiniões sobre fatos, sentimentos, planos de ação, condutas atuais ou do passado, motivos conscientes para opiniões ou sentimentos" (Szymanski, 2002, p.10). Considerando-se a situação de entrevista como uma situação de interação social entre pesquisador-pesquisado, ao se propor o uso da entrevista reflexiva, o encontro entre ambos passa a ser redimensionado, sendo visto como influenciando tanto no curso da entrevista quanto no tipo de informação que aí aparece. De acordo com Szymanski (2002), durante o momento da entrevista pode ocorrer uma organização de idéias e a construção de um discurso, de forma que se pode entender a entrevista como possuindo um caráter reflexivo, a partir da qual ocorrem intercâmbios contínuos de significados/crenças e valores dos protagonistas. Szymanski explica que a reflexividade se relaciona a dois aspectos: 1) como ferramenta que auxilia na construção de uma relação mais horizontal/simétrica entre pesquisador-pesquisado; e, 2) permite ao entrevistado analisar a compreensão que o pesquisador atribuiu à sua fala, de forma a garantir uma fidedignidade maior aos significados por ele expresso nas entrevistas. O pesquisado, ao deparar-se com sua própria fala, na fala do pesquisador, depara-se com outro movimento reflexivo: pode retomar o tema discutido, construindo uma nova narrativa, inclusive com significados distintos do primeiro momento no qual a entrevista foi realizada.

Além do caráter ético, de respeito aos sentidos atribuídos às experiências relatadas e tratadas pelo pesquisado, o trabalho que se vale da entrevista reflexiva permite uma ampliação na compreensão do tema estudado. Estudos na área da resiliência, que se propõem a considerá-la em sua dinamicidade, se beneficiariam da utilização dessa proposta apresentada por Szymanski (2002) e Yunes (2001).

Em outro trabalho de destaque, Cecconello e Koller (2003) apresentaram e analisaram uma proposta de metodologia de pesquisa com famílias em ambiente natural, denominada de "inserção ecológica", baseada na teoria dos sistemas ecológicos, que propõe o estudo do desenvolvimento humano por meio da interação de quatro núcleos: o processo, a pessoa, o contexto e o tempo, denominado de modelo bioecológico. Os procedimentos metodológicos de pesquisa apoiados nesse referencial estudam o desenvolvimento-no-contexto. Na pesquisa desenvolvida, foi adotada uma abordagem qualitativa para o estudo de resiliência e vulnerabilidade em famílias em situação de risco, baseando-se no acompanhamento longitudinal de três famílias em situação de pobreza e residentes em comunidades violentas, o que incluiu observações, conversas informais e entrevistas (inserção ecológica).

Tendo como objetivo principal analisar os processos de resiliência e vulnerabilidade por meio de estudo de casos múltiplos, com três famílias com diferentes estruturas familiares (uma nuclear, uma reconstituída e uma uniparental), as autoras se propuseram à inserção no ambiente ecológico das famílias, visando a conhecer a sua realidade, "investigando fatores de risco e proteção em nível intra e extrafamiliar, como práticas educativas, parentalidade, experiências dos pais em suas famílias de origem e apoio social" (Cecconello & Koller, 2003, p. 522). As famílias foram acompanhadas longitudinalmente por um período de quatro anos. Com base nas observações, conversas informais e entrevistas, a partir das visitas às famílias, o ambiente no qual vivem as famílias foi analisado a partir das percepções dos membros da equipe de pesquisadores, mas especialmente a partir dos relatos das famílias.

Foi dada uma atenção especial à percepção das próprias famílias sobre o ambiente em que vivem, pois seguindo as formulações de Bronfenbrenner (1979/1996), a forma pela qual o ambiente é percebido e experienciado pelo participante da pesquisa é de grande significado. A partir dessa perspectiva de valorização da fala dos participantes, foi possível aos pesquisadores captar as unidades de sentido nos relatos das famílias e elencar os aspectos de risco e proteção existentes na comunidade, de forma a poder analisar a in-

Desafios metodológicos para a pesquisa em resiliência 107

fluência desses aspectos nos processos de resiliência e vulnerabilidade e o interjogo risco/proteção.

Cecconello e Koller (2003) afirmam que a metodologia da inserção ecológica é adequada para ser utilizada em pesquisas científicas, desde que o pesquisador assuma a responsabilidade ética na condução da pesquisa, na medida em que ele passa a integrar o cotidiano das pessoas, que são sujeitos-participantes da pesquisa. Além disso, as autoras notaram que essa proposta metodológica acabou agindo também como uma intervenção e, nesse sentido, teria contribuído para a resiliência das famílias.

Deve-se ressaltar que, além de reconhecer a existência de diversos tipos de família, pesquisas como as apresentadas acima atribuem ao sujeito-participante a baliza a partir da qual se passa a analisar o que venha a ser risco ou proteção, abrindo caminhos para chegar aos processos de resiliência ou de vulnerabilidade como um fenômeno que tem raízes nas relações afetivas e sociais. Qualquer discussão sobre esses fenômenos não pode permitir retornar o foco para a busca de estratégias individualizantes, pois isso diminuiria a elaboração de políticas públicas eficazes.

Para Roosa (2000), a importância de focalizar em aspectos positivos decorrentes das pesquisas de resiliência está em desafiar os paradigmas de outros modelos de teorias de desenvolvimento infantil, que, muitas vezes, são normativas, universalistas, e prevêem adaptação em certas situações "ideais". No entanto, há situações nas quais as crianças podem surpreender se adaptando a condições bem adversas, ou seja, as pesquisas nessa área devem ir além dos modelos familiares lineares dos quais tradicionalmente se dispõe.

O construto resiliência:
preocupações científicas e desafios

Para Luthar, Ciccheti e Becker (2000) existem diversos desafios para serem enfrentados no contexto da pesquisa com resiliência. Em primeiro lugar, é difícil lidar com a variação nas definições e no uso das terminologias na literatura teórica e de pesquisa sobre resiliência, porque ela reflete pouco consenso, com variação substancial na operacionalização e avaliação dos construtos. Outra questão fundamental é a discrepância na conceituação de resiliência como um traço pessoal ou um processo dinâmico. Além disso, os pesquisadores muitas vezes não explicitam de que forma o termo está sendo utilizado em certas pesquisas. Aliás, existe também pouco consenso com relação aos termos centrais usados com os modelos teóricos de resiliência. Os pesquisadores têm usado termos como fatores "protetores" ou de "vulnerabilidade" de forma variada e inconsistente. Não obstante esses problemas conceituais, Luthar *et al.* (2000) ressaltam a dificuldade para se lidar com a natureza multidimensional da resiliência, exemplificada por resultados que demonstram que algumas crianças de alto risco apresentam competências em alguns domínios, mas exibem problemas em outras áreas. Isso tem levado alguns pesquisadores a questionar a veracidade do construto. E, finalmente, a inclusão de diversos domínios de adaptação, e evidência de inconsistências entre eles, também tem complicado o processo de delineamento de indicadores ideais de resiliência em estudos individuais.

Como se isso não bastasse, Luthar (2003) também considera alguns problemas metodológicos e outros teóricos. Quanto ao método, ela manifesta que, como o construto da resiliência implica o pressuposto da exposição a riscos significativos, devido à incerteza na mensuração do risco é difícil definir se, em determinado estudo, todos os indivíduos vistos como resilientes vivenciaram o mesmo nível de adversidade. Nota também que, ao estudar o risco, deve-se distinguir o risco estatístico do risco real e os aspectos subjetivos e objetivos do risco, pois esses pares muitas vezes não coincidem na verificação do fenômeno da resiliência, gerando resultados inconsistentes nas pesquisas. Em se tratando de uma investigação longitudinal, pode ocorrer uma considerável instabilidade ontogenética no fenômeno da resiliência, pois pessoas em situações de alto risco

Desafios metodológicos para a pesquisa em resiliência 109

raramente mantêm consistentemente o "ajustamento positivo" por um longo período de tempo.

Já extravasando o domínio das questões metodológicas, Luthar (2003) afirma que o progresso na área da resiliência estará seriamente contido se os estudos continuarem exclusivamente na área empírica, em oposição à área teórica, com pouco reconhecimento conceitual da importância de contextos múltiplos no desenvolvimento das crianças. Porém, adverte que alguns pesquisadores, que advogam pela parcimônia científica, disputam a idéia de que a noção de resiliência não acrescenta nada ao termo mais geral de "ajustamento positivo" e argumentam que o foco na resiliência não promove reformulações nas teorias do desenvolvimento humano.

Entretanto, será que os estudos sobre resiliência devem ser restritos à teoria do desenvolvimento humano? Certamente as distintas estruturas e dinâmicas familiares, grupais e sociais são, ao mesmo tempo, objeto de estudo e fonte de informações para quem busca melhor compreender o fenômeno da resiliência.

Recomendações para a pesquisa em resiliência: considerações finais

Quando se estabeleceu a proposta de desenvolver uma revisão crítica dos estudos sobre resiliência para enfocar as questões metodológicas concernentes, foi assumido o compromisso de apontar para condições fundamentais que devem nortear as pesquisas nessa área, sejam elas empíricas ou teóricas. É isso que se apresenta para concluir este capítulo:

- Como ponto de partida essencial, julga-se que todos os estudos devem incluir definições claras e consistentes de resiliência, inequivocamente afirmando que se referem a um processo ou fenômeno, mas não a um traço. Ao se aplicarem essas definições, o sujeito que participa da pesquisa é o elemento fundamental, pois é a partir do ponto de vista dele que se poderá conferir se o fenômeno realmente ocorreu, se as adversidades foram riscos significativos e quais foram os fatores de proteção.

- Por se tratar portanto de um fenômeno, o termo *resiliência* não deve variar para a forma *resiliente*, como um adjetivo para indivíduos. Com isso, se distancia de um padrão ideológico que prega a adoração ao herói e valoriza o desenvolvimento de políticas públicas e institucionais cujos focos se dirigem para uma reorganização saudável das dinâmicas e das estruturas dos grupos. Não se deixa de reconhecer o papel do indivíduo e seus esforços, mas tampouco enfatiza o sucesso egoísta e solitário, descuidando daquelas pessoas menos favorecidas ou menos capacitadas, contudo potencialmente aptas para alcançar um bem-estar sócio-afetivo.

- É necessário reconhecer a natureza multidimensional da resiliência. São diversos os campos em que se pode pesquisar. Em grupos formais e informais, em famílias, ambientes de trabalho, escola, comunidades majoritárias e minoritárias, diferentes classes sociais (não se deve pensar que esse fenômeno se dá apenas em parcelas pobres da sociedade). Todas essas instâncias agem como fatores constituintes da identidade.

- Inevitavelmente devem ser criticamente analisados os processos subjacentes aos fatores de proteção, aos fatores de risco e às condições de vulnerabilidade. A idéia de condições universais apriorísticas deve ser abolida em prol da contextualização e da valorização da cultura. Deve-se ponderar sobre o bom ajustamento sócio-afetivo como referência para a pesquisa e como objetivo da intervenção.

- É essencial que a pesquisa seja integradora e multidisciplinar. Tanto o saber técnico e acadêmico quanto a expressão popular e os valores culturais devem ser reconhecidos, ou seja, um sistema interdisciplinar é aquele

Desafios metodológicos para a pesquisa em resiliência

capaz de integrar a equipe formada por profissionais e técnicos, os sujeitos (avaliados no ambiente em que vivem ou como usuários de instituições promotoras de saúde, como o SUS) e o contexto (família, instituição, escola, trabalho).

• Todo pesquisador precisa reconhecer o valor das pesquisas sobre resiliência em diferentes pontos do desenvolvimento humano. Desde a concepção até a morte, o indivíduo passa por diferentes adversidades e suportes. Em cada período da vida há diferentes processos de interação de uma pessoa com seus pares, com sua família, com as instituições e com a cultura. Encontrar um indivíduo em uma condição de resiliência muitas vezes é algo transitório. Da mesma forma, um indivíduo desorganizado social e afetivamente em um momento de sua vida pode vir a se fortalecer ao superar suas dificuldades.

• Quanto à interface entre pesquisa e intervenção, é essencial compreender que não existe uma pesquisa neutra, muito menos uma intervenção neutra. Certamente, há muitos motivos que levam um pesquisador a eleger o tema de sua investigação, seja sua vaidade e sua busca de admiração, seja seu compromisso ético e seu desejo de integrar-se a uma determinada comunidade, além de tantas outras causas. Porém, o tema da resiliência, embora tenha se tornado moda, é antes de tudo um assunto social, diz respeito às relações do indivíduo com sua família, seus pares e sua comunidade, ou seja, está ligado à saúde humana. Por isso é consistente afirmar que tanto o pesquisador quanto os interventores devem assumir suas responsabilidades sociais visando à extensão de suas atividades à elaboração de políticas públicas e privadas, cujo objetivo principal deve ser o bem-estar do indivíduo e dos grupos com os quais ele se vincula, deve ser a dignidade do ser humano. Ainda, mais, este estudo apela para o cuidado de vincular pesquisa e intervenção em uma dinâmica dialética, por meio da

112 Resiliência e psicologia positiva: interfaces do risco à proteção

qual teoria e prática se moldem progressiva e continuamente, uma refinando a outra. Não fará sentido uma pesquisa que não ofereça frutos para uma intervenção, nem sequer valerá uma atuação profissional que não gere dados nem revise as idéias que já foram organizadas.

Referências

Bowlby, J. (1990). *Apego e perda: apego*. (2ª edição, vol. 1). São Paulo: Martins Fontes (Original publicado em 1969)

Bronfenbrenner, U. (1996). *A ecologia do desenvolvimento humano: experimentos naturais e planejados*. Porto Alegre: Artes Médicas (Original publicado em 1979)

Brito, R. C. & Koller, S. H. (1999). Desenvolvimento humano e redes de apoio social e afetivo. In A. M. Carvalho (Ed.), *O mundo social da criança: natureza e cultura em ação* (pp.115-129). São Paulo: Casa do Psicólogo.

Cecconello, A. M., Krum, F. M. B., & Koller, S. H. (2000). Indicadores de risco e proteção no relacionamento mãe-criança e representação mental da relação de apego. *Psico, 32*(2) 81-122.

Cecconello, A. M. & Koller, S. H.(2003). Inserção ecológica na comunidade: uma proposta metodológica para o estudo de famílias em situação de risco. *Psicologia Reflexão e Crítica, 16*(3), 512-524.

Cicchetti, D. (2003). Prefácio. In S. S. Luthar (Ed.), *Resilience and vulnerability: Adaptation in the context of childhood adversities* (pp. x-xii). Cambridge: Cambridge United Press.

Cyrulnik, B. (1999). La résilience: Um espoir inattendu. In M. P. Poilpot (Ed.), *Souffrir et se construire* (pp.13-24). Ramonville: Érès.

Fraser, M. & Richman, J. (1999). Risk, protection, and resilience: Towards a conceptual framework for social work practice. *Social Work Research, 23*(3), 131-143.

Desafios metodológicos para a pesquisa em resiliência 113

Garcia, I. (2001). Vulnerabilidade e resiliência. *Adolescência Latinoamericana, 2*(3), 128-130.

Garmezy, N. (1991). Resiliency and vulnerability to adverse developmental outcomes associated with poverty. *American Behavior Scientist, 34*, 416-430.

Howard, S., Dryden, J. & Johnson, B. (1999). Childhood resilience: Review and critique of literature. *Oxford Review of Education, 25*(3), 307-323.

Hutz, C.S. & Koller, S.H. (1996). Questões sobre o desenvolvimento de crianças em situação de rua. *Estudos de Psicologia, 2*(1), 175-197.

Junqueira, M de F. P. da S., & Deslandes, S. F. (2003). Resiliência e maus-tratos à criança. *Caderno de Saúde Pública, 19*(1), 227-235.

Kotliarenco, M. A., Cáceres, I., & Fontecilla, M. (1997). *Estado de arte em resiliência.* Washington, DC: Organización Panamericana de la Salud.

Luthar, S. S. (2003). *Resilience and vulnerability: Adaptation in the context of childhood adversities.* Cambridge: Cambridge United Press.

Luthar, S. S & Zelazo, L. B. (2003). Research on resilience: An integrative review. In Luthar, S. S. (Ed.), *Resilience and vulnerability: Adaptation in the context of childhood adversities* (pp.510-549).Cambridge: Cambridge United Press.

Luthar, S. S., Cicchetti, D. & Becker, B. (2000). The construct of resilience: A critical evaluation and guidelines for future work. *Child Development, 71*(3), 543-562.

Martineau, S. (1999). *Rewritting resilience: A critical discourse analysis of childhood resilience and the politics of teaching resilience to "kids at risk".* Tese de Doutorado não publicada. Universidade de British Columbia, Vancouver, Canadá.

Masten, A. S. (2001). Ordinary magic: Resilience process in development. *American Psychologist, 56*, 227-238.

Masten, A. S. & Garmezy, N. (1985). Risk, vulnerability and protective factors in developmental psychopathology. In B. B. Lahey & A. E. Kazdin (Eds.), *Advances in clinical child psychology* (pp.1-52). New York: Plenum Press.

Morais, N. A. & Koller, S. H. (2004). Abordagem ecológica do desenvolvimento humano, psicologia positiva e resiliência: Ênfase na saúde. In S. H.

114 Resiliência e psicologia positiva: interfaces do risco à proteção

Koller (Ed.), *Ecologia do desenvolvimento humano: pesquisa e intervenção no Brasil* (pp.91-107). São Paulo: Casa do Psicólogo.

Patterson, J. (2002). Understanding family resilience. *Journal of Clinical Psychology, 58*(3), 233-246.

Pesce, R. P., Assis, S. G., Santos, N., & Oliveira, R. V. C (2004). Risco e proteção: Um equilíbrio promotor de resiliência. *Psicologia Teoria e Pesquisa, 20*(2), 135-143.

Pinheiro, D. P. N. (2004). A resiliência em discussão. *Psicologia em Estudo, 9*(1), 67-75.

Poletto, M., Wagner, T. M. C. & Koller, S. H. (2004). Resiliência e desenvolvimento infantil de crianças que cuidam de crianças: Uma visão em perspectiva. *Psicologia Teoria e Pesquisa, 20*(3), 241-250.

Poletto, R. & Koller, S. H. (1999). Rede de apoio social e afetivo de crianças em situação de pobreza. *Psico, 33*(1), 151-176.

Roosa, M. (2000). Some thoughts about resilience versus positive development, main effects versus interaction, and the value of resilience. *Child Development, 71*, 567-569.

Rutter, M. (1987). Psychosocial resilience and protective mechanisms. *American Journal of Orthopsychiatry, 57*, 316-331.

Rutter, M. (1999). Resilience as the millennium Rorschach: Response to Smith & Gorrell Barnes. *Journal of Family Therapy, 21*, 159-160.

Rutter, M. (2003). Genetic influences on risk and protection: Implications for understanding resilience. In S. S. Luthar (Ed.), *Resilience and vulnerability: Adaptation in the context of childhood adversities* (pp.489-509). Cambridge: Cambridge United Press.

Slap, G. (2000). Conceitos atuais, aplicações práticas e resiliência no novo milênio. *Adolescência Latinoamericana, 2*(3), 173-176.

Smokowski, P. R., Reynolds, A. J., & Bezruczko, N. (2000). Resilience and protective factors in adolescence: An autobiographical perspective from disadvantaged youth. *Journal of School Psychology, 37*(4), 425-448.

Steinhauer, P. D. (2001). Aplicaciones clínicas y de servicio de la teoria de resiliencia com referencia en particular a los adolescentes. *Adolescencia Latinoamericana, 2*(3), 159-172.

Szymanski, H. (Ed.). (2002). *A entrevista reflexiva na educação: a prática reflexiva*. Brasília: Plano.

Trombeta, L. H. & Guzzo, R. S. L. (2002). *Enfrentando o cotidiano adverso: Estudo sobre resiliência em adolescentes*. Campinas: Alínea.

Ungar, M. (2003). Qualitative contributions to resilience research. *Qualitative Social Work, 2*(1), 85-102.

Wignild, G. M. & Young, H. M. (1993). Development and psychometric evaluation os the resilience scale. *Journal of Nursing Measurement, 1*, 165-178.

Yunes, M. A. M. (2001). *A questão triplamente controvertida da resiliência em famílias de baixa renda*. Tese de Doutorado não publicada, Programa de Pós-Graduação em psicologia, Pontifícia Universidade Católica de São Paulo, São Paulo.

Yunes, M. A. M. (2003). Psicologia positiva e resiliência: O foco no indivíduo e na família. *Psicologia em Estudo, 8*, 75-84.

Yunes, M. A. M. & Szymanski, H. (2001). Resiliência: noção, conceitos afins e considerações críticas. In J. Tavares (Ed.), Resiliência e educação (pp.13-42). São Paulo: Cortez.

Resiliência familiar: baixa renda e monoparentalidade

Narjara Mendes Garcia
Maria Angela Mattar Yunes

Este capítulo apresenta reflexões teóricas e metodológicas sobre a questão da resiliência em famílias. Tais reflexões advêm de considerações conceituais sobre o fenômeno da resiliência e suas possíveis inter-relações com as categorias pobreza e monoparentalidade. Na literatura sobre o tema, estes aspectos têm sido reconhecidos como riscos para a "boa" convivência familiar. Na seqüência, apresenta-se uma pesquisa de cunho qualitativo desenvolvida com famílias lideradas por mulheres pobres. A análise das histórias de vida destas mulheres e de suas famílias denotou o dinamismo interacional dos fatores de risco vividos por elas e a presença/ausência de fatores de proteção. Dessa interação resulta o desenvolvimento saudável (ou não) do grupo familiar. Ao final, as reflexões apresentadas pelos resultados da pesquisa procuraram contribuir para a compreensão de novos processos e possibilidades de resiliência familiar que transcendem configurações familiares e níveis sócioeconômicos. Almeja-se que as elabora-

118 Resiliência e psicologia positiva: interfaces do risco à proteção

ções aqui apresentadas possam atestar as habilidades de superação de situações familiares que são muitas vezes julgadas a partir de (pré) conceitos injustos ou crenças pessimistas sobre a saúde psicológica e qualidade de vida de alguns grupos.

Considerações teóricas sobre resiliência

Resiliência é uma palavra cada vez mais utilizada no Brasil, embora seu uso coloquial ainda provoque reações de estranhamento. Com suas origens científicas nos estudos da física sobre a resistência de materiais, sua aplicação na área da psicologia vem sendo permeada por uma ampla diversidade de definições. Estas carecem de uma precisão que é facilmente encontrada nos cálculos numéricos que expressam a resiliência dos materiais.

Na área da psicopatologia do desenvolvimento, a tônica dos estudos internacionais tem sido a criança ou adolescente (Masten & Garmezy, 1985; Rutter, 1985, 1993; Werner & Smith, 1992, entre outros). Dos estudos sobre a resiliência focada no indivíduo, poucos têm considerado explicitamente as contribuições da família (Rutter, 1985; Werner & Smith, 1992), o que suscita críticas de vários pesquisadores do tema (Hawley & Dehann, 1996; Walsh, 1996, 1998, 2003). No Brasil, algumas pesquisas têm sido realizadas recentemente com o objetivo de avaliar a contribuição dos processos familiares para a superação de situações de risco e conseqüente saúde psicológica do grupo familiar (Cecconello, 2003; De Antoni, 2005; Yunes, 2001; Yunes, Mendes, & Albuquerque, 2004).

Entende-se como resiliência familiar os processos de superação de adversidades, presentes na dinâmica da unidade familiar. Tais processos possibilitam que as conseqüências do sofrimento em família sejam minimizadas ao longo do desenvolvimento do grupo e/ou transformadas em aprendizado coletivo para uma vida familiar mais saudável.

Portanto, abordar a questão da resiliência em famílias significa focar e pesquisar a saúde do grupo familiar. Saúde deve ser entendida como um conjunto de processos dependentes das condições individuais, como também das condições propriamente coletivas de vida (Campos, 2000; Czeresnia, 2003; Minayo, 2000; Morais & Koller, 2004). Assim, ser/estar saudável está associado a uma multiplicidade de aspectos físicos, sociohistóricos e subjetivos, que influenciam o desenvolvimento e o bem-estar desses grupos. Sobre isso, Buss (2003) enfatiza o papel protagonizante dos determinantes ambientais (humanos e não humanos) em relação às condições de saúde:

"A saúde é produto de um amplo espectro de fatores relacionados com a qualidade de vida, incluindo um padrão adequado de alimentação e nutrição, de habitação e saneamento, boas condições de trabalho, oportunidades de educação ao longo de toda a vida, ambiente físico limpo, apoio social para famílias e indivíduos, estilo de vida responsável e um espectro adequado de cuidados de saúde" (p. 19).

No entanto, discursos sobre "boa saúde" e "qualidade de vida" podem apresentar um forte aporte ideológico e classificatório, assim como os discursos sobre resiliência, em que alguns indivíduos ou grupos podem vir a ser adjetivados de "mais resilientes" ou "menos resilientes" (Yunes, 2001). Diante disso, alguns estudiosos têm enfatizado a necessidade de cautela no uso "naturalizado" do termo (Martineau, 1999; Yunes, 2001, 2003) e propõem um discurso crítico sobre a questão. A maior crítica que se faz sobre a utilização do termo refere-se a este ser entendido como capacidade ou potencial, privilégio apenas de determinados indivíduos. Contrapondo-se a isso, estudos mais recentes têm reconhecido a resiliência como um fenômeno comum e presente no cotidiano de qualquer pessoa ou grupo (Martineau, 1999; Masten, 2001) e como processos complexos e dinâmicos, dependentes das condições individuais e coletivas que caracterizam o desenvolvimento humano (Luthar, Cichetti, & Becker, 2000; Rutter, 1999; Walsh, 1998, 2003). Diante disso, parece interessante utilizar também o vocábulo – possibilidades de resiliência –, expressão que sugere as potencialidades que todos possuem para enfrentar situações de sofrimento e dor.

Em consonância com tais considerações é preciso chamar a atenção para estudos sobre família, especialmente sobre "famílias pobres". Muito se enfatiza acerca dos aspectos "não-saudáveis", ou deficitários e negativos da convivência familiar na situação de pobreza. Quando uma criança/adolescente pobre apresenta evidências de dificuldades relacionais ou "problemas de aprendizagem" em contextos educacionais, o pensamento das pessoas – educadores ou não – volta-se para os possíveis desajustes de suas famílias. Compreender os mecanismos que "dirigem" estes pensamentos para as crenças pessimistas sobre o funcionamento familiar dos pobres é uma das preocupações e objeto de reflexões deste capítulo. O interesse pelo estudo da resiliência em famílias tem procurado sumamente contribuir para reverter esse ciclo de raciocínio e trazer uma ênfase mais otimista para o mundo familiar em qualquer classe social.

Resiliência e crenças sobre pobreza

Em estudo realizado sobre as crenças e as posturas de trabalhadores sociais brasileiros de diferentes áreas de formação junto às famílias pobres, Yunes (2001) demonstra que os grupos familiares que compõem o cotidiano dos trabalhadores sociais são descritos como acomodados, submissos à situação de miséria e "desestruturados". Tais afirmações advêm das observações sobre a configuração não-nuclear das famílias, pelas características de violência nas relações intrafamiliares ligadas ao abandono, negligência das crianças e incidência do uso de drogas por um ou mais membros da família. Em seu estudo, Yunes aponta que os profissionais acreditam que estas características podem ser transmitidas através das gerações, o que perpetua os mitos familiares de "acomodação" e "desestruturação". Os profissionais entrevistados enfatizam que as famílias pobres sempre replicam (nunca corrigem) os *scripts* das gerações precedentes. Yunes (2001) reforça ainda que "não foram encontradas, em pesquisas brasileiras, evidências científicas que comprovassem a linearidade destas conclusões" (p. 83) que, todavia, imperam no imaginário dos trabalhadores e provavelmente dirigem as práticas de atuação em saúde e educação junto às famílias. Uma pesquisadora americana também dirige críticas aos trabalhadores dos serviços de saúde mental por suas tendências em associar, em especial as famílias monoparentais de baixa renda, a cuidados parentais negligentes, postura profissional esta que pode gerar "culpabilização à vítima" (Madanes, 1984).

Os resultados de estudos recentes realizados pelo CEP-RUA – Centro de Estudos Psicológicos sobre Meninos e Meninas de Rua da Fundação Universidade Federal do Rio Grande evidenciaram que famílias pobres e monoparentais são caracterizadas como "desinteressadas, acomodadas e preguiçosas" por agentes comunitários de saúde e por professores de escolas da rede pública de ensino (Yunes, Garcia, & Albuquerque, 2005; Yunes, Mendes, & Albuquerque, 2004; Yunes, Prestes, & Garcia, 2005). Essas crenças apontam para a vulnerabilidade familiar e por vezes colaboram para fragilizar a dinâmica intrafamiliar. Diante destes achados, os autores problematizaram a pouca evidência ou a inexistência de pensamentos otimistas no cotidiano do trabalho destes profissionais com as famílias. Parece difícil para eles, acreditar que as famílias apresentam possibilidades para reverter as adversidades da pobreza em busca da melhor qualidade de vida.

Na realidade, pouco se sabe sobre os processos e a dinâmica de funcionamento de famílias pobres. Alguns estudos brasileiros demonstram que estas famílias mostram-se, muitas vezes, hábeis na tomada de decisões e na superação de grandes desafios, evidenciando uma unidade familiar e um sistema moral bastante fortalecido diante da proporção das circunstâncias desfavoráveis de suas vidas (Carvalho, 1995; Mello, 1995; Sarti, 1996; Szymanski, 1998). Sabe-se que as condições indignas e a precariedade das contingências econômico e social que castigam a maioria das famílias brasileiras podem afetar de forma adversa o desenvolvimento de crianças, adolescentes e adul-

122 Resiliência e psicologia positiva: interfaces do risco à proteção

tos. Entretanto, isso não pode ser considerado regra sem exceção, pois, muitas vezes, alguns grupos desenvolvem processos e mecanismos que garantem sua sobrevivência, não só física, mas dos valores de sua identidade cultural (Sonn & Fisher, 1998). Dessa forma, muitos grupos familiares que vivem situações de risco cumprem seu papel de proteção e cuidado com competência e tornam-se o contexto essencial para o desenvolvimento saudável de seus membros e não são inevitavelmente "disfuncionais" (Lindblad-Goldberg, 1989; Yunes, 2001).

Assim, mostra-se interessante investigar e compreender os processos de resiliência associado ao contexto familiar grupos que enfrentam as dificuldades da pobreza. De acordo com os achados de um estudo sobre resiliência em famílias pobres (Yunes, 2001) foi demonstrado que o reconhecimento da "alteridade" e a prática da solidariedade são aspectos da dinâmica familiar que diluem a percepção de riscos da pobreza. Grupos familiares que relatam situações de empatia, de "abertura" para compreensão das diferenças sociais e diversidades individuais permitem que estas famílias se percebam entre aqueles que "vivem bem". Nesse sentido, apesar dos estudos focarem os fatores de risco ligados aos grupos sociais pobres, o objetivo é trazer investigações sobre a questão da resiliência para ampliar o espectro das percepções e crenças para os fatores de proteção, que, de alguma maneira, garantem uma proposta de vida concreta e integridade para as famílias pobres.

Resiliência e monoparentalidade em famílias de baixa renda

As famílias monoparentais e de baixa renda – geralmente matrifocais, ou seja, chefiadas por mulheres –, constituem um grupo cada vez mais expressivo na sociedade brasileira. Segundo dados do censo demográfico de 2000, realizado pelo IBGE, aproximadamente 25% das famílias brasileiras são lideradas por mulheres (*site* do IBGE: www.ibge.gov.br).

Assim, parece importante que pesquisas científicas sejam elaboradas para investigar a vida dessas famílias. Alguns cientistas chamam a atenção para o "modelo de déficit" e alegam que é preciso reconsiderar adjetivos atribuídos pejorativamente às famílias monoparentais, tais como: "desetruturadas", "desviantes", "instáveis" ou "desintegradas" (Lindblad-Goldberg, 1989; Mello, 1995; Sarti, 1996; Szymanski, 1998). Na atual situação social e histórica é preciso remarcar que essa é apenas mais uma configuração de família dentre tantas outras. Entretanto, é inegável que quando se trata de famílias de baixa renda, a monoparentalidade pode ser uma dificuldade a mais que sobrecarrega, em geral, a figura feminina.

Ao relatar sua experiência em um programa de atendimento a grupos de famílias chefiadas por mulheres, Narvaz (2000) evidencia a situação destas mulheres que vivenciam a situação de pobreza e que, ao mesmo tempo, enfrentam as adversidades de cuidar dos filhos, do lar e do trabalho, sem o apoio dos parceiros. Essas mulheres sentem-se sobrecarregadas e, por vezes, incompetentes diante de tantas tarefas e responsabilidades. Outro fator preocupante, apontado pela autora, é que estas mulheres chefes de família demonstram desconhecimento acerca dos seus direitos legais, como regulamentação de pensão e visitas. Isso sugere que as mulheres de classes menos favorecidas e no papel de provedoras (Sarti, 1996) enfrentam uma somatória de problemas e mudanças que transcendem a questão da pobreza em si. Isso aponta a importância de uma rede de apoio social efetiva que possa acolher as famílias que enfrentam um acúmulo de situações de risco psicossocial.

Possibilidades de resiliência identificadas na história de vida de famílias monoparentais em situação de pobreza

No período entre os anos de 2002 e 2004 foi realizada uma pesquisa com famílias identificadas por viverem simultaneamente as situações de pobreza e monoparentalidade. A iniciativa surgiu a partir das considerações que emergiram do trabalho de doutorado de Yunes (2001) sobre a resiliência em famílias de baixa renda. Entre outros achados, o estudo apontava a condição de monoparentalidade como uma dificuldade que se somava às vicissitudes da situação de pobreza. Diante disso, foi realizada uma pesquisa com famílias monoparentais e de baixa renda, pela qual se buscou investigar e compreender os modos de enfrentamento das dificuldades, as estratégias de *coping*, os sistemas de crenças, os processos de comunicação e as formas de organização intra e extrafamiliar. Para isso foi necessária uma compreensão do mundo familiar como um dos contextos relacionados a outros contextos ecológicos de influência no desenvolvimento humano (Bronfenbrenner, 1979/1996), sem perder de vista os diferentes momentos do ciclo de vida.

Os contatos com os grupos familiares foram realizados em seu ambiente natural, ou seja, em suas próprias casas nos bairros onde residem, o que possibilitou também a observação do bairro, da infraestrutura e das condições de habitação. O primeiro encontro foi marcado com antecedência e teve como mediador um profissional da área da saúde (agente comunitário de saúde) que, por conhecer os moradores, estava apto para fazer a indicação de famílias para o estudo (Yunes, Mendes, & Albuquerque, 2004).

Após a indicação e a concordância dos grupos familiares em participarem do estudo, as visitas foram agendadas. Dois pesquisadores realizaram observações e ouviram as histórias de vida de cinco famílias monoparentais em diferentes bairros de baixa-renda da cidade de Rio Grande. Todas as famílias participantes desta pesquisa eram chefiadas por mulheres. Duas delas eram compostas por mulheres viúvas e seus filhos e as outras três tinham como chefe a avó, separada do companheiro, com os filhos e netos.

A primeira entrevista iniciou com uma questão desencadeadora: "Na realidade, eu não tenho perguntas preparadas. Apenas gostaria de conhecer a história de sua família. Peço que vocês me contem da

Resiliência familiar: baixa renda e monoparentalidade   125

maneira como desejarem". As famílias contaram as suas histórias com poucas interferências do entrevistador, que apenas propiciou condições para um amplo e detalhado relato.

Os procedimentos de obtenção das histórias de vida das famílias também tiveram por base a estratégia metodológica denominada "entrevista reflexiva" (Szymanski, 2001) com o objetivo de aprofundar a interação entrevistador-entrevistado e levar aos participantes o conhecimento das categorias de análise das entrevistas. Assim, as categorias de análise foram apresentadas para apreciação do grupo familiar, que pôde manifestar-se e concordar, discordar ou ampliar suas colocações numa relação dinâmica e interativa com o entrevistador. Todas as entrevistas foram gravadas e transcritas na íntegra, o que possibilitou a análise minuciosa dos dados.

Os dados coletados nas entrevistas foram analisados qualitativamente seguindo os passos propostos pela *grounded-theory* (Strauss & Corbin, 1990; Yunes & Szymanski, 2005), que possibilita a organização e codificação de grandes quantidades de dados qualitativos. Além disso, os passos propostos pela *grounded-theory* permitem a descoberta de categorias e subcategorias a partir dos próprios dados coletados.

Os resultados são apresentados a seguir e evidenciam a dinâmica dos fatores de risco e de proteção, bem como os processos de resiliência, identificados nas histórias de vida das famílias monoparentais e em situação de pobreza investigadas.

A convivência familiar e os fatores de risco

As histórias de vida das famílias monoparentais e de baixa renda entrevistadas revelaram diferentes situações que constituíram (ou ainda constituem) riscos à convivência familiar. Entendem-se por fatores de risco os "eventos negativos de vida que aumentam a probabilidade de um indivíduo apresentar problemas físicos, sociais ou emocionais" (Yunes & Szymanski, 2001).

Entre os fatores de risco identificados na análise das histórias de vida de algumas das famílias investigadas apresentam-se o alcoolismo e a violência nas relações. Em algumas das famílias, após aproximadamente seis ou oito anos de casamento, o marido/pai começou a beber e conseqüentemente a agir violentamente com a família. Tal fato trouxe mudanças consideradas negativas, pelas expressões de violência física, psicológica, além das perdas materiais e afetivas presentes nas relações familiares:

> *"Quando casei foi tudo mais ou menos, aí ele* (marido) *pegou a beber, aí era um inferno dentro de casa. A bebida é que liquidou com tudo"* (Família 1).

> *"Era uma beleza,* (marido) *trabalhava junto comigo 'parelinho'. A gente adquiriu muita coisa. Só que depois de oito anos ele começou a beber e a destruir tudo dentro de casa. Aí quebrava tudo e vendia tudo que tinha dentro de casa. Fiquemos sem nada, nada. Ele 'judiava' muito dos guris e também 'dava' muito"* (Família 2).

As perdas materiais mostraram-se associadas às categorias citadas anteriormente – alcoolismo e violência nas relações –, já que na história de vida de duas das famílias o marido/pai ao beber trazia para a convivência familiar. Além destas, outras diferentes formas de violência física e/ou psicológica nas relações apareceram, assim como, os excessivos gastos da pequena renda familiar com o consumo de bebida, destruição e venda dos bens materiais:

> *"E depois tudo que ele ganhou, tivemos casa, tivemos tudo. Aí não tinha mais nada, era só beber e jogo de cartas"* (Família 1).

Nas outras famílias investigadas foram constatadas diversas perdas materiais e afetivas nos relatos. Como exemplos de perdas afetivas, surgem nas histórias, a morte dos pais das mulheres chefe de família, de filhos recém nascidos. Como perdas materiais, aparecem as perdas

Resiliência familiar: baixa renda e monoparentalidade   127

da casa e dos bens. Em uma das famílias o marido vendeu tudo sem que a mulher soubesse. Numa outra, o marido passou a casa para o nome do filho após a separação, que por sua vez retirou o bem da sua mãe, deixando-a sem nada a não ser raiva e tristeza:

> *"Eu vim pra cuidar meu pai em Rio Grande, quando voltei pra Porto Alegre não encontrei nem ele* (marido) *nem minhas coisas".* – disse a mulher entrevistada. *"Porque ele tinha vendido a casa sem avisar ela"* – interferiu a filha. *"Foi um baque muito grande, já tinha sofrido um baque por ter perdido o meu pai"* – continuou a mulher (Família 3).

> *"Ele* (filho) *me roubou tudo, outro ladrão. Porque esse outro filho veio lá dizer pro 'Bonito'* (marido) *que ele botasse a casa no nome dele, que ele me cuidava. E no fim se tornou tudo bandido"* (Família 4).

É importante frisar que a divisão entre perdas materiais e afetivas é apenas uma questão organizadora, pois as perdas materiais quase sempre se apresentam acopladas às questões afetivas. Com isso, percebe-se que a perda dos bens materiais aparecem nas histórias de vida das famílias investigadas em face de problemas conjugais expressos por alcoolismo, violência e/ou infidelidade dos parceiros.

A categoria infidelidade está mais presente nas histórias de vida de duas das famílias estudadas. Nestes casos, a infidelidade do marido ocasionou a separação do casal. Com isso as mulheres tornaram-se as lideranças das famílias, responsáveis pelo cuidado e pela educação dos filhos sem, porém, contar com o apoio do ex-marido:

> *"Ele* (marido) *tinha relações extra conjugais. Eu não sabia que ele tinha outra menina que 'remaneja' de idade com ela* (filha). *Ele já tinha outra pessoa outra pessoa e eu não sabia. Ele vendeu tudo pra morar com outra pessoa"* (Família 3).

> *"Ele andava aí com essas vagabundas"* (Família 4).

Uma condição de risco evidenciada em todas as famílias investigadas é a pobreza, que traz para a vida dessas famílias privação financeira e sociocultural (Garbarino & Abramovitz, 1992). A pobreza tem sido reconhecida por vários autores como um fator de risco universal (Carvalho, 1995; Rutter, 1985). Embora a pobreza não seja a causa direta dos problemas evidenciados na convivência das famílias de baixa renda, as circunstâncias associadas a ela apresentam alta relação com as adversidades enfrentadas por essa população (Yunes, 2001):

> *"Agora mesmo tô sem trabalhar, daí eu e ela* (filha) *só com uma pensão não dá, e tem isso aí também né, a gente quer arrumar as coisas dentro de casa e não ter o dinheiro e com criança pequena não é fácil, ainda bem que ele tem saúde"* (Família 3).

> *"Três horas da madrugada botei o meu guri em cima de uma carroça e nós fomo para o hospital. Ele numa charrete e pedindo: 'não sai correndo com o cavalo mano, se não eu não agüento de dor'. Eu não tinha casa eu morava junto com os porcos"* (Família 2).

Os processos de resiliência e os fatores de proteção

A partir da constatação das situações de dificuldades relatadas nas histórias de vida das famílias estudadas (Mendes, Vasconcelos, & Yunes, 2004; Mendes, Vasconcelos, Albuquerque, & Yunes, 2004; Yunes, Garcia, & Albuquerque, 2005) pode-se identificar alguns indicadores de superação das dificuldades, que se apresentam como "proteção" (Rutter, 1985). Seriam fatores ou influências que modificam, melhoram ou alteram respostas pessoais para determinados riscos de desadaptação (Yunes & Szymanski, 2001).

As categorias estudo e trabalho apresentam-se nos discursos como fatores que contribuem ou que podem contribuir para o enfrentamento das adversidades. A categoria trabalho apresentou diferentes sentidos nas histórias de vida das famílias investigadas. Em duas famílias, o trabalho mostrou-se presente em todos os momentos da vida, desde a infância. As mulheres contam que tiveram que, desde os oito anos de idade, cuidar da casa e dos irmãos para que a mãe e o pai pudessem trabalhar:

> *"Eu tive um mês na escola e a minha mãe me tirou pra mim cuidar a minha irmã. Eu fazia comida pra doze, treze pessoas com oito anos"* (Família 1).

Depois, tiveram que trabalhar junto com o marido para ajudar no sustento da casa e, em um dos casos, a mulher teve que substituir o marido que, por causa do alcoolismo, ficava impedido de trabalhar. Atualmente são provedoras do sustento da casa com o auxílio dos filhos que trabalham desde pequenos (desde os oito anos de idade).

Nas outras famílias participantes do estudo (Mendes, Vasconcelos, & Yunes, 2004; Mendes, Vasconcelos, Albuquerque, & Yunes, 2004; Yunes, Mendes, & Albuquerque, 2004, 2005), a líder demonstra orgulho por ter filhos trabalhadores que sustentam a família e que não permitem que ela trabalhe:

> *"Depois que aconteceu isso com ele* (morte do marido), *os guris me ajudavam, estavam sempre trabalhando, o mais velho e esse* (filho) *trabalhando estavam sempre me ajudando. Basta que hoje eu falo pra eles em ir trabalhar, em arranjar serviço, e eles: 'Não mãe, enquanto a gente tiver do teu lado, a gente vai sempre te ajudar, muito ou pouco a gente sempre te dá'"* (Família 2).

Nestas famílias as mulheres/mães demonstram uma posição conservadora/tradicional sobre o trabalho feminino, em que o papel feminino ocupa lugar social apenas no ambiente doméstico:

"a minha mãe fazia a lida, costurava, fazia tudo que quisessem, mas nunca trabalhou, graças a Deus nunca trabalhou fora" (Família 4).

O sentido positivo do trabalho atribuído pelas famílias investigadas relaciona-se com o que Sarti (1996) aponta como "o valor moral do trabalho para os pobres". A moral do trabalho entrelaça-se com o sistema moral da família. O trabalho, nesse sentido, serve como afirmação pessoal e social positiva diante das desigualdades sociais e envolve todos os membros da família por meio de obrigações mútuas, em que o trabalho é percebido enquanto compromisso moral e um sistema relacional de ajuda e troca dentro da família. Essas obrigações mútuas consistem em: "aos pais cabe dar casa e comida" (p. 80) e "ao jovem dar, se não inteiro, pelo menos uma parte dos seus rendimentos à mãe para cobrir os gastos da família" (p. 72) como forma de retribuição e "troca moral".

Apesar de as chefes da família possuírem baixa escolaridade, a maior parte delas reconhece o valor dos estudos na vida dos filhos:

> *"Depois que eu fiquei sozinha é que eu vim pra cá pros meus guris estudar. Por isso que vim pra cá, porque eu não estudei, eu nunca tive no colégio. Aí eu vim embora, assim que ele* (filho) *completou a oitava série. O outro já terminou o segundo grau"* (Família 1).

A maioria das mulheres chefes de família, participantes desse estudo, revelou sentir orgulho dos filhos que freqüentam a escola e são estudiosos, apesar de reconhecerem que as dificuldades de ascensão social se mantêm:

> *"Ela* (filha) *tem segundo grau e tudo, só não consegue é serviço, tá difícil mesmo"* (Família 2).

Em um dos casos investigados, a família aponta a importância dos estudos, mas relata que no período do casamento, o marido não

Resiliência familiar: baixa renda e monoparentalidade 131

deixava os filhos estudarem, por ciúme/sentimento de posse ou sob alegação das dificuldades financeiras:

"Todos eles foram para o colégio, mas o pai..." – disse a mulher entrevistada. *"Ele* (pai) *não deixava, pra não gastar"* – completou o filho desta mulher (Família 4).

Sarti (1996) salienta ainda o valor positivo atribuído à educação nas famílias pobres. Essa categoria é percebida como uma "marca de distinção" da população pobre, como sinal de uma reação diante das desigualdades sociais, pois "uma família cujos filhos não freqüentam escola é vista como socialmente inferior" (p. 81).

Outra categoria identificada nas famílias investigadas é o olhar positivo ou aperspectiva de um futuro melhor. Essas famílias apresentam um forte desejo de melhorar as condições materiais de vida e de visualizar prosperidade nas relações. No entanto, na maioria das famílias investigadas, a perspectiva de futuro fica restrita aos filhos e netos:

"Agora quando eu sair daqui, às vezes eu digo: vocês (filhos) *tinham que ganhar pra comprar um terreno, porque construir uma casa pra eles, porque isso aí não é pra mim, é para eles"* (Família 1).

"Tem que botar esse menino no colégio" (Família 4).

"Dentro do possível ajudar os meus filhos, viver com eles, Ter as coisas, trabalho. Ter a minha casinha arrumadinha" (Família 2).

Apenas uma das líderes de família entrevistada apresenta a sua própria perspectiva de futuro, que não se restringe aos demais membros da família:

132 Resiliência e psicologia positiva: interfaces do risco à proteção

> *"Eu tenho vontade de ter, depois de melhorar, de me apo-*
> *sentar e comprar uma casa maior, tirar uma peça pra ela"*
> (Família 2).

Mais importante do que apresentar o "olhar positivo", é buscar a melhoria das condições de vida, por meio da reivindicação dos direitos na justiça ao longo da sua história de vida. No entanto, esta dimensão expressou-se claramente apenas em dois momentos dos relatos das famílias:

> *"Ele* (marido) *me ameaçava é de me matar. Fui fazer uma*
> *denúncia. A K. é que me levou. Nós duas fomos lá falar dele,*
> *registrou. Que qualquer coisa que acontece comigo já tá re-*
> *gistrado"* (Família 2).

> *"Invadiram meu terreno, a entrada do portão era maior. E*
> *quando eu cheguei já tava o muro quase dentro do meu pátio.*
> *Aí eu 'rodei a baiana' e botei na justiça. Inclusive tão arru-*
> *mando"* (Família 3).

Outro fator de proteção diante do enfrentamento das adversidades presentes na história de vida das famílias investigadas refere-se à ajuda, pela mobilização da família extensa ou de outras pessoas significativas, como apoio afetivo e financeiro. Apesar de uma das mulheres entrevistadas afirmar ter conseguido superar as dificuldades sem a ajuda de ninguém, na análise da entrevista revela-se a contradição sobre esse aspecto. Após a morte do marido, esta mulher relata que teve a ajuda dos parentes, da vizinha que emprestou a casa onde reside e dos filhos, que sempre a ajudaram no sustento:

> *"Aí a dona daqui foi embora e me pediu para eu ficar cui-*
> *dando já moro há um ano e tanto aqui. Eles* (filhos) *sempre*
> *me ajudaram, eles trabalharam comigo desde seis, sete anos*
> *na beira de mesa de camarão e siri"* (Família 1).

Nas demais famílias investigadas também ficaram evidentes a presença de ajuda financeira e afetiva de parentes próximos, recebidas em momentos de maiores necessidades.

"Depois de um mês (do falecimento do marido) *apareceu esse meu tio, viu a situação que nós estava ali: 'Não, nós vamos fazer tudo que for possível pra te ajudar'. E até hoje eles estão me ajudando. Eles tiveram aqui sexta-feira fizeram compra pra mim, trouxeram tinta pra pintar a casa, tão sempre me ajudando"* (Família 2).

"(Depois da separação) *Apanhei as minhas coisas em Porto Alegre, retornei pra casa dos meus irmãos e depois da casa dos meus irmãos comprei esse barraco lá na Vila dos Navegantes e aí depois o meu primo me trouxe pra cá, vai fazer vinte anos que eu moro aqui"* (Família 3).

"Eu morava separada, mas todo dia tava na casa da minha mãe. Todos os dias. Fazia o que tinha que fazer com os meus filhos e já vou" (Família 4).

Identificou-se também que o sentido de coesão familiar é um fator que contribuiu na superação das adversidades. Segundo De Antoni, Hoppe, Medeiros, e Koller (1999), as famílias coesas valorizam mais o "nós" do que o "eu" e desenvolvem o senso de colaboração e pertencimento ao grupo. Na maioria das famílias investigadas, os relatos enfatizam vínculos e a união dos membros da família:

"Os filhos não me incomodam, graças a Deus. Quando trabalham me ajudam. Quando não trabalham a gente vive como pode. Uns ajudavam os outros, sozinho ninguém fazia nada" (Família 1).

134 Resiliência e psicologia positiva: interfaces do risco à proteção

"Ter meus filhos junto comigo com saúde, isso é que é o mais importante pra mim: eles junto comigo" (Família 2). *"Eles sempre na volta. Sempre na minha volta. Nem eu soltava no meu campo. A minha mãe me ensinou assim. A gente tá sempre de olho"* (Família 4).

As categorias emergentes nessas histórias de vida podem ser relacionadas com os elementos que Walsh (1998, 2005) propõe em seu quadro conceitual sobre resiliência em famílias. A organização dos processos-chave da resiliência em famílias propostos por Walsh (1998, 2003, 2005) traz importantes contribuições para a investigação dessa temática. Os três domínios apontados na dinâmica familiar são: sistemas de crenças da família (o coração e alma da resiliência), padrões de organização e processos de comunicação, apresentados por Yunes neste livro. Conforme Walsh (1998, 2005) estes processos-chave não podem ser considerados pressupostos para a definição da resiliência em famílias, pois há diferentes formas e possibilidades de resiliência em cada contexto familiar. Contudo, os processos-chave apontados por Walsh são elementos importantes para mostrar a correlação das categorias surgidas na investigação dessa população com as teorias existentes sobre o assunto.

Discussão

A pesquisa realizada com as famílias monoparentais em situação de pobreza evidenciou situações e processos que constituem risco ao convívio familiar. Alguns desses processos estão associados ao período da vida em família que antecede a condição de monoparentalidade nas histórias dos participantes do estudo. Categorias como alcoolismo, violência doméstica, perdas materiais e infidelidade estão diretamente relacionadas às relações conflituosas causadas pela presença masculina da figura do marido/pai. Diante disso, percebe-se que as mulheres são atualmente chefes de família, em razão da morte ou da separação do parceiro. E, que a situação de monoparentalidade apresentou-se como um evento-chave para a melhoria na qualidade de vida relacional das famílias. Tal melhoria foi proporcionada pela ausência de violência nas relações, reaproximação e ajuda de outros familiares e a melhora da situação financeira. Os outros elementos ligados à situação de pobreza (moradia e alimentação inadequada, emprego e renda instável, entre outros), a vivência das perdas afetivas e a falta de uma rede de apoio social eficiente, continuaram existindo, mesmo na ausência dos companheiros. Portanto, os fatores mencionados continuaram fazendo parte da situação de risco na vida das famílias estudadas.

Entretanto, alguns aspectos serviram como pontos de equilíbrio ao convívio familiar e podem ser denominados como "fatores de proteção". São eles: o senso de coesão familiar, identificado pela presença de vínculos afetivos e o sentimento de união entre os membros da família; o apoio afetivo e financeiro da família extensa; a explícita valorização do estudo e do trabalho por todos os membros das famílias; o olhar positivo, ou seja, a forte crença na perspectiva de melhoria das condições de vida futura; e, a consciência política dos direitos como cidadãos e a disposição para reivindicação dos mesmos. Tais categorias podem ser facilmente associadas ao que Walsh (1998, 2003) apresenta como elementos dos processos-chave no estudo da resiliência em famílias.

No entanto, cabe destacar que tais processos e a busca de soluções favoráveis ao desenvolvimento saudável dos grupos familiares ocorreram diferentemente nas dinâmicas das histórias de vida das famílias investigadas e não podem ser consideradas a priori como categorias determinantes de resiliência para quaisquer famílias. Resiliência envolve processos dinâmicos e relativos (De Antoni, Hoppe, Medeiros, & Koller, 1999), isto é, depende das situações e condições de vida do grupo familiar, das características das pessoas que experenciam tais situações e das percepções, reflexões e soluções positivas encontradas diante das situações de risco.

136 Resiliência e psicologia positiva: interfaces do risco à proteção

A pesquisa realizada com as famílias monoparentais e de baixa renda não buscou comparar as histórias de vida ou as categorias que emergiram na análise dos discursos. Procurou-se compreender o dinamismo da vivência de cada grupo familiar. É fato que alguns dos fatores de risco e/ou fatores de proteção identificados nesse estudo mostraram semelhanças incontestáveis entre as famílias. No entanto, é importante enfatizar que cada família deve ser percebida como uma pequena sociedade com características próprias e que cada grupo familiar pode apresentar mecanismos e processos diferenciados e singulares de superação das adversidades (Yunes, 2001).

A investigação da resiliência familiar, com base na análise de trajetórias de vida de famílias que sofreram e sofrem as adversidades da monoparentalidade e da pobreza, é relevante, não apenas para possibilitar o entendimento desta importante e cada vez mais freqüente forma de relações familiares, mas principalmente para auxiliar na superação de visões distorcidas, deterministas e negativas que aparecem acerca de grupos familiares que fogem ao modelo tradicional nuclear.

Por fim, espera-se que as reflexões apresentadas neste capítulo possam contribuir para desconstruir a linearidade das relações que se estabelecem "desavisadamente" entre resiliência e configurações familiares. É preciso motivar novos estudos sobre os processos e possibilidades de resiliência que seguramente emergem em diferentes situações de composição familiar. Estes estudos poderão auxiliar nos cuidados que se deve ter nas expressões valorativas e nos julgamentos que muitos profissionais fazem acerca da vida em família.

Referências

Bronfenbrenner, U. (1996). *A ecologia do desenvolvimento humano: experimentos naturais e planejados* (M. A. V. Veronese, Trad). Porto Alegre: Artes Médicas. (Original publicado em 1979)

Resiliência familiar: baixa renda e monoparentalidade 137

Buss, P. M. (2003). Uma introdução ao conceito de promoção da saúde. In D. Czeresnia (Ed.), *Promoção da saúde: conceitos, reflexões, tendências* (pp.15-38). Rio de Janeiro: Fiocruz.

Campos, G. W. de S. (2000). Saúde pública e saúde coletiva: campo e núcleo de saberes e práticas. *Ciência & Saúde Coletiva, 5(2),* 219-230.

Carvalho, M. C. B. (1995). A priorização da família na agenda da política social. In M. C. B. Carvalho (Ed.), *A família contemporânea em debate* (pp.11-22). São Paulo: EDUC.

Cecconello, A. M. (2003). *Resiliência e vulnerabilidade em famílias em* sem Psicologia do Desenvolvimento, Universidade Federal do Rio Grande do Sul, Porto Alegre, RS. Disponível em www.psicologia.ufrgs.br/cep_rua

Czeresnia, D. (2003). O conceito de saúde e a diferença entre prevenção e promoção. In D. Czeresnia (Ed.), *Promoção da saúde: conceitos, reflexões, tendências* (pp.39-53). Rio de Janeiro: Fiocruz.

De Antoni, C. (2005). *Coesão e hierarquia em famílias com história de abuso físico.* Tese de doutorado não-publicada, Curso de Pós-Graduação em Psicologia do Desenvolvimento, Universidade Federal do Rio Grande do Sul, Porto Alegre/ RS. Disponível em www.psicologia.ufrgs.br/cep_rua

De Antoni, C., Hoppe, M. M. W., Medeiros, F. B., & Koller S. H. (1999). Uma família em situação de risco: Resiliência e vulnerabilidade. *Interfaces: Revista de Psicologia, 2*(1), 81-85.

Garbarino, J. & Abramowitz, R. H. (1992). Sociocultural risk and opportunity. In J. Garbarino (Ed.), *Children and families in the social environment* (2 ed.; pp. 35-70). New York: Aldine de Gruyter.

Hawley, D. R. & DeHann, L. (1996). Toward a definition of family resilience: Integrating life span and family perspectives. *Family Process, 35,* 283-298.

Lindblad-Goldberg, M. (1989). Successful minority single-parent families. In L. Combrink–Graham (Ed.), *Children in family contexts* (pp. 116- 134). New York: Guilford.

Luthar, S. S., Cicchetti, D., & Becker, B. (2000). The construct of resilience: A critical evaluation and guidelines for future work. *Child Development, 71*(3), 543-562.

Madanes, C. (1984). *Behind the one way mirror: Advances in the practice of strategic therapy.* San Francisco: Jossey- Bass.

138 Resiliência e psicologia positiva: interfaces do risco à proteção

Martineau, S. (1999). *Rewriting resilience: A critical discourse analysis of childhood resilience and the politics of teaching resilience to "kids at risk"*. Tese de Doutorado não-publicada, University of British Columbia, Vancouver, Canada.

Masten, A. S. & Garmezy, N. (1985). Risk, vulnerability and protective factors in developmental psychopathology. In B.B. Lahey & A. E. Kazdin (Eds.), *Advances in clinical child psychology* (Vol. 8; pp.1-52). New York: Plenum Press.

Mello, S. L. (1995). Família: Perspectiva teórica e observação factual. In M do C. B. Carvalho (Ed.), *A família contemporânea em debate* (pp. 51-60). São Paulo: EDUC.

Mendes, N. M., Vasconcelos, Q. A., & Yunes, M. A. M (2004). O sistema de crenças de famílias monoparentais e suas possibilidades de resiliência diante da situação de pobreza [Resumo expandido]. *Revista Ciência, Cuidado e Saúde, 3* (n. especial), 66.

Mendes, N. M., Vasconcelos, Q. A., Albuquerque, B. M., & Yunes, M. A. M (2004, Outubro). *A questão da resiliência em famílias monoparentais e de baixa renda chefiadas por mulheres* [Resumo]. Trabalho apresentado no III Simpósio Gaúcho de Educação Ambiental. Erechim/RS.

Minayo, M. C. de S. (2000). *O desafio do conhecimento: pesquisa qualitativa em saúde (7* ed.). São Paulo: Hucitec.

Morais, N. A. & Koller, S. H. (2004). Abordagem ecológica do desenvolvimento humano, psicologia positiva e resiliência: A ênfase na saúde. In S. H. Koller (Ed.), *Ecologia do desenvolvimento humano: pesquisa e intervenção no Brasil* (pp. 91-107). São Paulo: Casa do Psicólogo.

Narvaz, M. G. (2000). *Do caos à criação: Uma experiência com grupos de famílias chefiadas por mulheres*. Trabalho apresentado na Jornada do Serviço de Atendimento Familiar do Hospital Materno-Infantil Presidente Vargas, Porto Alegre, RS.

Rutter, M. (1985). Resilience in the face of adversity: Protective factors and resistance to psychiatric disorder**. *British Journal of Psychiatry, 147*, 598-611.

Rutter, M. (1993). Resilience: Some conceptual considerations. *Journal of Adolescent Health, 14,* 626-631.

Rutter, M. (1999). Resilience concepts and findings: Implications for family therapy. *Journal of Family Therapy, 21*, 119-144.

Sarti, C. A. (1996). *A família como espelho: um estudo sobre a moral dos pobres.* Campinas: Autores Associados.

Sonn, C. C. & Fisher, A. T. (1998). Sense of community: Community resilient responses to oppression and change. *Journal of Community Psychology, 26*(5), 457-472.

Strauss, A. & Corbin, J. (1990). *Basics of qualitative research: Grounded theory procedures and techniques.* London: Sage.

Szymanski, H. (1998). Significados de família. In G. M. Loch & M. A. M. Yunes (Eds.), *A família que se pensa e a família que se vive* (pp.9-17) Rio Grande: Editora da FURG.

Szymanski, H. (2001). A entrevista reflexiva. *Revista Psicologia da Educação, 10/11*, 193-215.

Walsh, F. (1996). The concept of family resilience: Crisis and challenge. *Family Process, 35*, 261-281.

Walsh, F. (1998). *Strengthening family resilience.* New York, London: The Guilford Press.

Walsh, F. (2003). Family resilience: Framework for clinical practice. *Family Process, 42*(1), 1-18.

Walsh, F. (2005). *Fortalecendo a resiliência familiar.* São Paulo: Roca.

Werner, E. E. & Smith, R. S. (1992). *Overcoming the odds: High-risk children from birth to adulthood.* Ithaca: Cornell University Press.

Yunes, M. A. M. (2001). *A questão triplamente controvertida da resiliência em famílias de baixa renda.* Tese de doutorado não publicada, Curso de Pós-Graduação em Psicologia da Educação, Pontifícia Universidade Católica de São Paulo, São Paulo, SP.

Yunes, M. A. M. (2003). Psicologia positiva e resiliência: o foco no indivíduo e na família. *Psicologia em Estudo, 8*, 75-84.

Yunes, M. A. M. (neste livro). *Os discursos sobre a questão da resiliência: expressões e conseqüências para a promoção do desenvolvimento saudável.*

Yunes, M. A. M. & Szymanski, H. (2001). Resiliência: noção, conceitos afins e considerações críticas. In J. Tavares (Ed.), *Resiliência e educação* (pp.13-42). São Paulo: Cortez.

Yunes, M. A. M. & Szymanski, H. (2005). Entrevista reflexiva e groundedtheory: estratégias metodológicas para compreensão da resiliência em famílias. *Interamerican Journal of Psychology, 39*(3).

Yunes, M. A. M., Mendes, N. F. & Albuquerque, B. de M. (2004). As interações entre os agentes comunitários de saúde e famílias monoparentais pobres: percepções e crenças sobre resiliência. *Revista Ciência, Cuidado e Saúde, 3*(n. especial), 12-15.

Yunes, M. A. M., Garcia, N. M., & Albuquerque, B. M. (2005). Monoparentalidade, pobreza e resiliência: entre as crenças dos profissionais e as possibilidades da convivência familiar. *Revista Reflexão e Crítica* [artigo submetido].

Yunes, M. A. M., Prestes, M. & Garcia, N. M. (2005). *Redes de apoio social: reflexões sobre as crenças dos profissionais no atendimento as famílias em situação de pobreza.* Trabalho apresentado na III Jornada de Estudos do CEP-Rua/ FURG, Rio Grande/ RS.

Violência e pobreza: um estudo sobre vulnerabilidade e resiliência familiar

Clarissa De Antoni
Luciana Rodriguez Barone
Sílvia H. Koller

Em contextos familiares nos quais se encontra a associação entre pobreza e violência, uma pergunta ecoa nos profissionais que trabalham em prol da melhoria da qualidade de vida destas pessoas: É possível uma família estar preparada para enfrentar a tantos e severos indicadores de risco? Diante desta questão, busca-se compreender, neste capítulo, como estão estabelecidas as interações familiares que podem levar aos processos de resiliência e à vulnerabilidade em um contexto familiar em que existe abuso físico e miserabilidade econômica.

A resiliência familiar abrange processos interativos que fortalecem o fenômeno da resiliência individual. A família é entendida como uma unidade funcional que pode incrementar a resiliência e a vulnerabilidade em todos os seus membros (Walsh, 1996). O modo

142 Resiliência e psicologia positiva: interfaces do risco à proteção

como cada família lida com esses desafios é crucial para a readaptação individual e familiar. Para compreender o funcionamento de uma família – observando o contexto, o tempo e as condições de estresse, optou-se pela utilização da teoria bioecológica do desenvolvimento humano (Bronfenbrenner, 1979/1996, 2004). Nesta teoria, devem ser levados em conta os desafios enfrentados e os recursos de cada um dos membros e do grupo familiar como um todo. Os desafios estão inseridos como tensores nas transições normativas do ciclo de vida, tais como: o divórcio, a morte de um membro da família, o desemprego ou a violência intrafamiliar (Hawley & DeHaan, 1996; Walsh). Os recursos individuais dos membros referem-se às características adquiridas ou internalizadas pela interação com o meio, como experiências e habilidades (Bronfenbrenner, 2004).

O construto resiliência familiar refere-se à habilidade da família em minimizar o impacto perturbador da situação estressora, através de aspectos que influenciam as demandas e desenvolvem o encontro de recursos. Os elementos básicos para a resiliência familiar incluem coesão, flexibilidade, comunicação aberta, resolução de problemas e sistema de crenças (Walsh, 1996). Considera-se também a rede de apoio social e afetivo, estruturada a partir das interações realizadas na comunidade, ao prover segurança, estabilidade financeira e o sentimento de estar conectado a esta rede de relacionamentos, religião e outros grupos afins. Otimismo e esperança em famílias que vivem na pobreza também são elementos processuais da resiliência. Além disso, famílias que se mostram resilientes são aquelas que, diante da adversidade, mostram flexibilidade na capacidade de adaptação com resultados produtivos para seu bem-estar (Hawley & DeHaan, 1996). Em situações de crises, segundo Ravazzola (2001), o ser humano é mais vulnerável às provocações e os vínculos tornam-se mais frágeis, sendo que a família tem que se reformular para enfrentá-las. Algumas capacidades pessoais e familiares podem ser identificadas nestas situações, sendo que dentre elas, encontram-se as capacidades de inovação, de criação e de adaptação; de construir coletivamente definições de limite, papéis, objetivos, necessidades e estratégicas; além da manutenção da esperança.

Yunes (2003) sistematizou os processos-chave da resiliência familiar descritos por Walsh, em 1996, como sistema de crenças, padrões de organização e processos de comunicação. O sistema de crenças permite à família enfrentar com otimismo suas dificuldades, conectando-se, por exemplo, ao sentimento de religiosidade. Os padrões de organização são relativos à flexibilidade, à coesão e aos recursos sociais e econômicos. A coesão, especificamente, está relacionada ao apoio mútuo, à colaboração e ao compromisso, ao respeito às diferenças, às necessidades e limites individuais, à busca de reconciliação e de união e ao desenvolvimento de liderança. O papel do líder é de proteger e orientar os membros mais vulneráveis da família. Isto pode significar que a coesão está ligada ao poder assertivo de influência, pois este líder atua como moderador das relações através da sua influência no grupo (De Antoni, 2005). Os processos de comunicação são facilitadores das interações à medida que permitem a troca de informações, o desenvolvimento da empatia e a tomada de decisões compartilhadas.

A análise da resiliência familiar pode ser realizada por meio dos indicadores de risco e de proteção existentes nesse contexto. Eventos estressores podem ser indicadores de risco, e esses predispõem a um resultado negativo ou indesejado. Uma família, por exemplo, pode vivenciar situações que desencadeiem doenças ou conflitos familiares de acordo com a severidade, duração, freqüência ou intensidade do risco. Em contrapartida, os indicadores de proteção servem para reduzir o efeito dos eventos estressores, ou seja, proteger a família dos riscos aos quais ela está exposta. Esses indicadores podem ser pessoais, relacionados tanto a características biológicas quanto a experiências com o contexto social. Outros indicadores são os recursos do ambiente que podem ser demonstrados pela rede de apoio social e afetivo e de serviços existentes na comunidade. Indicadores de risco e proteção são analisados no contexto social e familiar, pois o mesmo fator pode ser de risco ou de proteção de acordo com o contexto (Rutter, 1987). Para reduzir os efeitos do risco é necessário compreender as variações nas respostas individuais e familiares diante destes indicadores. Essas respostas frente a esses indicadores podem demonstrar vulnerabilidade ou resiliência do indivíduo ou da família.

Parece compreensível a existência desse fenômeno (resiliência familiar) em famílias que enfrentam adversidades situacionais, isto é, que ocorrem em um momento específico da história familiar e são pontuais, como a perda de um ente querido. No entanto, existem famílias que vivem em permanentes situações de risco, muitas vezes, severas, intensas e constantes. A situação de pobreza, por exemplo, denota a vulnerabilidade social à qual uma família está exposta. Condições de moradia insalubre e de alimentação precárias, bem como a dificuldade de acesso ao mercado de trabalho são expressões dessa vulnerabilidade. Entretanto, a vulnerabilidade social, como a situação de pobreza, não está necessariamente atrelada ao desenvolvimento de comportamentos vulneráveis nas interações familiares, como a violência intrafamiliar. Sabe-se que a violência está presente em diferentes contextos socioeconômicos. No entanto, quando a situação de pobreza e a violência estão presentes, a família necessita encontrar recursos internos e externos para modificar essa realidade.

A análise dos indicadores de risco e de proteção é realizada neste estudo a partir dos pressupostos básicos da teoria bioecológica do desenvolvimento humano (Bronfenbrenner, 1979/1996, 2004). Esta teoria privilegia o desenvolvimento no contexto, levando-se em conta os aspectos relacionados à pessoa (características físicas, biológicas e emocionais); ao processo, como é percebida a experiência; ao tempo; e, especificamente, a análise do contexto, isto é, ao meio ambiente no qual ocorrem interações. Bronfenbrenner (1979/1996) revela a importância da análise do contexto através dos diferentes sistemas sobrepostos que o formam e aos quais as pessoas exercem influência, ao mesmo tempo em que a sofrem. O meio ambiente imediato é denominado de **microssistema**, em que há trocas afetivas, atividades em conjunto, desempenho de papéis e relação de poder. A família, por exemplo, é um microssistema. O **mesossistema** é o conjunto de microssistemas, como a escola, trabalho, igreja, isto é, ambientes nos quais a pessoa ou a família participa ativamente quando estão presentes. O **exossistema** é formado por ambientes que a família não freqüenta diretamente, mas cujas decisões tomadas afetam diretamente a vida familiar, como o conselho tutelar, as políticas públicas sobre combate à violência e pobreza, entre outros. E por fim, o sistema mais amplo, denominado de **macrossistema**, que contém as ideologias, culturas, subculturas e valores.

O caso descrito a seguir mostra que a violência é uma forma de manifestação da vulnerabilidade individual e familiar frente a severos e intensos eventos estressores. Essa família participou da pesquisa sobre "Coesão e hierarquia em famílias com história de abuso físico", tese de doutorado (De Antoni, 2005). O método utilizado para coleta dos dados foi a inserção ecológica (Cecconello & Koller, 2004), que envolveu entrevistas semi-dirigidas individuais e com o grupo familiar, visitas à residência da família, interlocução com a equipe técnica da organização não-governamental que a família freqüenta e a devolução dos dados. Por questões éticas, os nomes utilizados neste capítulo são fictícios a fim de preservar a identidade dos participantes.

A família Soares é formada pelo pai, João, 34 anos, a mãe Eni, 32 anos e quatro filhos advindos desta relação. A mãe esta grávida de seis meses do quinto filho. São de etnia negra. O genetograma dessa família é apresentado na Figura 1.

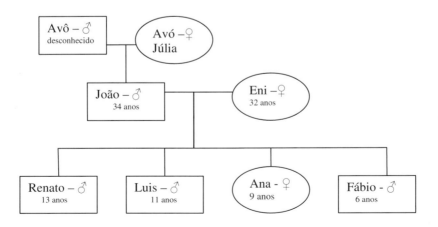

Figura 1. Genetograma da família Soares

João é filho único, seu pai não participou de sua criação e sua mãe, segundo ele, *"Tem problemas psicológicos, esquizofrenia"*. A mãe de João, dona Júlia, reside sozinha em uma pequena casa próxima à da família. As lembranças de João sobre sua infância revelam um ambiente organizado:

> *"A casa dela* (de sua mãe) *era sempre bonitinha, eu me criei naquele ritmo de ter tudo no lugar"* e, como eram apenas os dois, *"era mais fácil manter tudo arrumado"*.

Eni diz que sua mãe a *"criou"* sozinha, quem cuidava da casa era a irmã mais velha e a mãe trabalhava para sustentar os filhos. Não conheceu o pai: *"Eu não conheci meu pai, minha mãe não amou ele e nem ele a amou"*.

Há quinze anos o casal vive junto. Na época do casamento, João tinha 18 anos e Eni, 17. Após um ano de relacionamento, Eni engravidou pela primeira vez. Segundo o casal, os filhos não foram planejados e para João: *"Nós sabíamos que naturalmente vinham filhos, a gente aceitou numa boa"*.

Atualmente, as rotinas familiares estão organizadas em torno dos horários de escola dos filhos. O pai fica em casa e a mãe sai diariamente à procura de trabalho e auxílio. Quando estão em casa, as crianças assistem aos programas de televisão e fazem as tarefas escolares. Nos fins-de-semana, João relembrou o que mais gostam de fazer:

> *"Geralmente a gente vai à missa de manhã, eu gosto de fazer um churrasco no sábado. Eles* (os filhos) *ficam por aí, às vezes, vamos à pracinha, não é seguido. Quando dá, sai toda a família"*.

Porém, percebe-se que este é um fato que raramente ocorre atualmente na família.

João estudou até a sexta série do ensino fundamental. Possui facilidade de se expressar, e o faz com um vocabulário muito bom. Eni estudou até a quarta série e os filhos freqüentam a escola. Renato está na quinta série, repetiu duas vezes. Luís está na terceira série de uma escola especializada para portadores de necessidades especiais, especificamente para deficiência auditiva. Ana está na segunda série, e Fábio, na creche. Freqüentam as missas dominicais da igreja católica.

Os pais possuem expectativas em relação ao futuro dos filhos. Segundo Eni:

"Eu espero estar velhinha e ver eles formados. Eu sempre penso que a única herança que posso deixar pros meus filhos é o estudo, do que no mais... tem a nossa casinha, mas o mais importante é o estudo, ver eles formados com uma boa profissão".

João complementou:

"É o que Eni falou. A esperança de manter eles estudando, eles terem uma formação melhor do que a nossa. Ter um futuro melhor do que o nosso e possam oferecer uma coisa melhor pros deles".

A situação de pobreza

A condição de pobreza é evidenciada na aparência física dos membros familiares, nas condições de moradia e na situação socioeconômica em que vivem. Vestem roupas simples e gastas. A mãe usa vestidos largos de algodão, provavelmente em função da gravidez, e está sempre com um lenço amarrado na cabeça. O pai sofreu recentemente um acidente de bicicleta e estava com cortes e hematomas no rosto, além de não ter alguns dentes incisivos. Todos são magros, inclusive os filhos. Moram em uma casa de cinco cômodos, sem conforto e com alguns bens materiais, como uma geladeira antiga, fogão, televisão e um videocassete. A casa tem aproximadamente 35m², com dois quartos, cozinha, sala e banheiro. Não há assoalho, o piso é a própria terra. Segundo Eni: *"Esta casa é fria, falta rebocar e arrumar o chão"*. Também não há forro, permitindo enxergar a telha de zinco: *"Nesta casa chove dentro que nem na rua"* (mãe). A família mantém os ambientes (quarto do casal e sala) limpos e organizados, mas observa-se no quarto das crianças e na cozinha certa desorganização e sujeira. Há um pequeno pátio com a carcaça de um automóvel enferrujado e uma mesa e cadeiras de plástico. Também há várias gaiolas com pássaros, dois cachorros e alguns gatos da vizinhança que circulam pelo aramado. O pátio tem uma cerca formada por pedaços de madeira que faz fronteira com o "acesso", isto é, a ruela de chão batido onde se localiza a casa. O acesso permite a passagem de pessoas e bicicletas; no entanto, pela largura, não é possível o trânsito de automóveis. Esses acessos formam um labirinto nesta favela.

Os pais estão desempregados. O pai já trabalhou como vendedor ambulante, vigilante noturno, porteiro e, recentemente, como pintor de paredes, sem vínculo empregatício, em uma empreiteira. Informa que não consegue trabalho, em função da sua aparência física causada pelo acidente de bicicleta. A mãe trabalhou como diarista e empregada doméstica e com a gravidez foi dispensada do serviço. Eni revelou: *"Não tenho condições de trabalhar, porque esta gravidez está me dando problemas, sinto muita dor e com esta barriga ninguém me quer"*. A situação financeira familiar é grave. A família não possui nenhuma renda. Segundo o pai: *"Não tem renda, de 90 dias pra cá não tem nada"*. Sobrevivem com o auxílio da avó paterna que os ajuda com alimentos comprados com sua aposentadoria. Eles estavam pleiteando um auxílio governamental, mas pela época do ano (setembro), seria difícil consegui-lo, pois as novas inclusões a esse tipo de programa ocorrem geralmente em janeiro. Quanto à vizinhança, os pais a consideram tranqüila e as crianças somente podem brincar de bola ou andar de bicicleta na ruela. Há traficantes de drogas a poucos metros de distância da residência, e segundo o pai: *"O pessoal é barra pesada"* e *"Se depender de mim, eles* (filhos) *não saem dos meus olhos"*, referindo-se ao fato de os filhos brincarem somente próximo da residência. De acordo com a imprensa, essa favela é o principal foco de violência da zona sul da capital. Foram 46 homicídios em 2003, ou 15,6% das mortes registradas em Porto Alegre, sendo que em apenas um mês de 2004 uma viatura da polícia foi queimada e um menino de nove anos faleceu vítima de tiroteio (*Execução na Vila Cruzeiro*, 2004).

A violência intrafamiliar

As brigas iniciaram logo após o nascimento do primeiro filho. João tornou-se cada vez mais violento com as crianças e com a esposa. Em várias situações, Eni saiu de casa para buscar auxílio na casa de sua mãe. Há denúncia no conselho tutelar (CT) e boletim de ocorrência na delegacia da mulher contra João, pelas agressões físicas contra os filhos e a esposa. Desde a denúncia, há dois anos, João não bate na esposa. No entanto, em relação às agressões aos filhos, mesmo com atuação do CT, o pai continua agressivo.

Segundo o pai, o motivo para "perder o controle" e bater nos filhos é, em geral, a bagunça que as crianças fazem e o fato de não lhe obedecerem. Eni afirmou que o marido é o causador dos conflitos na família, pois ele cobra muito dos filhos: *"Eu acho que quem briga mais é ele* (João), *ele cobra muito das crianças"*. João considera-se o "chato da casa" e afirmou:

> *"Sou muito diferente. Pegou, devolve. Eu quero passar pra eles isso, geralmente as brigas e as reclamações vêm de mim. Até agora não consigo admitir, aceitar este tipo de coisa. Eu acabo ficando ranzinza, eu mesmo já percebi que eu cobro*

demais. Tenho uma mesa, quero que todos sentem juntos, naquele horário. Eu acho muito bonito a família sentar. Eu faço o possível pra aceitar, é que já vem embutido em mim, de criação, mas eu tenho feito o possível pra fazer de conta que eu não vejo (...) Ela (Eni) não liga muito, eu acabo ficando chato".

A esposa concordou em parte com esta argumentação, e disse:

"O que mais concordo é que ele quer comparar ele, que era sozinho, com quatro crianças, tudo da mesma idade. A casa não vai tá organizada. Claro que se eu vejo que tá errado, eu cobro deles, eu até grito. Se tiver que bater, eu bato. Não sou de ficar batendo o tempo todo, sou mais de explicar. Então, eu vou relevando, relevando, até que chega aquele momento que eu não consigo mais me controlar e acabo batendo (...) o que eu vou fazer? Também não vou me estressar por pouco!".

Apesar de João negar que atualmente comete agressões, Ana diz que o pai continua abusando fisicamente dos filhos: *"Se a gente faz alguma coisa errada, já é motivo pra arrumar toda casa, se não apanha!".* Ana contou que há dois meses o pai bateu em todos os filhos, sem motivo aparente para a menina: *"É, qualquer coisa ele bate".* João afirmou que agride os filhos em qualquer lugar do corpo e mencionou que: *"Eu bato só com a mão, onde pegar, pegou!".* No entanto a filha contradisse o pai, ao afirmar que ele utiliza uma cinta para bater. De acordo com Ana: *"Ultimamente ele está brigando só de cinta. E, quando ele dá na gente é só de cinta (...) tenho uma marca, que ver?".* Em relação aos abusos físicos provocados por João, Eni revelou: *"A última vez que ele agrediu foi o Renato e o Luís, ele deixou tudo marcado".* Percebe-se que Eni quer evitar o confronto com João, pois relata que:

"Eu ia levar no médico, mas ele vai mandar para a delegacia do menor. Uma vez eu fui com as crianças no Conselho Tutelar e chamaram ele (João). *Foi a agressão mais grave, né? Ele continua batendo, mas não assim, tanto. A Ana agora tá com uma lesão de uma cintada que ele deu tempos atrás. A mancha ficou roxa, sumiu e tá voltando de novo e tá ficando um caroço. Eu digo, se eu levar no médico, o médico vai perguntar até ela falar a verdade e vai começar tudo de novo. Vai mandar chamar o Conselho Tutelar e tudo".*

Em relação aos sentimentos causados pelos maus tratos e pelas ameaças de João, Eni revelou que: *"As crianças choram e têm medo dele* (João)". Ana revelou que geralmente quando o pai bate, a mãe não está em casa, mas os vizinhos observam a cena: *"Quando ele dá na gente, minha mãe não tá, aí, eles ficam tudo olhando (...) os vizinhos daqui da frente".* Isto causa sentimento de vergonha em Ana, que prefere morar com a avó e evitar os comentários dos vizinhos.

Os pais identificam diferentes características dos filhos, tanto positivas quanto negativas. Segundo os pais, Renato tem apresentado, nos últimos três anos, instabilidade de humor, ora está calmo, ora se revolta. Na percepção dos pais: *"Ele é muito autoritário e muito bruto, não tem tato para lidar com os irmãos, ele xinga, grita e bate nos irmãos".* Eles observaram a mudança de comportamento do adolescente, que era tranqüilo e agora *"mudou da água para o vinho",* não faz os temas e deseja parar os estudos. Para controlar o comportamento do menino, João *"grita mais alto",* gerando diariamente agressões verbais e físicas. Para o pai, as brigas mais freqüentes são entre ele e os meninos: *"Geralmente os conflitos é sempre eu, 90% é chamando a atenção do Renato e do Luís, e o Fábio também".* João justifica o uso da agressão física: *"Infelizmente quando eu uso a força física, ele* (Renato) *entende mais do que as palavras, ele respeita mais do que as palavras, as palavras não fazem efeito nele. Eu tento falar com calma: Senta aí, vamos conversar, aí ele baixa a cabeça".*

152 Resiliência e psicologia positiva: interfaces do risco à proteção

Quanto os motivos: *"São os mais variáveis, alguma coisa que ele pegou, estragou, maltratou o irmão"* (João). Renato acredita que o pai o considera *"louco"* e que: *"Ele vai me colocar num colégio interno, porque eu faço muita arte"*. A relação entre pai e filho é marcada pela desconfiança, para o menino: *"Eu fico falando pra ele como é, ele sempre fala que eu tenho uma desculpa, ele não acredita em mim e prefere acreditar no que ele ouviu na rua"*. Segundo Renato: *"O pai não bate mais em nenhum filho, só fica prometendo"*. Logo depois se contradiz: *"Bate, às vezes, mas não bate tanto como ele batia antes. Ele se controla um pouquinho"*.

Em relação a Luís, os pais o elogiam. Falaram que: *"Ele é muito inteligente, criativo, se comporta bem e conquista as pessoas"*. Estuda em uma escola especial para portadores de deficiência auditiva. Segundo João, o menino lida muito bem com a situação e é feliz. Os pais não conhecem a linguagem dos sinais com a qual o filho se comunica, embora saibam alguns gestos e seus significados.

Para os pais, Ana é:

"Uma menina inteligente, saudável, seus cadernos são bem cuidados e sempre é elogiada pela professora".

Segundo João:

"É uma criança que não dá muitos problemas".

No entanto, Ana relatou o espancamento com cinta que sofreu do pai, que a deixou com hematomas nas pernas e nas costas. Ana demonstrou sua frustração em relação aos maus tratos sofridos: *"Não agüento mais isso, ficar apanhando por tudo"*. Em função disso, está vivendo temporariamente com a avó paterna e a considera como a única pessoa com qual o pai conversa e escuta, intervindo durante a situação de agressão. Segundo a menina:

"Quando a minha mãe sai, eu não consigo ficar mais aqui (em sua casa). *Ele* (pai) *fica a dia inteiro deitado e manda a gente fazer as coisas, arrumar a casa toda e depois ele dorme"*.

Sobre seus sentimentos em relação a João, Ana considerou que: *"Eu não gosto dele* (pai), *só quando ele é bom pra mim"*.

Fábio é visto pelos pais como comunicativo. Segundo o pai:

"É inteligente para a idade, parece que tem mais idade, as conversas dele são sempre bem esclarecidas. É uma criança ativa, calma e tranqüila, tudo quer saber, tem que explicar tudo pra ele, não é um cara brigão, qualquer coisa tá bom pra ele".

A gestação e o nascimento do novo membro familiar não foram comentados por João ou pelas crianças, com exceção de Eni, ao queixar-se de muitas dores nas costas desde os cinco meses da gravidez e dor de dente, aos nove meses.

Em relação à esposa, João a considera negligente em relação à educação dos filhos: *"A mãe dele* (Renato) *dificilmente interfere nas brigas, nesta parte ela é até negligente. Só quando eu tô muito tenso mesmo, mais a mais, ela não faz nada"*. Renato reafirmou: *"Muitas vezes, quando o meu pai não tá, minha mãe vê nós brigando e não faz nada"*. O pai considerou que os filhos não respeitam a mãe, por ela ser passiva frente aos comportamentos deles e ponderou: *"Comigo ele* (Renato) *fica quieto, com a Eni ele bate-boca, e assim, eu dou castigo"*. No entanto, Eni não se considerou alheia ou negligente aos comportamentos dos filhos e afirmou: *"Mas eu também não fico pra trás, porque eu brigo também pela desorganização"*.

A violência conjugal, segundo Eni, está relacionada à interferência da mãe em defesa dos filhos frente aos abusos físicos de João. De acordo com a mesma: *"Eu brigo mais com o meu marido*

154 Resiliência e psicologia positiva: interfaces do risco à proteção

e ele briga mais com as crianças". Além do comportamento agressivo do marido para com os filhos, as brigas ocorrem pela falta de comprometimento de João com a manutenção da casa, para Eni:

> *"Um pouco é porque ele cobra muito, um pouco porque ele não se preocupa muito em consertar as coisas estragadas na casa. O guarda-roupa tem que implorar pra ele arrumar, ele diz: depois, depois, depois e aí, por birra, ele acaba não fazendo mesmo e eu acabo ficando mais nervosa, mas é verbal".*

Eni procura se acalmar depois de uma discussão e:

> *"Eu até evito a voltar a repetir o assunto pra não começar a briga de novo".* Segundo Ana, as brigas mais constantes são entre os pais: *"Ah, quebra um prato, aí já começa a briga, sapato sujo, meu pai e minha mãe esquecem de lavar. Meu pai ultimamente anda muito nervoso".*

Ana contou sobre uma cena de agressão entre o casal:

> *"Minha mãe tava brincando, ele achou que era verdade, porque ele tava bêbado, começam a discutir e ele deu na minha mãe".*

Segundo Renato, há muitas brigas entre os irmãos, principalmente entre a Ana e ele. O motivo é que:

> *"Ela sempre arranja uma coisa pra mexer comigo. Tô quieto lá e ela vêm. Falo: 'Pára Ana!' Ela não pára. Daí eu vou lá e dou nela, depois a culpa é minha, porque eu dei nela e ela por qualquer coisinha chora".*

Depois de apanhar do irmão, Ana recorre ao pai para auxiliá-la. João intervém para amenizar o conflito, ameaçando o adolescente.

Indicadores de risco

Esta família apresenta diversos indicadores de risco, que individualmente ou associados podem potencializar o abuso físico dos pais para com os filhos, conjugal e entre irmãos. Percebe-se em nível macrossistêmico – que envolve as crenças, as subculturas, a ideologia e os valores (Bronfenbrenner, 1979/1996) – que existem crenças instituídas socialmente, principalmente na figura do pai. Essas crenças afetam a forma como ele se relaciona com os demais membros familiares. Observa-se uma crença que fomenta o seu sentimento de ter posse sobre os filhos e a mulher. Também parece haver a concepção da família como uma instituição "perfeita" e infalível e, por fim, de que a criança deva ser um "adulto em miniatura".

A crença subjacente do pai de ter a posse sobre os demais aparece quando ele deseja que os filhos e a esposa sempre obedeçam as suas ordens sem contestação. Provavelmente João sente que, por ser o pai ou ser o "homem da casa" (de acordo com sua visão machista), tenha que assumir um papel no microssistema familiar de comando e de posse sobre os outros. Então, busca centralizar o poder e exigir que os outros façam o que manda. Essa crença torna-se um risco para os maus-tratos ao exigir determinados comportamentos, sem escutar as idéias ou os desejos dos filhos e da esposa.

Outro fator de risco é a forma como João idealiza sua família. Busca reproduzir a família "perfeita" em sua concepção. Isto é, exige desesperadamente que seus filhos sejam e interajam de forma diferente do que realmente apresentam. Para o pai, seria ideal que todos sentassem à mesa para uma refeição, que os filhos não sujassem a casa ou fizessem bagunça. A presença desses aspectos pode ser compreendida como importante no sistema familiar. Compartilhar uma refeição pode ser um momento de reciprocidade para a família, ou o ambiente limpo e organizado pode denotar um padrão de organização que favorece ao desenvolvimento físico e social saudável. Além disso, as crianças necessitam de uma supervisão constante em relação à higiene pessoal e do ambiente. Assim, as crianças podem aprender a preservar o ambiente limpo e seus objetos organizados. Cabe ressaltar, no entanto, que não é tarefa de uma criança desempenhar atividades que estejam além de suas condições ou que possam colocá-las em risco de acidentes, como lavar vidros e facas, que são objetos cortantes. Nessa família, entretanto, a forma como João exige a organização e a reciprocidade é que a torna um risco. Parece ser difícil manter a organização almejada, por vários motivos, entre eles: a restrição e a precariedade do espaço físico, o número elevado de crianças nesse ambiente, a falta de motivação das crianças, que vêem o desempenho dessa atividade de forma negativa e a divergência dos pais em relação à supervisão dos filhos e à divisão de tarefas. Assim, quanto maior a idealização que o pai possui sobre sua família, maior é a discrepância com a realidade e, por conseguinte, maior é o seu esforço para torná-la "perfeita".

Além disso, ele trata os filhos como "pequenos adultos", isto é, espera que sejam obedientes, limpos e organizados, cientes sobre seus deveres e responsabilidades e executores de obrigações impostas pelo pai. Então, João entra em conflito diariamente com seus filhos. Por outro lado, os filhos parecem não absorver as ordens do pai sobre manter a organização do ambiente. Esse fato foi evidenciado no quarto das crianças, pois roupas e objetos estavam espalhados pelo chão e em cima das camas. A falta de móveis adequados, como armários, também pode dar a impressão de desorganização. Em função disso, para impor sua vontade e manter o controle da situação, o pai agride corporalmente, como uma forma disciplinar que é culturalmente aceita por esta família, já que Eni revelou que também bate nos filhos. O estresse em relação a esse fato pode ser aumentado pelo tempo que o pai fica em casa em função do seu desemprego.

Em termos do exossistema, ambientes nos quais a família não está presente, mas cujas decisões influenciam a vida familiar (Bronfenbrenner, 1979/1996), encontram-se a ausência de postos de trabalho, aliada à baixa qualificação e a falta de oportunidades. Estes indicadores podem ser potencializados pelo macrossistema em relação a preconceito à etnia, situação de pobreza, baixa escolaridade e aparência física (rosto desfigurado pelo acidente de bicicleta) e gravidez. A soma destes fatores pode agravar a situação de pobreza em que estão vivendo.

A ausência de orientação aos pais sobre prevenção à gravidez, de segurança e de privacidade na vizinhança são fatores associados ao exossistema e que se refletem nesse microssistema. As políticas públicas incipientes sobre planejamento familiar no país podem ter colaborado para que a família tenha cinco filhos. No entanto, o número de filhos pode ser compreendido como um fator de risco ou de proteção. Torna-se fator de risco quando o adulto responsável não consegue promover proteção e supervisão adequada ao desenvolvimento de cada criança ou adolescente daquele sistema, justamente por não conseguir respeitar as características e as necessidades individuais. Por outro lado, em algumas famílias, a rede de apoio social e afetiva se intensifica entre os próprios irmãos, principalmente o mais velho, que assume o papel de cuidador. Embora João e Eni reconheçam o potencial de cada filho e suas diferenças, lidar com quatro crianças de idades aproximadas está sendo difícil para os pais. O casal justificou a ausência de um planejamento familiar pelo fato de saberem que os filhos viriam "naturalmente". Segundo os pais, assim que souberam sobre a gravidez, os filhos foram desejados. Não houve orientação sobre prevenção à gravidez ou preocupação sobre isso. As políticas públicas sobre planejamento familiar no Brasil não atingem efetivamente as famílias de nível socioeconômico baixo. Embora haja distribuição gratuita de alguns métodos anticoncepcionais, a falta de orientação sobre como usá-los é que impossibilita sua eficiência. A falta de planejamento familiar torna-se um indicador de risco na medida em que o filho que está sendo gerado vem a nascer em um momento de vulnerabilidade social desta família. Isso pode ser observado pelo fato de os familiares não mencionarem a existência dele, com exceção de Eni, quando se queixava das dificuldades enfrentadas na gravidez.

No exossistema desta família, encontram-se também a ausência de segurança e privacidade na comunidade. A proximidade das casas e a precariedade do material de construção fazem com que os vizinhos escutem as conversas, mesmo realizadas dentro da residência. Ana falou do sentimento de vergonha em relação à vizinhança, pelos olhares curiosos e comentários quando é vítima de agressões. Por outro lado, parece que os vizinhos não tomam medidas de proteção às crianças, chamando o CT, por exemplo. Além disso, a família está inserida em uma favela com alto índice de violência urbana e tráfico de drogas. Apesar de os pais se preocuparem com a segurança dos filhos, ao ficaram atentos onde e com quem estão, é comum encontrar casos de vítimas por balas perdidas nesta favela.

Neste microssistema familiar, um evento causador de estresse importante é o desemprego dos pais. Ele ocasiona a atual situação financeira, isto é, não possuem renda e estão sobrevivendo com auxílio da avó paterna. Além da instabilidade financeira vivenciada, há preocupação e angústia com a falta de alimento para os filhos, principalmente João e Eni que são adultos jovens, em plena etapa produtiva do seu ciclo vital. A atual ociosidade de João, que faz com que durma até o meio-dia, pode ser desencadeada por sentimento de impotência, baixa auto-estima e sintomas depressivos, tornando-se um ciclo vicioso. As perdas econômicas e profissionais vivenciadas nos últimos anos, como João passar de vendedor ambulante no seu próprio negócio para pintor de paredes sem vínculo, ou a troca de uma casa em construção maior por uma em estado precário, também são avaliadas como eventos de risco para a violência.

Outro aspecto importante está relacionado às práticas educativas e aos estilos parentais (Cecconello, De Antoni, & Koller, 2003). O casal aplica uma disciplina que se torna incongruente, inconsistente e ineficiente para com os filhos. Embora desejem que os obedeçam, parece que os filhos não correspondem aos anseios desses pais. Então, o pai usa de práticas disciplinares estritas e,

Violência e pobreza: um estudo sobre vulnerabilidade e resiliência familiar   159

principalmente, punitivas, como a física. Assim, assume um estilo parental autoritário, isto é, com alto controle sobre o comportamento dos filhos, mas com baixa responsividade e afeto. A mãe, ao contrário, é vista como negligente e omissa frente ao comportamento dos filhos, demonstrando um estilo parental indulgente, pois é carinhosa e atenciosa com as crianças. O estilo indulgente parental é evidenciado por alta responsividade e baixo controle, isto é, são pais amorosos e preocupados com o bem-estar dos filhos, mas não colocam limites aos comportamentos. No entanto, a mãe tem uma visão diferenciada de si mesma. Ela se vê cobrando sobre a organização da casa, e embora prefira conversar, assume que eventualmente bate nas crianças. Parece que este ato serve para não ser desqualificada pelo marido, pois ele a vê como negligente. Considera que exigir organização e limpeza constantemente seria "se estressar por pouco", isto é, parece não valer a pena o desgaste emocional desencadeado por essa situação.

A precariedade da moradia e o espaço físico restrito para tantos moradores são indicadores de risco nesta família. A organização e a limpeza do ambiente tornam-se mais difíceis, principalmente por serem crianças e não estarem atentas a estes fatos, como já foi comentado. Há intensa circulação de pessoas no ambiente e no pátio. Também, não há privacidade entre os filhos, que dormem todos no mesmo quarto. O fato de Ana estar na avó é um fator positivo em relação à sua privacidade, pois é a única menina entre os filhos.

Há problemas de comunicação na família. Os filhos não são ouvidos. Renato revelou que o pai não confia em suas argumentações e duvida de suas explicações. O casal também não conversa entre si e a violência conjugal pode ser compreendida como uma manifestação da intolerância e falta de diálogo. Segundo Eni, João é contraditório em suas ações, pois exige dos outros, mas não faz a sua parte, como consertar móveis quebrados, por exemplo, o que gera as brigas conjugais. O filho mais elogiado é o portador de deficiência auditiva, que não se comunica de forma verbal e cuja linguagem os pais não conhecem. A deficiência auditiva de Luís pode ser um agravante para a baixa auto-estima dos pais. O casal sentiu frustração ao descobrir a deficiência. O fato de não ter clara a origem da deficiência pode incrementar a culpa. Além disso, a mãe se sente frustrada pela falta de recursos financeiros para adquirir o aparelho auditivo.

A adolescência de Renato, que envolve mudanças no humor, desafio à autoridade, rebeldia, autonomia e imposição da sua vontade (com os irmãos) está sendo motivo de desavenças na relação parental e fraternal. João e Eni dizem não saber como lidar com isso. Para o casal, Renato mudou "da água para o vinho". A relação torna-se tensa, com cobranças, falta de confiança e de diálogo. Apesar disso, Renato parece proteger ou preservar a imagem do pai, ao afirmar que o mesmo "tenta se controlar" para não bater e se contradiz, revelando que ele continua abusando fisicamente. As brigas com Ana denotam a instabilidade emocional de Renato. Esta fase do desenvolvimento de Renato está sendo um risco para que se torne vítima ou agressor no microssistema familiar, mantendo o aspecto transgeracional da violência.

Percebe-se que João apresenta certa rigidez em suas interações, o que dificulta o desenvolvimento de habilidades empáticas. O comportamento de João pode sugerir também o diagnóstico superficial de depressão, em função de alguns sintomas apresentados, como irritabilidade, prostração, cansaço, baixa auto-estima. Além disso, segundo João, sua mãe é "confusa" e "esquizofrênica". João pode ter receio de perder o controle e romper com a realidade, assim como sua mãe. Então, parece que esta rigidez pode ser um esforço de autocontrole. O fato de tentar se controlar para não bater, evidencia este esforço. Quando perde o autocontrole, abusa fisicamente com severidade, sem motivo aparente para os filhos e agride em qualquer local do corpo, deixando lesões e seqüelas. João torna-se o "chato" por suas cobranças, destoa dos demais membros, causando medo nos filhos e distanciamento afetivo. A família, por sua vez, estimula a manutenção deste papel atribuído, ao

Violência e pobreza: um estudo sobre vulnerabilidade e resiliência familiar 161

não "ouvir" as necessidades de controle do pai. Para Walsh (1996), o estabelecimento de normas e rotinas está relacionado aos padrões de organização, e é importante para incrementar a resiliência familiar. No entanto, a falta de flexibilidade e a imposição destas normas de forma autoritária por parte de João podem enfraquecer as relações neste microssistema, ao mesmo tempo em que, ao invés dos demais membros colaborarem nas tarefas, agem de forma alienada ou contestatória. Assim todos promovem o caos no ambiente e nas relações.

Eni parece física e emocionalmente cansada, principalmente no final da gravidez, pelas dores que estava sofrendo. Ela não quer lidar com outros problemas ou ter outras incomodações, como interferir nas brigas entre irmãos ou passar novamente pela intervenção do CT ao denunciar João. Isto é evidenciado pelo fato de, se levar Ana ao médico e ele questionar sobre a origem das lesões, terá que tomar uma providência em relação a João. Frente a isso, assume uma atitude passiva, pode levar a continuação dos maus tratos intrafamiliares.

O demonstrativo elaborado por Koller e De Antoni (2004), sobre os indicadores de risco para a avaliação de violência intrafamiliar, serviu de modelo para identificação e visualização dos indicadores de risco presentes na família Soares. Estes podem potencializar a violência naquele contexto conforme a Tabela 1.

Resiliência e psicologia positiva: interfaces do risco à proteção

Tabela 1. Fatores de risco relevantes para potencializar a violência intrafamiliar nos contextos ecológicos da família Soares

Fator	Eu Ecológico	Microssistema Familiar	Mesossistema Exossistema	Macrossistema
	Gravidez na adolescência	Estresse familiar por saúde, problemas financeiros e de relacionamento	Desemprego	Aceitação cultural de punição corporal
	Rigidez (pai)		Empobrecimento	Aceitação cultural de posse da criança e da mulher
	Passividade (mãe)	Muitos filhos	Falta de políticas públicas sobre planejamento familiar	Naturalização / banalização da violência
Família	Adolescência (Renato)	Problemas de comunicação		
	Portador de necessidades especiais (Luís)	Disciplina incongruente, inconsistente e ineficiente, práticas disciplinares estritas e punitivas		Crianças são adultos em miniatura
		Gravidez não planejada		Idealização da família como perfeita
		Estilos parentais: negligente e autoritário		
Positividade	Falta de conhecimento sobre suas reais habilidades e talentos	Falta de clareza sobre potencialidades e limites		
	Ausência de empatia, de auto-regulação e autoconfiança			
	Senso de fragilidade e impotência			

Tabela 1. Fatores de risco relevantes para potencializar a violência intrafamiliar nos contextos ecológicos da família Soares (cont.)

Cognição e educação	Renato quer parar de estudar Pais com baixa escolaridade			
Interação	Ausência de empatia Fragilidade na tomada de decisão e na resolução de problemas	Desequilíbrio de poder Problemas de comunicação Violência entre irmãos Violência conjugal Desconfiança na relação parental (João e Renato)		Cultura que aceita e promove a posse da mulher e da criança, machismo
Variáveis de saúde, sociais e ambientais	Gravidez com dor Acidente de João Necessidades especiais (Luís) Suposta depressão do pai, sem tratamento Sofrimento psíquico (avó)	Moradia sem privacidade íntima; precariedade da moradia.	Ausência de infra-estrutura de saneamento, segurança e privacidade Violência na comunidade	Preconceito em relação ao trabalho em função da etnia, aparência física e gravidez
Variáveis econômicas		Instabilidade e fracasso econômico Empobrecimento	Muitos eventos estressores Desemprego	Preconceito em relação à pobreza

Indicadores de proteção

Existem indicadores de proteção nesta família que podem amenizar o impacto do risco, principalmente para os maus tratos. Em nível do macrossistema e do exossistema são as políticas públicas de proteção à criança e às famílias. A intervenção do conselho tutelar e da delegacia da mulher tiveram papel fundamental como fontes de proteção nesta história, ao agirem como censor externo na diminuição da intensidade e da freqüência e, até mesmo, na interrupção temporária da violência conjugal neste microssistema.

Outro fator presente é a rede de apoio social, incluindo a rede de serviços, como as escolas dos filhos, a ONG Maria Mulher, a igreja e os parentes. Isto permite à família não se sentir isolada e sem assistência nesse momento, possibilitando-lhe enfrentar com mais otimismo suas dificuldades. A família, por sua vez, também aciona a rede e busca os recursos dela. O fato de freqüentarem a igreja e buscarem exercer sua religiosidade é um sinal de busca de união e harmonia familiar (relativo à transcendência no sistema de crenças, postulado por Walsh, 1996). A família de origem do casal também forma a rede: a mãe de João o auxilia financeiramente e emocionalmente. Apesar do seu sofrimento psíquico, a avó é vista pelos membros como uma pessoa importante neste sistema. A mãe de Eni é citada como uma pessoa que acolhe e apóia a filha e os netos nos momentos de separação e crises do casal.

Embora Eni venha assumindo uma postura vista como passiva, na realidade não o é, pois o papel de proteção que tem no sistema familiar denota sua força pessoal e impede que João perca o controle e agrida os filhos. Eni, por sua vez, acredita que conversar tem mais efeito do que a agressão física, ao contrário de João, que crê na eficácia da "palmada". Foi ela quem fez as denúncias para a delegacia da mulher. Ana argumentou que o pai só bate quando a mãe não está (o que mostra que ela é ativa). Embora Eni seja vista, muitas vezes, como omissa, principalmente nas brigas entre os irmãos, torna-se uma mediadora nos conflitos entre o pai e os filhos e a defensora desses.

Na história pregressa de Eni, encontra-se o desconhecimento sobre seu pai, uma mãe que trabalhava para sustentar os filhos e o fato de os pais não se amarem. João também não conheceu o pai. No entanto, o casal revelou sua gratificação com o casamento na igreja após 15 anos de convivência. Parece que nutrem um sentimento de valorização da instituição familiar; talvez isso ocorra pelo fato de não terem tido o modelo nuclear em suas famílias de origem. O ambiente doméstico inclui a presença de vários pássaros e outros animais. Percebeu-se que as gaiolas estavam limpas, e os animais, bem tratados. Geralmente é João quem cuida dos animais. O canto dos pássaros torna o ambiente mais aconchegante e tranqüilo. Apesar da precariedade da moradia, eles têm orgulho de possuírem a casa como bem material a deixarem como herança para os filhos.

A valorização dos estudos é um aspecto positivo nesta família. Os pais vêem como uma herança a ser deixada para os filhos e com isso poderá haver melhoria na qualidade de vida deles. As escolas das crianças também são vistas como pertencentes à rede. A escola especializada freqüentada por Luís estimula suas potencialidades. Os professores da escola freqüentada por Renato estão preocupados com o comportamento do adolescente. Assim, a escola possui um papel importante no desenvolvimento destas crianças.

O fato de os pais perceberem e elogiarem os talentos e potencialidades dos filhos é um indicador de proteção para estas crianças, pois incrementa a auto-estima, reafirma o senso de pertencimento ao grupo e o sentimento de serem amadas. Os pais citaram a realização de atividades em conjunto, como irem à missa ou à pracinha. Embora não seja com freqüência, pode-se considerar um indicador de proteção, ao permitir à família compartilhar experiências que são prazerosas.

O demonstrativo elaborado por Koller e De Antoni (2004), sobre os indicadores de proteção para a avaliação de violência intrafamiliar, serviu de modelo para identificação e visualização dos indicadores presentes na família Soares. Estes podem amenizar a violência naquele contexto. Estes indicadores estão sistematizados na Tabela 2.

Tabela 2. Fatores de Proteção Relevantes para Amenizar a Violência Intrafamiliar nos Contextos Ecológicos da Família Soares

Fatores	Eu Ecológico	Microssistema Familiar	Mesosistema/Exossistema	Macrossistema
História anterior		Pais ou cuidadores sem história de abuso	Presença de recursos terapêuticos, conselhos de direitos, apoio emergencial e permanente	
Família		Papel da mãe de defensora dos filhos	Clareza sobre a possibilidade de buscar e obter recursos Presença de rede de apoio social com recursos (estrutura) e com funcionamento atuante, flexível e presente, como: Conselho Tutelar Delegacia da Mulher ONG Escola Senso de pertencimento à comunidade Relações estáveis de amizade reciprocidade	Valorização da instituição família

Tabela 2. Fatores de Proteção Relevantes para Amenizar a Violência Intrafamiliar nos Contextos Ecológicos da Família Soares (cont.)

Positividade	Talentos especiais e criatividade Sentimentos de amor e amizade	Religiosidade, expectativas de futuro Cuidado com os animais	Disponibilidade de recursos para consecução de planos e oportunidades	
Cognição e educação	Todas as crianças estão estudando	Estímulo à formação e ao bom desempenho	Disponibilidade de escolas, programas de capacitação, educação continuada Escola especial para Luís	
Interação	Boas habilidades interpessoais	Atividades em conjunto	Afiliação religiosa e comunitária Senso de pertencimento	
Variáveis sociais e de saúde		Casa própria	Disponibilidade de acompanhamento terapêutico e outros recursos	Políticas sociais e públicas para saúde e serviços de bem-estar

Considerações finais

A presença e associação de muitos e severos indicadores de risco são agravantes para a vulnerabilidade social e familiar. Os aspectos mais evidentes destas vulnerabilidades da família Soares estão relacionados às condições socioeconômicas e à violência. As condições socioeconômicas aparecem no desemprego, na precariedade de moradia e na falta de recursos financeiros, que impossibilitam à família Soares ter uma qualidade de vida digna ao ser humano. Os pais tentam buscar recursos financeiros para sobreviver fisicamente, mas estão em seus limites emocionais.

A violência intrafamiliar aparece como decorrência do estresse parental e da dinâmica das interações familiares. Assim, a vulnerabilidade familiar é observada na violência existente, pela forma como estão estabelecidas as interações, pelas crenças existentes, pela dificuldade de comunicação, e principalmente, como são realizadas as cobranças em relação ao desempenho dos papéis, que formam os padrões de organização. A violência na família Soares aparece de forma multidirecional, isto é, parental, no casal e entre irmãos. O abuso físico é o mais freqüente e pode ser avaliado em sua origem. Primeiramente, a violência parece ser desencadeada por uma tentativa infrutífera de João em manter o controle sobre os outros e exigir que façam o que ele diz, mas não façam o que ele faz, e, além disso, sejam como ele gostaria de ser. Nota-se que o senso de organização foi aprendido por João em sua família de origem e serve para evitar o caos no espaço físico no sistema familiar. No entanto, em função de sua rigidez, fomenta o caos emocional pela posição autoritária que assume. Assim, institui-se um poder que é na realidade um "pseudopoder", isto é, um faz-de-conta que tem o controle sobre os outros. Isto ocorre porque os filhos e a esposa não o vêem com poder absoluto ou com o poder que ele acredita ter. Ele mesmo reconhece que não é ouvido e nem obedecido. Então, o uso da agressão física não é somente uma forma punitiva para corrigir o comportamento dos filhos, mas um recurso desesperado de João em manter o controle e ser o "dono da situação" e, assim, em sua percepção, cumprir o seu papel de pai. Esta percepção mantém e reforça a forma de interação na família. Parece que a necessidade de João em manter o controle externo também o auxilia a manter-se com autocontrole, isto é, a organização do ambiente possibilita que se mantenha estruturado emocionalmente de alguma forma e não rompa com a realidade, como sua mãe o fez.

Já em relação à violência conjugal, Eni teve uma atitude corajosa, a denúncia a órgãos competentes, que possibilitou romper com essa problemática. Nas agressões entre os irmãos, Renato, na maioria das vezes, assume o papel de agressor. Parece reproduzir o comportamento do pai e, talvez, por ser o mais velho, atribui-se uma atitude autoritária também. Provavelmente o modelo masculino internalizado por Renato seja o de agressor e o feminino, de passividade, tal qual vivencia no seu contexto familiar. Ana assume o papel de vítima e os demais meninos de expectadores. Então, a família experiencia seu processo proximal de forma disfuncional, o que a leva a estar vulnerável a outros comportamentos não adaptativos, como o comportamento de desafio e agressivo de Renato na escola e em casa, a negação em relação à vinda de um novo membro, entre outros.

Os membros da família Soares apresentam características pessoais favoráveis e reconhecidas entre eles, que podem atuar como indicadores de proteção e favorecer a resiliência individual em determinadas situações vivenciadas, como talentos especiais, valorização dos estudos, afiliação religiosa e comunitária e determinação para reverter o quadro financeiro em que se encontram. Luis é o exemplo da valorização das potencialidades, como criatividade e competência social, apesar das suas limitações auditivas. Em relação aos vínculos, eles possuem sentimentos amorosos, que os mantem juntos. Este sentimento pode favorecer a resiliência familiar.

Os processos de resiliência familiar, que capacitam a família a enfrentar as adversidades, depende também do suporte emocional recebido externamente, da aprendizagem de novas e diferentes formas de interação e da valorização e atuação dos fatores de proteção que estão presentes. Sozinha, dificilmente a família conseguirá reverter esta situação de instabilidade financeira e nas suas interações. Portanto, para auxiliar efetivamente a família a melhorar a qualidade de vida são fundamentais ações de intervenção da rede de apoio social e da rede de serviços e de políticas públicas voltadas para amenizar a pobreza e a violência. Este estudo de caso revela os pressupostos de Walsh (1996) na prática, sendo a família uma unidade funcional que se inter-relaciona e pode ter impacto nos processos de resiliência individual e do grupo como um todo.

Referências

Cecconello, A., De Antoni, C., & Koller, S. H. (2003). Práticas educativas, estilos parentais e abuso físico no contexto familiar. *Psicologia em Estudo, 8,* 45-54.

Cecconello, A. & Koller, S. H. (2004). Inserção ecológica na comunidade: uma proposta metodológica para o estudo de famílias em situação de risco. In S. H. Koller (Ed.), *Ecologia do desenvolvimento humano: pesquisa e intervenção no Brasil* (pp.267-281). São Paulo: Casa do Psicólogo.

Bronfenbrenner, U. (1996). *A ecologia do desenvolvimento humano: Experimentos naturais e planejados.* Porto Alegre: Artes Médicas. (Original publicado em 1979)

Bronfenbrenner, U. (2004). *Making human beings human: Bioecological perspectives on human developmental.* Thousand Oaks: Sage.

De Antoni, C. (2005). *Coesão e hierarquia em famílias com história de abuso físico.* Tese de Doutorado não-publicada. Programa de Pós-Graduação em Psicologia do Desenvolvimento. Universidade Federal do Rio Grande do Sul, Porto Alegre, RS. Disponível em www.psicologia.ufrgs.br/cep_rua

Execução na vila cruzeiro (2004, 15 de agosto). *Jornal Zero Hora,* p. 42.

Hawley, D. & DeHaan, L. (1996). Toward a definition of family resilience: Integrating life span and family perspectives. *Family Process, 35,* 283-298.

Koller, S. H. & De Antoni, C. (2004). Violência intrafamiliar: uma visão ecológica. In S. H. Koller (Ed.), *Ecologia do desenvolvimento humano: pesquisa e intervenção no Brasil* (pp.293-310). São Paulo: Casa do Psicólogo.

Ravazzola, M. C. (2001). Resiliencias familiares. In A. Melillo & E. N. S. Ojeda (Eds.), *Resiliência: Descubriendo las propias fortalezas* (pp. 203-122). Buenos Aires: Paidós.

Rutter, M. (1987). Psychosocial resilience and proctetive mechanisms. *Journal of Orthopsychiatry, 57,* 316-331.

Walsh. F. (1996). The concept of family resilience: Crisis and challenge. *Family Process, 35,* 261-281.

Yunes, M. A. (2003). Psicologia positiva e resiliência: O foco no indivíduo e na família. *Psicologia em Estudo, 8,* 75-84.

Família e abrigo como rede de apoio social e afetiva

Luciana Cassol
Clarissa De Antoni

Estudos sobre a família, nos últimos tempos, têm enfatizado a importância das relações intrafamiliares e como as experiências adversas na infância têm influenciado para o funcionamento psicológico na vida adulta (Rutter, 1987). Através de um estudo de caso de uma adolescente, este capítulo aborda as interações desta em dois contextos diferentes: na família e na instituição de abrigo. É realizada uma análise das interações de acordo com a teoria bioecológica do desenvolvimento humano (Bronfenbrenner, 1979/1996, 2004) e os conceitos de vulnerabilidade e resiliência (Garmezy, 1996; Rutter, 1985, Walsh, 1996).

No século passado, precisamente na década de 1950, entendia-se que vivências de privação nos primeiros anos de vida ocasionavam danos patológicos irreversíveis. Nas décadas seguintes, este enfoque sofreu críticas, pois estes estudos não incluíam a avaliação

174 Resiliência e psicologia positiva: interfaces do risco à proteção

do contexto onde as pessoas viviam, seu impacto na mediação dos fatores de risco e a interação com outros mecanismos indiretos que poderiam contribuir para o aumento das patologias (Rutter, 1987).

Freud (1914/1974), pioneiro ao abordar a relação familiar, em especial entre mãe e filho, enfocava que esta ligação aparece como referencial explicativo para o desenvolvimento emocional da criança, sendo os primeiros anos de vida fundamentais para as próximas fases. Esta visão determinista das interações estabelece a existência de duas forças antagônicas na família: é vista como a base na qual se estabelecem relações saudáveis, geradora de pessoas potencialmente saudáveis, emocionalmente estáveis e equilibradas ou é o núcleo perpetuador de inseguranças, desequilíbrios e uma diversidade de desvios de comportamento (Szymanski, 1997).

Entretanto, as interações familiares podem ser compreendidas com dinamicidade, influenciadas por fatores externos e mudanças ao longo da sua história, como descrevem Carter e McGoldrick (1995). Estas autoras mostram a evolução da família através dos tempos, influenciada pelas variáveis ambientais, sociais, econômicas, culturais, políticas ou religiosas, que determinam as distintas composições. Nesta seqüência define-se família como um organismo complexo que se altera com o passar do tempo para assegurar a continuidade e crescimento psicossocial de seus componentes, dentro de um sistema ativo em constante transformação. Este processo permite o desenvolvimento da família como unidade e, ao mesmo tempo, assegura a individuação e independência de seus membros (Adolfi, Ângelo, Menghi, & Nicolo-Corigliano, 1989).

As funções biológicas, psicológicas e sociais são descritas na família e estão inter-relacionadas. Do ponto de vista biológico, cabe assegurar a sobrevivência dos novos seres através dos cuidados necessários ao nascerem. A função psicológica refere-se ao afeto como uma primeira e fundamental função psíquica da família, indispensável à sobrevivência emocional dos recém-nascidos. Outra atribuição é servir de continente para as ansiedades existenciais durante o processo evolutivo, através da superação das chamadas "crises vitais". A pessoa é favorecida por um adequado suporte familiar frente à desestabilização que tais crises acarretam, ao longo da sua vida. A função social traduz-se na transmissão das pautas culturais dos agrupamentos étnicos, além de preparar o indivíduo para o exercício da cidadania na sociedade (Osório, 1996). E, assim, a família cumpre seu papel frente aos desafios impostos em seu ciclo vital.

O ciclo vital familiar é formado por etapas evolutivas: nasce, cresce, amadurece, habitualmente se reproduz em novas famílias e encerra este ciclo com a morte dos membros que a originaram ou com a dispersão dos descendentes para constituir novos núcleos familiares. Para tanto, à família cabe permitir o crescimento individual e facilitar os processos de individuação e diferenciação em seu seio, inserindo seus membros às exigências da realidade vivencial e o preenchimento das condições mínimas requeridas para um satisfatório convívio social (Carter & Mcgoldrick, 1995; Osório 1996). O ciclo vital é algo dinâmico e não pode estar rigidamente contido num esquema padrão. Entretanto, estágios ou momentos críticos são descritos referindo-se a uma família a qual gerou filhos: formação de um casal para a construção de uma nova família, nascimento dos filhos, adolescência dos filhos, saída dos filhos da casa paterna, morte dos avós, envelhecimento, doença e morte dos pais (Osório, 1996).

Com o nascimento dos filhos, a família se reorganiza a fim de fornecer os cuidados necessários para a saúde física e mental do bebê. Para Bowlby (1964) a criança pequena não é um organismo capaz de vida independente e, por isso, necessita de uma instituição social que a ajude durante este período. Esta instituição social deve auxiliá-la de duas maneiras: satisfazendo-lhe as necessidades primárias como alimentação, cuidados e amparo e oferecendo-lhe um ambiente favorável para que possa desenvolver-se física, mental e socialmente. Portanto, cumprida estas exigências, espera-se que a pessoa quando adulta possa, eficientemente, lidar com seu meio. A tudo isso é indispensável um ambiente de afetividade e segurança

176 Resiliência e psicologia positiva: interfaces do risco à proteção

(Bowlby, 1964, 1984, 1990; Bronfenbrenner, 1979/1996, entre outros). A teoria do apego define-o como um vínculo emocional, um
padrão de comportamento direcionado para a busca e a manutenção
da proximidade entre duas pessoas (Bowlby, 1969, 1984, 1990). O
mais precoce relacionamento de apego é com a figura do primeiro
cuidador, freqüentemente, a mãe. Relações de apego saudáveis reú-
nem necessidades físicas e psicológicas da criança e desenvolvem
um senso de segurança e confiança que facilita a exploração do
ambiente. O papel da mãe é de apoio, pois suas ações determinarão
a conservação da proximidade com o filho. As ações diferenciais do
bebê, como olhar, sorrir e chorar, também servem para a manutenção da proximidade com seu objeto de apego. A criança desenvolve
a confiança na figura de apego nos primeiros anos, e uma vez desenvolvida, mantém-se pelo resto da vida. A acessibilidade, a corres-
pondência e a disponibilidade da figura de apego tornam a pessoa
menos propensa ao medo agudo ou crônico. A autoconfiança bem
desenvolvida está relacionada com a capacidade de confiar nas demais pessoas e o relacionamento de apego propicia esta experiência,
desenvolvendo e complementando o senso de confiança. Portanto, é
imprescindível que o infante experimente um relacionamento afetuo-
so, íntimo e contínuo com a mãe, no qual ambos encontrem satisfação e prazer, numa relação recíproca de identificação.

O cuidado materno pode ser um zelo oferecido por ambos os
pais, que juntos assumem a responsabilidade pelo filho, como ressalta Winnicott (1997). Esse cuidado evolui para a família e começa a
ter seu significado ampliado que passa a incluir os avós, primos, tios
e outros membros, inclusive padrinhos. A existência da família e a
preservação de uma atmosfera familiar resultam do relacionamento
entre as pessoas no quadro do contexto social em que vivem. A
contribuição que os pais, por exemplo, podem dar à família que estão
construindo depende em grande medida de sua relação geral com o
círculo mais amplo que os envolve. Em alguns casos, em que os pais
são portadores de sofrimento psíquico, há risco de dissolução da
família,quando o ideal seria mostrar-se unida, fortalecendo seus

vínculos e oferecendo sustentação ao membro adoentado. Para o desenvolvimento emocional da criança, o risco é maior quando os pais tendem a fracassar no seu papel. A doença mental, como psicose ou esquizofrenia, por exemplo, traz efeito sobre a vida familiar, tanto para o desenvolvimento infantil quanto para os pais que precisam superar a "crise". Então, envolve-se a família extensiva, como apoio aos cuidados necessários e em alguns casos, a reinserção em outra família ou instituição. Em famílias nas quais os processos de desenvolvimento são experimentados como ameaçadores, os padrões de interação e as funções individuais tornam-se progressivamente inflexíveis, favorecendo que a patologia do indivíduo se expresse (Adolfi, Ângelo, Menghi, & Nicolo-Corigliano 1989; Winnicott, 1997).

Na constituição de uma família, leva-se em conta a qualidade de suas inter-relações e não apenas sua estrutura. Pode uma família estruturalmente estar composta por uma mulher, sua afilhada e um filho adotivo, por exemplo, e viverem numa relação saudável. Idealiza-se um modelo de família nuclear burguesa composta por mãe, pai e filhos, que aparece com uma conotação normativa. Entretanto, o mundo familiar mostra-se diferente deste ideal, numa variedade de formas de organização com crenças, valores e práticas desenvolvidas na busca de soluções para as vicissitudes que a vida apresenta (Szymanski, 1997). Os estudos citados sobre a família referem-se a formas de relações que envolvem pais e filhos e como a interação destes contribui para o desenvolvimento humano. A teoria bioecológica contempla o desenvolvimento de forma ampliada, com enfoque nas interações entre o indivíduo e seus diferentes meio ambientes, os quais interagem mutuamente perpassando os diversos contextos (Bronfenbrenner, 1979/1996).

A família, para Bronfenbrenner (1979/1996), é uma fonte rica de experimentos naturais sobre o impacto evolutivo dos sistemas envolvendo mais de duas pessoas, pois a sua própria natureza fornece diariamente variações no momento em que pais e irmãos, assim como parentes, vizinhos e amigos transitam, o que proporciona experimentos naturais. Desta forma, o modelo ecológico é útil para a compreensão da influência dinâmica de múltiplos fatores no desenvolvimento da criança/adolescente. Este modelo é composto por quatro dimensões ou núcleos que estão inter-relacionados e se denominam: pessoa, processo, contexto e tempo (PPCT). O primeiro núcleo da teoria bioecológica é a *pessoa*, vista com suas características inatas, biológicas e emocionais e com aquelas constituídas através do contato com o ambiente. O *processo* é a forma como a pessoa interage com o contexto. Suas características particulares, a forma como vivencia as experiências, através dos papéis que desempenha e inter-relações são importantes fatores que contribuem no processo. Bronfenbrenner e Morris (1998) assinalam ainda a interação da pessoa com outras pessoas, contextos, objetos e símbolos, que pode abranger formas particulares de interação entre a pessoa e o ambiente. Esta interação foi denominada de *processo proximal*. Uma das situações que afeta o processo proximal é o caos em consideração ao elevado número de fatores de risco nas famílias e na sociedade, como a violência e a pobreza, que são importantes fatores de interferência no desenvolvimento das pessoas. Os sistemas considerados caóticos são marcados por atividades de rotina desconectadas e imprevistas, desestrutura e predomínio de elevados níveis de estimulação ambiental. Dessa forma, o caos pode interferir no desenvolvimento e manutenção dos processos proximais que geram dois caminhos: da competência ou das disfunções.

O terceiro núcleo é o *contexto*, composto por um conjunto de quatro sistemas concêntricos com interconexões, isto é, agrupados, interdependentes e dinâmicos. São níveis que ocorrem simultaneamente, que vão desde o contato mais íntimo da criança com o responsável pelos seus cuidados, até ambientes de contextos sociais mais amplos como a escola, os vizinhos, sociedade e cultura. Tais sistemas são denominados por **microssistema, mesossistema, exossistema** e **macrossistema**. O microssistema refere-se ao conjunto de atividades e relações interpessoais vivenciados num ambiente específico através de contato direto, correspondendo a mais íntima interação entre

Família e abrigo como rede de apoio social e afetiva

pessoa e ambiente, baseada em vivências de reciprocidade e estabilidade (Bronfenbrenner, 1979/1996). É o cotidiano da casa, da escola, do trabalho, os relacionamentos diretos com os pais, irmãos, colegas e professores (De Antoni & Koller, 2001).

O entrecruzamento de vários microssistemas que envolvem a pessoa em desenvolvimento forma o mesossistema. Este pode incluir vínculos entre a família e a escola, a família e o grupo de amigos, numa relação que vai se modificando ou se ampliando a partir das experiências vividas pela pessoa no curso do seu desenvolvimento (Bronfenbrenner, 1979/1996).

O exossistema envolve ambientes nos quais a pessoa não está como participante ativa, mas cujos eventos influenciam o seu desenvolvimento (Bronfenbrenner, 1979/1996). O autor citou três ambientes que têm maior probabilidade de influenciar o desenvolvimento das crianças: os locais de trabalho dos pais, as redes sociais destes e os vínculos entre a família e a comunidade.

O macrossistema consiste de padrões culturais abrangentes, como: crenças, ideologias, valores, sistemas políticos e econômicos, organização de instituições sociais e comunitárias a uma particular cultura e/ou subcultura. Tal conjunto tem alto poder de determinação nas formas de relação que acontecem nos sistemas anteriores (micro, meso e exossistema). Esse conjunto de ideologias, crenças e valores são interiorizados de forma ativa pela pessoa e influencia os seus comportamentos e experiências de forma direta no seu desenvolvimento (Bronfenbrenner, 19979/1996).

O quarto núcleo é o *tempo,* que abrange os eventos e as rotinas na vida da pessoa, no decorrer do ciclo vital e os acontecimentos históricos de determinada época. Permite analisar quais as contribuições que favorecem a estabilidade ou o desequilíbrio no desenvolvimento humano (De Antoni & Koller, 2001).

O modelo PPCT permite a análise dos fatores que influenciam de alguma forma o desenvolvimento humano. Em determinadas situações, principalmente frente à adversidade, estes fatores são compreendidos como causadores de comportamentos inadequados ao contexto ou a uma predisposição a evolução de doenças físicas e mentais. Portanto, a análise dos mecanismos destes fatores é importante para o entendimento das interações no processo proximal.

Vulnerabilidade e resiliência

Nem todos os indivíduos reagem da mesma forma às adversidades psicossociais. Alguns, mesmo passando por experiências devastadoras, não apresentam seqüelas graves, desenvolvendo-se satisfatoriamente. A partir destes aspectos surgem os conceitos de fatores de risco e de proteção, vulnerabilidade e resiliência. O uso do termo risco era empregado na economia marítima, na antiguidade e referia-se às perdas decorrentes da mortalidade e catástrofes naturais que eram negociados nos custos das mercadorias como garantia financeira. Depois passou a ser utilizado em grande escala pela epidemiologia e pela medicina. Os primeiros estudos focavam em pesquisas sobre o surgimento de doenças em determinadas populações. Com o passar dos tempos, o termo teve seu uso assimilado na saúde mental, através de novas formas de avaliação para os estudos sobre o risco psicossocial. Inclui-se como fonte de risco sociocultural universal a privação econômica, que envolve a pobreza e a perda de recursos materiais. Esse ponto é alvo de muita controvérsia, pois a determinação de que esse fator se tornará risco ou não vai depender do comportamento e dos mecanismos pelos quais os processos de risco operam no indivíduo ou no grupo (Cowan, Cowan, & Schulz, 1996; Yunes, 2003).

Risco implica resultados negativos e indesejáveis no desenvolvimento humano, que quando presentes, facilitam as condições de o indivíduo manifestar problemas físicos, emocionais ou sociais. Tradicionalmente os fatores de risco são responsáveis por acentuar a doença ou estados deficientes, definidos de forma estática como evento estressor. Porém, a tendência atual projeta para a importância de

Família e abrigo como rede de apoio social e afetiva 181

analisar os fatores de risco enquanto processos. A prioridade, sob essa ótica, é verificar o impacto desses fatores e os mecanismos responsáveis por seus efeitos negativos sobre as crianças. Portanto, não se pode avaliar risco sem identificar os processos inerentes, pois não é estático e não se aplica de modo generalizado a todos os indivíduos. A história de cada um deve ser considerada. A identificação dos fatores de risco e seus resultados no comportamento das pessoas, por sua vez, desemboca em dupla via: vulnerabilidade ou resiliência (Garcia, 2001; Hutz & Silva, 2002; Yunes & Szymanski, 2001).

A palavra vulnerabilidade é comumente utilizada em referência às predisposições individuais para o desenvolvimento de psicopatologia ou comportamento não esperados para determinado ambiente. Rutter (1987) define o termo como alterações aparentes no desenvolvimento físico e psicológico de uma pessoa que se submeteu a situações ou eventos estressores. Tais alterações ficam evidentes na trajetória de adaptação da pessoa e pode torná-la suscetível ao aparecimento de sintomas e doenças. Algumas condições como temperamento e carga genética contribuem para a vulnerabilidade de crianças que vivem em condições ambientais de elevado índice de eventos estressores. Em muitos casos estes fatores potencializam o efeito de risco.

Deve-se ter atenção especial ao empregar o termo vulnerabilidade, para não confundi-lo com risco, pois são conceitos distintos. Vulnerabilidade relaciona-se mais ao indivíduo e às suscetibilidades a respostas ou conseqüências negativas. Porém, a relação entre risco e vulnerabilidade é importante já que esta última efetiva-se apenas quando há risco (Yunes & Szymanski, 2001).

Cowan, Cowan e Schulz (1996) exemplificam fatores que levam a situações de vulnerabilidade, como diminuição da auto-estima, traços de personalidade e depressão. Condições externas ao indivíduo também podem ser consideradas vulnerabilidade, por exemplo, uma família que reproduz práticas educativas ineficientes que favorece a vulnerabilidade dos filhos pequenos (Cecconello, De Antoni, & Koller, 2003). A vulnerabilidade aumenta a probabilidade de um resultado negativo na presença de risco.

A vulnerabilidade social, por sua vez, descrita no Plano Estadual de Assistência Social (2000-2003) da Secretaria do Trabalho e Assistência Social do Estado do Rio Grande do Sul, refere-se à vulnerabilidade com ênfase no social. Esse conceito é definido pelas situações decorrentes da pobreza, abandono, maus-tratos físicos e psicológicos, fragilidade no papel dos adultos responsáveis, deficiências física, visual e auditiva, mental e dependência química. A vulnerabilidade social influencia diretamente as interações familiares, podendo desencadear a vulnerabilidade individual.

Atualmente, busca-se entender como e por que algumas crianças expostas a experiências adversas enfrentaram as dificuldades do ambiente e responderam a desafios, amenizando o impacto negativo dos riscos. Esta capacidade de superação foi denominada de resiliência.

O termo resiliência refere-se ao fenômeno na física relacionado ao grau de resistência a choques de um corpo. A definição psicológica para este termo está relacionada à capacidade de recuperar e manter um comportamento adaptado após um dano em que o indivíduo emite uma ação com objetivo definido e com uma estratégia de alcançá-lo perante uma situação de risco. Atualmente, Yunes (2003) faz uma observação no sentido de alertar para o uso do termo como modismo, pois os processos envolvidos na resiliência não geram efeitos imediatos e o fenômeno deve ser entendido considerando os fatores anteriores e posteriores às circunstâncias vividas. Além disso, a resiliência é relacional e deve ser compreendida como um processo, no qual a pessoa não é (estado permanente e condicional), mas está resiliente em determinada fase ou área do seu desenvolvimento (Walsh, 1996; Yunes, 2003).

A resiliência pode ser entendida como a capacidade dos indivíduos de superar os fatores de risco aos quais são expostos, através do desenvolvimento de comportamentos adaptativos e adequados (Garcia, 2001). No caso de crianças, resilientes são aquelas que não apenas evitam efeitos negativos associados aos fatores de risco, mas que desenvolvem as competências social, acadêmica e vocacional.

Na família, a resiliência é um conceito novo, em que poucos consideram a contribuição familiar no desenvolvimento da resiliência, pois, no geral, são enfocados estudos que apontam para os aspectos deficitários e negativos da convivência familiar. Ao enfatizar a resiliência em família, pretende-se reforçar os aspectos sadios e de sucesso, e deixar de lado as falhas e desarmonias (Yunes, 2003). Portanto, famílias resilientes são as que resistem aos desajustes causados pelas mudanças e enfrentam às situações de crise com respostas adaptadas no sentido do bem-estar do grupo. Para isto, é fundamental, ao avaliar estas famílias, que seja considerada sua inserção na comunidade e a importância de se criarem espaços que proporcionem orientação e apoio. Pode-se fazer isso com o fortalecimento de políticas públicas adequadas que produzam o bem-estar familiar (De Antoni, 2005; De Antoni, Hoppe, Medeiros, & Koller, 1999; Yunes, 2003). Assim, como a família pode promover a resiliência individual, outras instituições também são capazes de fomentar aspectos que favoreçam ao enfrentamento de eventos estressores e funcionar como fatores de proteção.

Os fatores de proteção referem-se ao conjunto de influências que modificam e melhoram a resposta de uma pessoa a algum perigo que predispõe a um resultado não adaptativo, o que produz efeitos positivos na saúde mental. Esses mecanismos podem ser considerados como base para as mudanças da trajetória de vida, nas situações de risco para uma adaptação bem sucedida, proporcionando a resiliência (Deslandes & Junqueira, 2003; Rutter, 1985).

De acordo com Masten e Garmezy (1985), três fatores de proteção básicos são citados no desenvolvimento da criança: condições individuais, como empatia, autonomia, auto-estima, orientação social positiva, auto-eficácia e competência social; coesão familiar, que denote ausência de conflitos e que a criança tenha um adulto que demonstre apego por ela e; apoio social significativo, com pessoas presentes na vida da criança, seja de indivíduos ou de instituições. Segundo a pesquisa de De Antoni (2000) com adolescentes maltratadas, aparece como fator de proteção, que colabora para a resiliência, a presença de coesão na família, situação esta que permite aos membros do grupo o sentimento de pertencimento e compartilhamento de atividades, com apoio emocional, diálogo e práticas educativas que visem à orientação e educação.

A pesquisa realizada por Alvarez, Moraes e Rabinovich (1998), com jovens institucionalizados, analisa as condições que teriam possibilitado o desenvolvimento da resiliência. Os seguintes aspectos foram mencionados: vinculação afetiva, não delinqüência, trabalho regular, sucesso escolar. Todos estes aspectos envolviam o relacionamento positivo dos sujeitos com as esferas da vida pessoal e social. As autoras concluíram que a resiliência seria um resultado de fatores internos e externos, cujo produto final é a criação de projetos que norteiam a vida. Neste sentido a instituição tem papel determinante no exercício da parentalidade, ou seja, ter função educativa e de orientação.

O abrigo

A presença da rede de apoio social e afetiva é importante para a pessoa em desenvolvimento, principalmente em situações de estresse e desafios existentes. Rede social pode ser definida como o conjunto de relações que um indivíduo vivencia de forma significativa em seu ambiente. A rede é importante para o funcionamento saudável e o desenvolvimento da personalidade e tem conseqüências relacionadas à identidade, bem-estar, competência, autonomia e adaptações frente a crises (Orford, 1992; Sluzki, 1997).

A rede social tem diferentes funções, e entre elas destacam-se: companhia social através da convivência; apoio emocional, através da interação com compreensão, empatia, estímulo e acolhimento; guia cognitivo e de conselhos com intercâmbios que compartilham situações pessoais ou sociais e proporcionam modelos de identificação; regulação/controle social que ocorrem das interações que reforçam responsabilidades e papéis, aponta para restrições de situações

Família e abrigo como rede de apoio social e afetiva 185

que podem ser prejudiciais; ajuda material e de serviços, que envolve os serviços de saúde, com as determinadas especialidades e acesso a novos contatos que possibilita a ampliação com outras pessoas e outras redes até então desconhecidas (Sluzki, 1997). Assim, a família, o abrigo, a escola e demais contextos nos quais as pessoas transitam e compõem seu mesossistema podem ser considerados pertencentes a sua rede de apoio.

Conforme o Estatuto da Criança e do Adolescente, Lei 8.069 de 13 de agosto de 1990), é dever da família, da sociedade e do Estado assegurar à criança e ao adolescente com absoluta prioridade, o direito à vida, à saúde, à alimentação, à educação, ao lazer, à profissionalização, à cultura, à dignidade, ao respeito, à liberdade e à convivência familiar e comunitária. Além de colocá-la a salvo de toda forma de negligência, discriminação, exploração, crueldade e opressão. Quando a família falha nessa função de proteção à criança e ao adolescente, surge o abrigo. Este é um serviço de retaguarda dos Conselhos Tutelares e da Justiça da Infância e da Juventude para o atendimento, em caráter provisório e excepcional, a crianças e adolescentes que tiveram seus direitos básicos violados ou ameaçados. Deve propiciar vida diária semelhante ao da esfera familiar, mantendo irmãos no mesmo local, sem distinção de sexo (Brasil, 1990).

Segundo as normativas do Conselho dos Direitos da Criança e do Adolescente do Distrito Federal (1999), o abrigo é focado como um programa de atendimento que deve estar fundamentado nos princípios de acolhimento, transitoriedade, convivência familiar e comunitária. Enquanto acolhimento, o abrigo se constitui uma medida de proteção, uma alternativa de moradia provisória com um clima residencial e atendimento personalizado. Os procedimentos devem se dar na linha do respeito, do desenvolvimento da auto-estima, da pertinência e da afetividade, buscando ampliar o nível de sociabilidade. A provisoriedade e a transitoriedade são circunstâncias vividas no abrigo e essa condição está inteiramente relacionada à história singular de cada criança e ao projeto de vida que se puder construir com ela. Assim, o abrigo atende crianças com permanência breve ou continuada. Portanto, de acordo com estas diretrizes propostas, o abrigo deveria ter condições de ficar com a criança o tempo que se fizer necessário até a sua reinserção familiar. Na condição de convivência familiar e comunitária deveria propiciar às crianças a oportunidade de participar na vida da comunidade, utilizando recursos nela existentes.

Minuchin, Colapinto e Minuchin (1999) revelam, através de estudo em abrigos norte-americanos, que as crianças permaneciam institucionalizadas, em média, por um período de dois anos. E que, de acordo com o planejamento institucional, no momento em que se trabalhava a família como um todo, com questionamentos dos procedimentos organizacionais que estavam mantendo as crianças mais tempo que o necessário, o retorno para a convivência familiar ocorria mais rápido e de modo mais eficaz. Isto ocorria pelo fato da família estar envolvida em todo processo.

Quanto à institucionalização dos filhos, aparecem nas famílias duas atitudes distintas. A primeira opõe-se à internação como uma decisão imposta por forças reguladoras, como, o Conselho Tutelar. Todo o procedimento é alvo de ressentimento e o abrigo é o inimigo. A família precisa necessariamente se submeter ao seu controle, não se sentindo como parceira. Nessa situação, é necessário para a instituição trazer a família para perto como aliada, criando vínculos que visem ao benefício de todos os membros. O segundo ponto de vista aborda a inserção institucional da criança como a solução para seus problemas e pode considerar a instituição um internato ou uma alternativa melhor do que permanecer no lar. Em geral, essas famílias sentem-se impotentes para lidar com os filhos e a separação torna-se a solução aceitável para resolver o conflito. Esperam que o abrigo lhes devolva a criança com comportamento mudado e fácil de lidar. Assim mesmo, é também importante envolver a família, conscientizando-a de suas responsabilidades (Minuchin, Colapinto, & Minuchin, 1999).

Na prática profissional em uma instituição de abrigo pode ser observado que existem duas situações distintas que envolvem a situação

Família e abrigo como rede de apoio social e afetiva 187

de abrigagem: quando a criança é vítima de maus-tratos ou há uma tentativa de punir o comportamento indesejado da mesma. O abrigo deveria ser uma opção quando a criança realmente necessita ser afastada da família por motivos de violação de direitos, sendo esta medida de proteção prevista pelo ECA (Brasil, 1990), de forma provisória e excepcional, sem privação da liberdade da criança ou do adolescente. Isto quer dizer que anterior a abrigagem deve-se averiguar possibilidades de inclusão na família extensiva (avós, tios, primos, padrinhos) para preservar os vínculos familiares e evitar o trauma de ir para um local desconhecido com pessoas estranhas. Outro motivo de inserção à instituição é a pressão da família sobre um determinado membro (criança ou adolescente) que, frente a uma situação adversa, é interpretada pelos cuidadores como algo merecedor de punição. Assim, a família transfere ao Estado a responsabilidade sobre a criação e educação durante determinado período a fim de esperar um direcionamento no comportamento da criança (L. Cassol, comunicação pessoal, 7 de outubro de 2004).

Esta idéia de punição é muitas vezes reforçada pelas instituições e pelos órgãos de proteção, como o Conselho Tutelar. No entanto, segundo Becker (2002), as instituições como os abrigos se configuram de forma positiva e determinante, pois são lugares sociais onde se tenta reproduzir as relações parentais e a inserção da população infanto-juvenil no laço social. É o lugar onde o adolescente vai reivindicar o que falhou na sua família de origem, ao mesmo tempo em que vai fazer movimentos no sentido de ver repetida essa falha nas próprias relações institucionais. O abrigo é um espaço relacional, uma possível opção da política de assistência social pensada para proporcionar espaço de cidadania ao contingente populacional marcado pela exclusão social. Trabalhar isso significa prevenir um futuro de violências, como a formação de gangues. É ajudar a propiciar aspectos mais gratificantes para a vida coletiva e individual (Covre, 1999).

Além de ser uma instituição de proteção, o abrigo tem também a função educativa constituída através do respeito e dos limites. Os compromissos formais são necessários, como ir ao colégio, aos cursos, visitas aos parentes e consultas médicas. Há também o aspecto dos compromissos informais que surgem dos desvios provocados no espaço e no tempo, como a vontade do adolescente de cabular a aula para ficar com os colegas. É dentro do abrigo que, muitas vezes, constituem-se as concepções de respeito, limite e reconhecimento do que é privacidade. Isto equivale ao adolescente poder apropriar-se de um espaço reservado para si, com seus segredos, mistérios e mitos, adquirindo segurança e inserindo-se na convivência comunitária (Becker, 2002).

Um exemplo de interação importante para o desenvolvimento da criança e do adolescente, que visa a proporcionar um lugar de construção e de confiança entre abrigados e funcionários, estabelece-se através de uma relação mediada pelo brincar. Nesta aparece o espaço para mostrar a criatividade e a individualidade, que são características que têm poucas possibilidades de expressão dentro de uma instituição em que todos são tratados através do coletivo. Experimentar o lugar do herói, do bandido, da vítima de maneira lúdica, passando por lugares de onipotência, impotência, controle, descontrole, proporciona, através destas experiências, re-significar seu processo de desenvolvimento. É ponto fundamental para a criança ou o adolescente institucionalizado, já que é aquele o espaço que eles têm para se constituir naquele momento (Rotondaro, 2002).

Apesar de ser lugar de passagem, a criança ou adolescente fará o movimento de conservar as referências adquiridas no abrigo, quando da sua saída. Esse processo exige que haja por parte da instituição a sustentação dos traços identificatórios que eles elegeram, ou seja, que as próprias pessoas implicadas nos cuidados tenham esta sensibilidade. O abrigado terá na figura daqueles que acreditaram nele e a quem ele acreditou (outras crianças e adolescentes, educadores e técnicos) os principais referenciais de identificação para sustentá-los no laço social (Becker, 2002).

A vida de Paula

Muitas histórias de vida mostram a importância da família e do abrigo frente a adversidades vivenciadas no processo do desenvolvimento humano. É nessa ótica que se pretende com o caso de Paula ilustrar as contribuições positivas e negativas que o ambiente familiar proporciona e demonstrar como uma instituição pode promover um espaço de proteção e desenvolvimento de potencialidades, intensificando a rede de apoio de uma pessoa.

Paula, 13 anos, encontra-se institucionalizada num abrigo para crianças e adolescentes desde os sete anos de idade, com história de vários reingressos, que envolvem a inter-relação messossistêmica entre o abrigo e a família. A família de Paula é composta pela mãe, Tereza, a avó materna, Raquel, o marido da avó, João, que Paula, considera seu avô e os tios maternos, Daniel e Pedro (falecido).

Paula é fruto de uma gestação quando Tereza tinha 16 anos, fazia uso de substâncias químicas e vivia na rua. A avó materna revela que Tereza demonstrava rejeição e não tinha condições de cuidar da filha. Do pai biológico, não há dados sobre seu envolvimento na gravidez e com a filha, pois a família não tem certeza do seu paradeiro e sequer sabe precisar sua identificação, embora seja chamado por um apelido e Tereza referir que está no presídio. Os primeiros cuidados na infância de Paula foram prestados pela avó, que não lembra se Tereza amamentou e se mantinha algum contato mais próximo com a filha. Tereza vivia constantemente na casa do pai (avô biológico de Paula), pois seus pais eram separados, não mantendo vínculo permanente com os demais da família. Quando Paula tinha três anos de idade, Tereza, com uma tesoura, tentou homicídio contra a filha, ferindo-a na altura do tórax. Esse fato fez com que Tereza fosse denunciada pelos vizinhos por tentativa de homicídio, que acarretou na suspensão do pátrio poder e pena de reclusão desde essa ocasião. Na época, foi avaliada como pessoa portadora de sofrimento psíquico com diagnóstico de esquizofrenia e encaminhada para cumprir sentença no Instituto Psiquiátrico Forense (IPF), onde permanece até os dias atuais.

190   Resiliência e psicologia positiva: interfaces do risco à proteção

Paula continuou a morar com a avó e aproximadamente aos seis anos começou a manifestar dificuldades em relação aos limites, como desacatar a avó, não aceitar horários e fugir de casa, situações em que Raquel não conseguia impor-se na educação da neta. Então, procurou o Conselho Tutelar para ajudá-la. Após intervenções sem sucesso, Raquel não se dispôs mais ser a responsável legal pela neta. A guarda de Paula foi entregue ao tio materno, Daniel. Ele reside em outro município e constituiu família com esposa e um filho. Paula neste contexto apresentou dificuldades em adaptar-se ao ambiente, repetindo o comportamento de quando estava com a avó e com várias situações de fuga. Aos sete anos sofreu abuso sexual por parte desse tio, revelando o fato para a esposa dele, que a mandou morar com a avó novamente.

Nesta época, o outro tio materno, Pedro, preocupado com o futuro de Paula requereu sua guarda, responsabilizando-se pela sobrinha e levando-a para morar consigo e com Raquel. Pedro sabia das dificuldades de Raquel e propôs-se a ajudar na criação de Paula. Entretanto, refere que também teve objeções por não conseguir manejar as situações de fugas, gritos, comportamentos desafiantes e furtos de objetos em casa. Novamente buscou o Conselho Tutelar e entregou a guarda de Paula, com a afirmação de que ninguém na família teria condições para assumir a menina. Foi nessa época, aos sete anos, que Paula ingressou no abrigo. Mais tarde Pedro veio a falecer, vítima de doença infecto-contagiosa (HIV/AIDS), fato que abalou Paula emocionalmente com crises de choro, ansiedade e preocupação excessiva com a avó, pois sabia das limitações dela e que teria de ficar no abrigo, visto que esse tio era sua esperança de retornar à família. Quando Pedro estava vivo, por várias vezes, Paula fez tentativas de retornar, quando permanecia pelo período de um ou dois dias e voltava ao abrigo por apresentar as mesmas dificuldades já citadas.

Em busca de dados do caso, foram realizadas três visitas domiciliares e entrevistas com a avó e o seu companheiro. Eles residem na periferia da cidade, numa favela marcada pela pobreza e pela

Família e abrigo como rede de apoio social e afetiva 191

violência, num casebre simples de seis cômodos, em ambiente organizado e limpo. Existem duas cozinhas, um quarto separado com paredes e um com cortinas, uma sala e um banheiro. Na parede observam-se quadros religiosos, bíblia sobre a mesa e o rádio sintonizado numa emissora religiosa. Raquel demonstra-se falante referindo-se à neta, ao marido, ao filho falecido, a Tereza, às forças divinas, tudo no mesmo momento. Fala da neta com carinho e pesar, em sentimentos contraditórios. Mostra-se sentida por Paula estar no abrigo e não residir em sua casa, mas diz que não pode acolhê-la porque é muito doente e "não consegue educar" a neta. Mantém expectativa de que quando ela crescer possa voltar para sua casa, sustentá-la e cuidá-la. Quanto aos cuidados e relação com Paula, observa-se no decorrer da história, que sempre foram precários, com falta de confiança, de limites e intervenções inadequadas.

Raquel acredita que a neta tem "ele na cabeça", que "não é coisa dela, mas dele", referindo-se a supostas forças malignas que a dominam. Pedro era a pessoa que oferecia mais atenção à Paula, através de acompanhamento da vida escolar e suprimento material, como vestuário e material escolar. Entretanto, também tinha dificuldades em impor-se frente aos comportamentos de Paula e, assim, o convívio social, limites, afeto, segurança, entre outros, não eram evidenciados com clareza, já que o lado material prevalecia na relação e a forma de contato dava-se através de objetos. Paula mencionava os presentes ofertados pelo tio: "Ele me deu uma mochila, uma fita" e timidamente o carinho na relação. Quando Pedro faleceu, as expectativas de Paula para retornar ao lar também foram abaladas.

Já com Tereza, o primeiro contato desde a institucionalização ocorreu a pedido de Paula, quando tinha onze anos, numa visita à mãe no IPF. Esse foi um momento de grande ansiedade e apreensão, pois havia se afastado desta precocemente e temia a reação de ambas. Entretanto, a receptividade de Tereza a tranqüilizou naquele instante. Porém, várias situações vieram à tona em Paula, como: a agressão, o abandono, o afastamento, as expectativas futuras e as condições emocionais da mãe. Isso despertou dúvidas e foi desencadeador

192 Resiliência e psicologia positiva: interfaces do risco à proteção

de ansiedades em relação ao desejo de a mãe ter alta e as duas residirem com Raquel. Paula passou a manifestar um comportamento agressivo e opositivo. Agredia fisicamente outras crianças e cometia auto-agressão, com arranhões e perfurações da pele com objetos (caneta, clipes). Fugia e recusava-se a freqüentar a escola ou atividades extraclasse, além de manifestar queixas somáticas como dores de cabeça, de estômago e abdominais. Neste ano, reprovou na escola devido à falta de freqüência e de interesse. Iniciou, então, acompanhamento psicoterápico e psiquiátrico, com uso de medicação contra ansiedade. Também mudou de escola no ano seguinte e foi inserida em oficinas do programa sócio-educativo, como a de jogos recreativos, teatro e dança.

Após longo processo de aceitação da impossibilidade de retorno à família de origem, Paula buscou, por conta própria, alternativas de famílias substitutas, numa rotatividade marcante. Vinculou-se a uma "madrinha", arranjada pelo Conselho Tutelar, a uma família ligada à igreja que a avó freqüenta, a uma funcionária substituta do abrigo e, por fim, a uma pessoa da comunidade. Em todas as tentativas, durante o período de adaptação, não teve sucesso com a vinculação. Manifestava inicialmente tranqüilidade, com expectativas futuras, com postura contida e controlada frente à expressão de suas emoções, até que chegava a ponto de não conseguir mais manter tal atitude. Descontrolava-se e mostrava comportamento contrário às rotinas estabelecidas com as famílias. Também surgiam dúvidas quanto ao afastamento da família biológica com "medo de perdê-la". Entretanto, a última família com quem Paula teve contato manifestou o desejo de continuar a relação na forma de apadrinhamento com visitas quinzenais, nos feriados e nas férias.

As visitas à mãe e à avó continuam, como também a psicoterapia em grupo e o tratamento psiquiátrico, fazendo uso de medicação controlada para ansiedade e depressão. Seu comportamento sempre mostrou agitação, ansiedade e momentos depressivos com crises de choro, descontrole emocional, em que se debate, agride a si e a terceiros. Resiste a contenções físicas, reage com violência e ameaças ao ambiente. Nessas situações necessita ser encaminhada ao pronto atendimento psiquiátrico para contenção medicamentosa, sendo que em várias ocasiões se recusou a ir. Em outros momentos, apresenta-se calma e brinca com as crianças. Tem grande proximidade com bebês, mostrando-se afetiva e carinhosa. Tem espírito de liderança no grupo, é persuasiva, disponível, demonstra iniciativa e envolve-se em tarefas da casa, como limpeza, arrumar o quarto, lavar suas roupas, organizar armários. Nas oficinas destaca-se pela dedicação e pelo entrosamento com os colegas.

Atualmente, seu desempenho escolar é bom, apesar da baixa escolaridade. Reprovou e evadiu na primeira série do ensino fundamental e repetiu a segunda por três anos. Freqüenta a quarta série, apresentando resistência para estudar em uma escola onde os colegas têm menor idade da sua.

Ao analisar o caso de Paula observa-se que a mesma foi influenciada e influencia as suas relações familiares e institucionais. Devem-se considerar assim os aspectos relacionados ao modelo PPCT em relação aos fatores de risco e de proteção. Em relação ao núcleo *pessoa*, há severos fatores de risco presentes nas características de Paula, Raquel (avó) e Teresa (mãe). Paula apresenta em sua história comportamentos de auto-agressões, ansiedade, conduta agressiva, furtos, fugas, além de ter vivenciado situações de intensa violência, como ser vítima de abandono, abuso sexual e da tentativa de homicídio da mãe. Já a avó apresenta o fanatismo religioso, que pode impedi-la de aceitar e tratar adequadamente o sofrimento psíquico da neta. Também demonstra incapacidade em colocar limites e lidar de forma impositiva com os comportamentos de Paula, transferindo assim essa tarefa para o Abrigo. Teresa possui eventos estressores em sua história, como a gestação na adolescência, drogadição, portadora de sofrimento psíquico, impulso agressivo (tentativa de homicídio) e vivência na rua e na instituição (IPF). Observa-se que estes fatores associados podem desencadear situações de vulnerabilidade individual e influenciar de forma negativa as interações entre estes membros familiares.

Em relação ao *processo*, podem-se compreender a forma e a dinâmica das interações entre mãe e filha, avó e neta e demais díades familiares, além da inserção em outras famílias. O abandono é uma forma de não-vinculação e esse tipo de comportamento foi utilizado por Teresa e Raquel em relação a Paula. A adolescente pode perceber que a rejeição e o abandono são estratégias utilizadas para lidar com o sofrimento advindo dos desafios impostos em um processo de apego. Assim, tende a repetir esse padrão com outras pessoas ou famílias, em vez de enfrentar as adversidades e possibilitar a aproximação afetiva. Então, a experiência de Paula com a família de origem, com a mãe e com as famílias substitutas é marcada por constantes alternâncias de sentimentos. A adolescente vivencia esse processo com a expectativa da relação estabelecer-se e haver uma mudança em sua vida, mas em seguida percebem-se a frustração e a insegurança por suas investidas não se concretizarem. A forma e dinâmica familiar experienciadas por Paula demonstram a disfunção do grupo e de seus membros neste processo proximal de vinculação afetiva.

Fatores de risco são encontrados nos *contextos* em que Paula está inserida. No microssistema familiar, há baixa qualidade nas interações e falta de estruturação para funcionar como um sistema de apoio. O apoio emocional é precário, sem expectativas ou estímulos para um projeto futuro. A adolescente não teve em seus primeiros meses de vida a convivência adequada com os pais no ambiente familiar e, posteriormente, dos três aos seis anos vivenciou a tentativa frustrada da avó e do tio em constituir uma instituição familiar cuidadora. Parece que a dificuldade de vinculação acarretou déficit na manutenção dos vínculos afetivos primários durante o desenvolvimento de Paula. A família não ofereceu condições de suprir as necessidades físicas e psíquicas de Paula, principalmente sua mãe, por ser portadora de sofrimento psíquico, por vivenciar a gravidez e drogadição na adolescência e pela tentativa de homicídio; e seu pai, pelo abandono. Além disso, há a experiência negativa na família do tio, que culminou no abuso sexual. Sabe-se que quando aparecem distúrbios psiquiátricos na família, os vínculos podem manifestar-se deteriorados na sua capacidade de estabelecimento ou manutenção, como no caso de Paula. Esses aspectos podem evidenciar como foi a relação de apego de Paula. Posteriormente, a família não soube lidar com as diferenças individuais e psicopatologias de seus membros, desencadeando a falta de coesão familiar, de comunicação e de reciprocidade nas díades formadas por Raquel, Teresa e Paula. Além disso, o fanatismo religioso da avó contribui para o desequilíbrio de poder nas relações, bem como o abuso sexual sofrido por Paula evidencia a dinâmica do grupo familiar. A situação de pobreza também é compreendida como fator de risco, pela dificuldade em obter recursos na área da saúde e sociais.

No microssistema institucional, percebe-se a tentativa de Paula em cumprir com as exigências próprias daquele local. No entanto, um indicador que pode ser compreendido como risco é o fato de os educadores apresentarem um cuidado fragmentado, isto é, tratarem de forma diferenciada as situações provocadas por Paula. Estes podem manejar as situações com afeto e tolerância ou com desdém e rejeição. Além disso, o caráter provisório do abrigo pode levar a um sentimento de instabilidade sobre o futuro da jovem. A equipe técnica do abrigo busca trabalhar a família, principalmente a avó, para que aceite Paula, através de um acompanhamento sistemático.

No mesossistema, encontram-se as diversas famílias substitutas e as tentativas frustradas de adaptação. A existência de famílias substitutas é um aspecto protetivo. No entanto, a transição entre esses ambientes sem uma preparação prévia entre ambas as partes e um acompanhamento familiar sistemático pode ter desencadeado a rejeição por parte destas famílias e a frustração por parte de Paula. No macrossistema, há uma visão específica da sociedade sobre os portadores de sofrimento psíquico e sobre as pessoas institucionalizadas, em que estas não são capazes da sua reinserção social (De Antoni, 2000). Paula está exposta a um estigma, que leva à discriminação e dificilmente conseguirá alterar está visão das pessoas sobre ela. Assim, muitas pessoas poderão tratar Paula com desdenho, receio e dúvidas sobre suas potencialidades.

Em relação ao *tempo*, Paula está vivenciando sua adolescência. Essa fase de desenvolvimento é marcada por formação da identidade, necessidade de aceitação por pares, questionamentos e incertezas. A adolescência pode se tornar um fator de risco, se Paula não conseguir lidar com os sentimentos advindos destas inquietações. Na história de vida de Paula também são identificados fatores de proteção que podem auxiliá-la a enfrentar as adversidades. Os fatores de proteção encontrados no núcleo *pessoa* apontam para a forma como lida atualmente com as adversidades: apresenta bom desenvolvimento social e empenho em atividades diárias e escolares, busca pela mãe e por família substituta, com expectativas de um futuro melhor. A avó Raquel, apesar de transferir a responsabilidade sobre a criação de Paula para a instituição, sempre acompanhou o desenvolvimento, mesmo que de forma distante, além disso, mantêm o ambiente da casa limpo e organizado. Teresa demonstra receptividade durante as visitas de Paula e, assim, ambas podem resgatar o vínculo familiar.

Nos *contextos* ecológicos de Paula aparecem também fatores de proteção. No microssistema familiar, apesar da precariedade das interações e de seu falecimento, Pedro demonstrou ser uma figura importante de apoio durante a infância de Paula. No microssistema institucional, o abrigo aparece como parte integrante da rede de apoio de Paula através do trabalho em equipe, do incentivo à manutenção dos vínculos sociais e das potencialidades da adolescente. Também aciona a rede de serviços de saúde, como psicologia, clínica médica, ginecologia e psiquiatria, que proporcionam o bem-estar físico e mental para a adolescente. No abrigo, ela é estimulada a manter interações com a escola de maneira que seja proveitoso para seu projeto de vida. Assim, intensifica seu mesossistema e sua rede de apoio. Quando vivia com a família, o vínculo escola-família era ausente. No abrigo, mantém relações com amigo cujas casas freqüenta, está vinculada a projetos sociais e participa de oficinas de teatro, artes e dança, podendo manifestar sua capacidade de adaptação e estes ambientes.

Apesar das dificuldades em vincular-se positivamente a um contexto familiar, Paula mostra, atualmente, capacidade de interação em outros contextos. Seu mesossistema é formado pela família do apadrinhamento, escola e oficinas, sendo que estes ambientes favorecem que Paula sinta-se aceita e valorizada. No exossistema, encontram-se o Conselho Tutelar, o Juizado da Infância e Juventude, o Ministério Público, a Secretaria de Saúde e de Assistência Social e demais instituições envolvidas em ações e articulações com o abrigo. Essa rede influencia o desenvolvimento de Paula, no que envolve lazer, encaminhamentos jurídicos, atendimento em saúde, entre outros. Além disso, este sistema abarca as regras e rotinas estabelecidas no abrigo e na escola, o Estatuto da Criança e do Adolescente – ECA, a lei que rege o funcionamento do abrigo e os projetos garantidos através das políticas públicas para crianças e adolescentes que Paula freqüenta. Percebe-se que as políticas públicas e a legislação (ECA) estão possibilitando a mudança de valores (macrossistema) que visam à proteção de crianças e adolescentes.

Considerações finais

Na trajetória de vida de Paula observam-se muitos fatores de risco que a levam à vulnerabilidade e alguns fatores de proteção que a auxiliam no processo de resiliência em determinadas situações ou contextos. Frente à dinamicidade dos eventos estressores que atuam na vida de Paula, percebe-se que há um predomínio de fatores de risco. No entanto, os fatores de proteção identificados podem favorecer os processos de resiliência em determinados ambientes, como, por exemplo, no microssistema institucional.

Esse capítulo mostra a relevância do papel da família, fundamental no desenvolvimento do ser humano, mas que pode ter suas funções exercidas, por um determinado momento da vida de uma pessoa, por outras instituições. Na situação de Paula, o microssistema institucional desempenha o papel protetivo, de cuidado e afeto. O abrigo proporciona ações que visem a melhorar a qualidade de vida dessa adolescente, da sua saúde física e emocional e das relações sociais, promovendo o bem-estar mesmo diante dos riscos aos quais foi exposta.

É no abrigo que Paula vê a rede de apoio constituída. É onde encontra apoio emocional e social na busca de seu projeto de vida e autonomia. Pode contar com pessoas adultas que servem de referência e auxiliam a construir seu caminho, além de mostrar limites definidos ao que é permitido e não a uma adolescente, dentro de um processo de garantia de direitos. O abrigo enquanto local de proteção fomenta o fortalecimento da rede de apoio como forma de proporcionar a esta adolescente e a outros as condições indispensáveis ao desenvolvimento integral.

Paula deve ser estimulada a desenvolver e manter a rede de apoio social rumo à autonomia. O mesossistema da adolescente, composto pela escola e amigos, poderá promover o estabelecimento de outros vínculos afetivos e sociais. Para tanto, esta rede deve estar potencializada para oferecer segurança e referenciais para o seu desenvolvimento.

Além de Paula, outras crianças e adolescentes devem ser olhados e incentivados na formação da rede de apoio, seja a família, a escola ou o abrigo. Assim, estas crianças poderão desenvolver sua capacidade de superação, demonstram-se resilientes frente às adversidades.

Referências

Adolfi, M., Ângelo, C., Menghi, P., & Nicolo-Corigliano, A. M. (1989). *Por trás da máscara familiar: Um novo enfoque em terapia de família*. Porto Alegre: Artes Médicas.

Alvarez, A. M. S., Moraes, M. C. L., & Rabinovich, E. P. (1998). Resiliência: Um estudo com brasileiros institucionalizados. *Revista Brasileira de Crescimento e Desenvolvimento Humano, 8*, 70-75.

Família e abrigo como rede de apoio social e afetiva

Becker, A. L. (2002). Adolescência e abrigagem: tentativa de parentalidade no contexto público. *APOA- Clínica do Adolescente, 23*, 99-108.

Bowlby, J. (1964). *Apego e perda*. São Paulo: Martins Fontes.

Bowlby, J. (1984). *Apego e perda: separação, angústia e raiva*. São Paulo: Martins Fontes.

Bowlby, J. (1990). *Formação e rompimento dos laços afetivos*. São Paulo: Martins Fontes.

Brasil (1990). *Estatuto da Criança e do Adolescente*. Lei n° 8069, de 13/07/ 1990. Porto Alegre: Conselho Estadual dos Direitos da Criança e do Adolescente.

Bronfenbrenner, U. (1996). *A ecologia do desenvolvimento humano: experimentos naturais e planejados*. Porto Alegre: Artes Médicas. (Original publicado em 1979)

Bronfenbrenner, U. (2004). *Making human beings human: Bioecological perspectives on human developmental*. Thousand Oaks, CA: Sage.

Bronfenbrenner, U. & Morris, P. (1998). The ecology of developmental process. In W. Dawon (Ed.), *Handbook of child psychology* (Vol.1, pp. 993-1027). New York: John Wiley & Sons.

Carter, B. & MacGoldrick, M. (1995). *As mudanças no ciclo de vida familiar: uma estrutura para terapia familiar*. Porto Alegre: Artes Médicas.

Cecconello, A., De Antoni, C., & Koller, S. H. (2003). Práticas educativas, estilos parentais e abuso físico no contexto familiar. *Psicologia em Estudo, 8*, 45-54.

Conselho dos Direitos da Criança e do Adolescente do Distrito Federal (1999). *CDCA/DF. Construindo o reordenamento institucional*. Brasília.

Covre, M. L. M. (1999). Abrigo: Um possível fragmento comunitário na produção da subjetividade e da cidadania pelo exercício da cidadania mediadora. *Psykhe, 8*, 157-167.

Cowan, P., Cowan, C., & Schulz, M. (1996). Thinking about resilience in families. In E. M. Hetherington & E. A. Blechmann (Eds.), *Stress, coping, and resilience in children and families* (pp.1-38). New Jersey: Lawrence Erlbaum.

De Antoni, C. (2000). *Vulnerabilidade e resiliência familiar na visão de adolescentes maltratadas.* Dissertação de Mestrado não publicada, Programa de Pós-Graduação em Psicologia do Desenvolvimento, Universidade Federal do Rio Grande do Sul. Porto Alegre, Brasil. Disponível em www.psicologia.ufrgs.br/cep_rua

De Antoni, C. (2005). *Coesão e hierarquia em famílias com história de abuso físico.* Tese de Doutorado não-publicada, Programa de Pós-Graduação em Psicologia do Desenvolvimento. Universidade Federal do Rio Grande do Sul, Porto Alegre, RS. Disponível em www.psicologia.ufrgs.br/cep_rua

De Antoni, C. & Koller, S. H. (2001). O psicólogo ecológico no contexto institucional: Uma experiência com meninas vítimas e de violência. *Psicologia Ciência e Profissão, 21,* 14-29.

De Antoni, C., Medeiros, F., Hoppe, M. W., & Koller, S. H. (1999). Uma família em situação de risco: resiliência e vulnerabilidade. *Interfaces: Revista de Psicologia, 2,* 81-85.

Deslandes, M. F. P. S. & Junqueira, S. F. (2003). Resiliência e maus tratos à criança. *Caderno de Saúde Pública, 1*(19), 227-235.

Freud, S. (1974). *História de uma neurose infantil.* Obras completas (V. 17, pp 19-151) Rio de Janeiro: Imago. (Original publicado em 1914)

Garcia, I. (2001). Vulnerabilidade e resiliência. *Adolescência Latinoamericana, 3*(2), 128-130.

Garmezy, N. (1996). Reflections and commentary on risk, resilience, and development. In R. Haggerty (Ed.), *Stress, risk, and resilience in children and adolescents* (pp. 1-15). New York: Cambridge University Press.

Hutz, C. & Silva, D. F. M. (2002). Avaliação psicológica com crianças e adolescentes em situação de risco. *Avaliação Psicológica, 1,* 73-79.

Masten, A. S. & Garmezy, N. (1985). Risk, vulnerability and, protective factors in developmental psychopathology. In B. Lahey & A. Kazdin (Eds.), *Advances in clinical child psychology* (pp. 1-52) New York: Plenum Press.

Minuchin, P., Colapinto, J., & Minuchin, S. (1999). *Trabalhando com famílias pobres.* Porto Alegre: Artmed.

Orford, J. (1992). *Community psychologist: Theory and practice.* West Sussex: John Wiley & Sons.

Família e abrigo como rede de apoio social e afetiva 201

Osório, L. C. (1996). *Família hoje*. Porto Alegre: Artes Médicas.

Rotondaro, D. P. (2002). Os desafios constantes de uma psicóloga no abrigo. *Psicologia Ciência e Profissão, 22*, 8-13.

Rutter, M. (1985). Resilience in the face of adversity: Protective factors and resistance to psychiatric disorder. *British Journal of Psychiatry, 147*, 598-611.

Rutter, M. (1987). Psychosocial resilience and protective mechanisms. *American Journal of Orth psychiatry, 57*, 316-331.

Secretaria do Trabalho Cidadania e Assistência Social do Estado do Rio Grande do Sul. (2000-2003). *Plano Estadual de Assistência Social*. Porto Alegre.

Sluzki, C. E. (1997). *A rede social na prática sistêmica: alternativas terapêuticas*. São Paulo: Casa do Psicólogo.

Szymanski, H. (1997). Teorias e "teorias" de famílias. In M. C. B. Carvalho (Ed.), *A família contemporânea* (pp. 23-27). São Paulo: Cortez.

Walsh, F. (1996). The concept of family resilience: Crisis and challenge. *Family Process, 35*, 261-281.

Winnicott, D. (1997). *A família e o desenvolvimento individual*. São Paulo: Martins Fontes.

Yunes, M.A.M. & Szymanski, H. (2001). Resiliência: noção, conceitos afins e considerações críticas. In J. Tavares (Ed.), *Resiliência e educação* (pp 13-42). São Paulo: Cortez.

Yunes, M.A.M. (2003). Psicologia positiva e resiliência: O foco no indivíduo e na família. *Psicologia em Estudo, 8*, 75-84.

A constituição de moradas nas ruas como processos de resiliência em adolescentes

Lene Lima Santos
Débora Dalbosco Dell'Aglio

Neste capítulo será discutido o conceito de resiliência à luz da constituição da rua como uma morada possível, ainda que precária, para adolescentes que vivem nessa situação. Em um primeiro momento, o conceito de resiliência será apresentado a partir de um breve histórico dos vários conceitos que o compõem e de alguns trabalhos teóricos sobre o assunto. Em um segundo momento, será delineado o contexto da rua em seus vários aspectos, identificando os fatores de risco e de proteção atuantes no desenvolvimento dos adolescentes, assim como a continuidade da inter-relação desses fatores em seu processo de adaptação à situação de rua. Por último, será definido o conceito de habitar-morar, que emerge da situação específica do viver na rua, relacionando-o com os processos de resiliência que podem ser verificados neste contexto.

204 Resiliência e psicologia positiva: interfaces do risco à proteção

A relevância desse tema justifica-se pela constatação de que os adolescentes em situação de rua trazem uma história de resistência às adversidades, pela qual rompem com um padrão social-familiar imposto e criam novas formas de ajuste psicossocial – rompimento que os expõe a alguns riscos, mas os retira de outros e lhes ensina, diariamente, estratégias de sobrevivência. Essas estratégias confluem para constituir a rua em uma morada possível para adolescentes que, por diversos motivos, não estão com suas famílias. De que forma esses adolescentes transformam a rua em morada e como constróem, nesse espaço ecológico, suas histórias de resiliência são as questões-chave deste texto.

Sabe-se que o estudo da resiliência, assim como da psicologia positiva (Seligman & Csikszentmihalyi, 2001), pode dar maior eficácia e flexibilidade às atividades de promoção de saúde, trazendo novo enfoque à compreensão do desenvolvimento humano. O conceito de resiliência reafirma o ser humano como capaz de superar adversidades e situações potencialmente traumáticas, ultrapassando leituras deterministas que ressaltam as seqüelas possíveis da exposição ao risco. A probabilidade de ocorrerem seqüelas carrega, muitas vezes, a força de uma suposta fatalidade, dando, aos que nela acreditam, uma sensação de impotência. Dessa forma, a resiliência se apresenta como uma esperança que reforça o compromisso ético de ação e de engajamento social (Junqueira & Deslandes, 2003).

O conceito de resiliência

A resiliência é um conceito recente, mas o fenômeno por ela descrito sempre instigou pesquisadores que se debruçavam sobre a história de pessoas expostas às mais difíceis experiências sociais e pessoais. A questão era que, a despeito das adversidades registradas em variadas fases do desenvolvimento, havia sempre a possibilidade de cura e pronto progresso, ao menos para alguns indivíduos (Cowan, Cowan, & Shultz, 1996). Ou seja, as condições hostis não resulta-

A constituição de moradas nas ruas...   205

vam, necessariamente, em problemas de ordem psíquica ou comportamental. No estudo pioneiro – longitudinal – realizado por Werner e Smith (1982), foram acompanhadas 72 crianças com uma história de quatro ou mais fatores de risco: pobreza, baixa escolaridade dos pais, estresse perinatal ou baixo peso no nascimento, ou ainda a presença de deficiências físicas. Os resultados desse estudo apontaram para o fato surpreendente de nenhuma das crianças apresentar qualquer problema de aprendizagem ou de comportamento durante os anos nos quais foram acompanhadas pelos pesquisadores. Esses achados foram interpretados como um indicativo eloqüente de boa adaptação. Há ainda outras constatações, feitas em clínicas psicológicas, do fato de crianças que, por exemplo, sofreram maus-tratos e passaram por esses abusos com sofrimento, não apresentarem o quadro de conseqüências negativas apontado pela literatura especializada (Junqueira & Deslandes, 2003).

Assim, o fenômeno da resiliência há muito perpassa as experiências de profissionais da saúde e de pessoas comuns, mesmo que registrado por um olhar casual de quem apenas se depara com o inesperado. No entanto, o conceito de resiliência está ainda em construção, principalmente no Brasil. Pode-se perceber, por exemplo, de acordo com Yunes e Szymanski (2001), que o Novo Dicionário Aurélio de Língua Portuguesa apresenta a primeira definição do conceito restrita à física (como resistência de materiais), enquanto o dicionário de língua inglesa mostra, logo no início, o significado psicológico do termo (habilidade de voltar rapidamente para o estado usual de saúde ou de espírito depois de passar por doenças, dificuldades etc.). Tais diferenças evidenciam a maior ou menor familiaridade com o termo no sentido psicológico aqui proposto.

A resiliência, como um construto psicológico, passou de uma idéia de resistência absoluta ao estresse a uma idéia de resistência relativa, cujas bases são tanto constitucionais como ambientais, variando de acordo com as circunstâncias e a época de vida (Rutter, 1985). As pesquisas pioneiras em resiliência centravam o foco no indivíduo, isto é, definiam resiliência como uma variação individual em resposta ao risco, estando essa variação intimamente relacionada aos componentes psicológicos constitutivos de cada um, como se algo interno determinasse uma resposta resiliente ou não. A pesquisa atual em resiliência tem se desenvolvido a partir do enfoque do funcionamento adaptativo em presença de riscos experienciados, considerando tanto as dimensões positivas, do comportamento e de seus preditores, como as dimensões negativas. Para Luthar e Zelazo (2003), uma das vantagens desse enfoque nos aspectos positivos é a possibilidade de considerar a força de grupos, usualmente pensados em função de seus problemas e falhas. Da mesma forma, essa abordagem inclusiva, segundo os mesmos autores, cria mais estratégias inovadoras de intervenção, na medida em que os objetivos destas refletem algum conhecimento das forças transformadoras presentes nesses grupos, ao invés de simplesmente tentar suprir as faltas ali encontradas.

No entanto, as pesquisas que optam por trabalhar a partir da idéia de resiliência enfrentam alguns problemas. As autoras Junqueira e Deslandes (2003) apontam para a possibilidade de a resiliência sugerir uma conformidade com a violência ou ainda uma perspectiva individualista de se lidar com os problemas. Luthar e Zelazo (2003), sobre essa questão, comentam que o conceito de resiliência pode fomentar visões culpabilizadoras da vítima. Se o termo resiliência é construído como uma representação de um traço pessoal que leva alguns adolescentes em risco, por exemplo, a conseguirem sucesso na vida, o efeito contrário é tornar pessoalmente responsáveis pelos seus problemas aqueles que não obtiverem tal sucesso. O erro dessa inferência, segundo Luthar e Zelazo (2003), é que as trajetórias de resiliência são fortemente influenciadas por processos que nascem na família e no ambiente ao redor. Da mesma forma, o termo adaptação positiva, pelo qual se tenta – junto com o risco – operacionalizar o conceito de resiliência, não tem, nessa visão, um sentido passivo, de conformidade às regras ou de supressão de um trauma pela consciência. Devolvendo ao termo a perspectiva dialética que Piaget (1936/1970) lhe confere, pode-se dizer que adaptação positiva tem um sentido ativo. Assim, o indivíduo assimila características do ambiente e, nesse mesmo ato de assimilar, já o modifica, produzindo, em seguida, uma resposta que transformará as características do próprio ambiente. Ao se falar, portanto, em superação de um trauma, aponta-se para um caminho que abre a possibilidade de um novo olhar, uma re-significação do problema que, entretanto, não o elimina, pois este continua constituindo parte da história do sujeito (Junqueira & Deslandes, 2003).

A definição clara e inequívoca do conceito de resiliência como processos, e não como um traço de personalidade, evita, em grande parte, os erros mais comuns de interpretação. Kalawski e Haz (2003) chamam atenção, ainda, para o uso do conceito de resiliência em dois sentidos distintos, e num único momento, gerando leituras confusas. Assim, tem-se o conceito de resiliência ora como uma relação entre os fatores de risco e a saúde, ora como um conjunto de variáveis que moderam o efeito dos fatores de risco. Segundo estes autores, a resiliência não é uma variável psicológica em si mesma, mas um conceito que somente pode se dimensionar de acordo com sua relação com o risco, a qual se define em um estudo particular. As variáveis psicológicas seriam os fatores ou mecanismos que explicariam a resiliência. Yunes (2003) também alerta para os diferentes discursos utilizados no estudo da resiliência, destacando que, apesar de manter suas considerações no indivíduo, a resiliência não deve ser considerada como uma característica ou traço individual, mas como um conjunto de processos psicológicos que devem ser cuidadosamente examinados. Assim, a resiliência pode apresentar diferentes formas em diferentes contextos, assim como acontece com o conceito de risco, sendo necessário, portanto, ser entendida como processos.

Luthar (1993) sugeriu que a pesquisa em resiliência deveria enfocar três tipos distintos de resiliência: acadêmica, emocional e social. Algumas pessoas podem apresentar mais ou menos processos resilientes em cada uma dessas áreas, e alterar sua resiliência se as circunstâncias forem diferentes. A resiliência acadêmica refere-se

208 Resiliência e psicologia positiva: interfaces do risco à proteção

às habilidades de resolução de problemas e à aprendizagem de novas estratégias; a resiliência emocional, às experiências que promovem a auto-estima, ao senso de auto-eficácia, à capacidade para lidar com mudanças e adaptações, e a um repertório amplo de abordagens para solução de problemas; a resiliência social aparece, principalmente, quando o adolescente desenvolve um senso de pertencimento a seu grupo, o que aumenta sua motivação para a tarefa e a melhoria no desenvolvimento (Hutz, Koller, & Bandeira, 1996). A resiliência social, ainda, implica o não-envolvimento em delinqüência, o ter um grupo de amigos, relacionamentos íntimos, observação de modelos pró-sociais, entre outros aspectos (Rutter, 1993). Segundo Hutz, Koller e Bandeira (1996), pesquisas com crianças e adolescentes em situação de rua são ilustrativas de que o fracasso escolar não impede resiliência social ou emocional.

Essa divisão da resiliência em dimensões levanta alguns questionamentos. Quando se fala em processo, como subdividi-lo em partes? A própria concepção de processo não traria uma idéia de totalidade que lhe é inerente? Um estudo de Luthar e Zigler (1991) mostra que crianças submetidas a alto nível de estresse possuíam bons níveis de competência social e comportamental. No entanto, essas mesmas crianças apresentavam altos níveis de ansiedade e depressão, comparáveis aos níveis de crianças menos adaptadas comportamentalmente. Kalawski e Haz (2003) comentam que, se existisse um só mecanismo que explicasse os bons desempenhos apesar da adversidade, essa discrepância não existiria. Tais diferenças são compatíveis, segundo estes autores, com a distinção entre sintomas externalizantes, orientados para a ação, e internalizantes, orientados ao pensamento e à emoção. Uma solução seria considerar medidas de resultado mais amplas, que incluíssem os sintomas internalizantes e externalizantes. Assim, as crianças que apresentassem alta competência social, mas acusassem ansiedade, não estariam em processo de resiliência, e somente aquelas que demonstrassem saúde mental global poderiam ser consideradas incluídas em tal processo. Kalawski e Haz (2003), no entanto, ponderam que, se os mecanismos que levam aos sintomas externalizantes são diferentes daqueles que levam aos sintomas internalizantes, seria conveniente, então, estudar ambas as resiliências em separado. Luthar e Zelazo (2003) salientam a importância de os pesquisadores apontarem explicitamente, em seus estudos, que o sucesso em um domínio particular não pode ser generalizado para outras importantes esferas. Assim, resiliência nunca é um fenômeno total ou a sua completa ausência. Dessa forma, ainda que se refira a um processo único, a resiliência concerne a dimensões do ser humano que não apresentam exatamente os mesmos mecanismos nem convivem de forma harmônica em todas as situações. Pelo contrário, o comportamento de crianças e seu funcionamento intelectual representam duas áreas distintas do desenvolvimento (Cohen, Moffitt, Caspi, & Taylor, 2004). Englobá-las, portanto, em uma única dimensão seria muito mais uma simplificação do conceito de resiliência do que uma obediência ao sentido de processo. Se a resiliência é considerada um conjunto de processos, é porque o modo pelo qual ela se dá é particular e envolve uma configuração de fatores que se inter-relacionam. Por menos, no entanto, que se possa isolar os fatores dessa configuração e fazer uma relação de causa e efeito entre eles, as configurações são, elas mesmas, específicas e apontam para resultados específicos. Esse é um dos motivos pelos quais pode-se considerar em processo de resiliência adolescentes que têm desempenho acadêmico pífio enquanto possuem altas habilidades sociais.

Outro aspecto atual do conceito de resiliência refere-se às pesquisas que investigam os indicadores genéticos/biológicos do comportamento. A pesquisa de Cohen e colaboradores (2004) apontou que a resiliência à privação sócio-econômica é, em parte, hereditária e que fatores protetivos têm tanto elementos ambientais como genéticos. Assim, os pais que são calorosos e cuidadosos com seus filhos devem também transmitir genes que promovem uma boa regulação comportamental e menos comportamentos anti-sociais. As implicações desse estudo sugerem que múltiplos genes devem operar no modo pelo qual a criança reage ao infortúnio, através, por exemplo, de mecanismos cognitivos, tais como o reconhecimento de emoções. Luthar e Zelazo (2003) relatam haver vários achados empíricos indicando que experiências sociais e psicológicas podem propiciar mudanças em conexões neuronais tanto quanto os genes, e que estes, por seu turno, podem ser decisivos para manter comportamentos anômalos provocados por estresses da vida. Rutter (2003) apresentou um estudo que indicava ser o risco de desenvolver depressão após um evento estressor maior entre aqueles com risco genético, sugerindo que fatores genéticos influem, em parte, na sensibilidade aos estressores ambientais. Este autor considera, ainda, que os dados dos estudos atuais sobre o assunto são esparsos, dificultando conclusões sobre o papel dos fatores genéticos na resistência a riscos psicopatológicos associados com estressores ambientais, ou sobre o papel de variáveis psicossociais na resistência ao risco genético. No entanto, ressalta que os achados são consistentes em indicar a ligação entre ambos os tipos de mecanismos.

Ainda que estes aspectos genéticos não sejam considerados particularmente, é importante não perdê-los de vista, pois o fenômeno da ressalta, sobretudo, a pessoa no emaranhado de relações mútuas que ela estabelece com outras pessoas, objetos e símbolos de seu meio. Estas relações podem ser explicadas pelo modelo bioecológico do desenvolvimento humano (Bronfenbrenner, 1999; Bronfenbrenner & Evans, 2000; Bronfenbrenner & Morris, 1998), no qual os processos têm uma posição central. Assim sendo, as diferentes formas de interação entre as pessoas não mais são vistas apenas como função do ambiente, mas como função do processo, definido em termos da relação entre o ambiente e as características da pessoa em desenvolvimento. O novo modelo bioecológico propõe, então, que o desenvolvimento humano seja estudado através da interação sinérgica de quatro núcleos inter-relacionados: o processo, a pessoa, o contexto e o tempo (Narvaz & Koller, 2004). E pessoa, segundo a abordagem bioecológica, é um organismo biopsicológico humano ativo e contextualizado, com tudo o que traz de herança genética, linguagem, cultura e construção. Nessa perspectiva, o desenvolvimento também está relacionado com a estabilidade e a mudança nas características biopsicológicas da pessoa durante o ciclo vital (Bronfenbrenner & Morris, 1998).

Resiliência e conceitos correlacionados

O conceito de resiliência envolve vários outros conceitos correlacionados que precisam ser esclarecidos e diferenciados entre si. O primeiro deles é o conceito de risco. Segundo Yunes e Szymansky (2001), fatores de risco relacionam-se com todo tipo de eventos negativos da vida que, quando presentes, aumentam a probabilidade de o indivíduo apresentar problemas físicos, sociais ou emocionais. Luthar e Zigler (1991) disseram não haver um critério definitivo pelo qual uma variável particular possa ser investigada como um fator de risco, fator de proteção ou meramente uma medida relacionada ao resultado em questão. Isso porque uma variável que proteja contra o estresse pode também se constituir em fator de risco. Considerando essa particularidade, Rutter (1993) afirmou a necessidade de fazer a distinção entre indicadores de risco e mecanismos de risco. O indicador de risco aponta a existência de um evento potencialmente estressor, enquanto o mecanismo de risco desenvolve-se como processo, não sendo uma variável isolada em si mesma. Por outro lado, um evento potencialmente estressor tem impactos diferenciados a depender de cada pessoa e, na mesma pessoa, esse impacto varia em função dos distintos momentos de sua vida. Assim, um evento indicador de risco pode não se constituir como tal. Para que o risco se consume, é preciso que haja uma interação particular de eventos anteriores e posteriores ao evento-chave indicador de risco, e essa interação incide em uma dada pessoa, num dado momento. Outra perspectiva sobre essa questão é aberta por Luthar (1993), quando esta faz uma distinção entre dois níveis de risco: o risco distal, que não é diretamente experienciado pela pessoa, como, por exemplo, o *status* socioeconômico; e o risco proximal, que se refere às variáveis mediadoras, como, por exemplo, cuidados familiares deficientes ou conflito entre os pais.

Luthar e Zelazo (2003) comentam que uma limitação metodológica comum nos estudos de resiliência é a falta de precisão na medição do risco. Crianças em circunstâncias de vida negativas particulares são tratadas como um grupo homogêneo, a despeito de possíveis graus de variação dos processos de risco que afetam as suas vidas. Há mérito, portanto, segundo as autoras, em continuamente refinar-se as medidas de abordagem, de tal forma que, com o tempo, elas se tornem mais precisamente quantificáveis. Não obstante, também salientam a importância de estudos que tratam a adversidade da vida como um index global para aferir altas possibilidades de desajuste.

A relação entre risco e resiliência implica, segundo Rutter (1993), três aspectos primordiais. Primeiro, a resiliência não está no fato de se evitar experiências de risco e, com isso, apresentar-se características saudáveis ou ter boas experiências. Segundo, fatores de risco podem operar de diferentes maneiras, em diferentes períodos do desenvolvimento. Terceiro, é necessário focar os mecanismos de risco e não os fatores de risco, pois o que é risco para uma determinada situação pode ser proteção para outra. Cowan, Cowan e Shultz (1996) definem resiliência como um processo que atua na presença de risco para produzir resultados tão bons ou melhores do que aqueles obtidos na ausência de risco. A resiliência está, portanto, intrinsecamente relacionada ao risco. Rutter (1987) afirma que a resiliência resulta da convergência de processos de proteção que não eliminam o risco, mas encorajam o indivíduo a se engajar efetivamente na situação de risco.

Outro conceito importante envolvendo a resiliência é o de vulnerabilidade. Utiliza-se o termo vulnerabilidade para definir as suscetibilidades psicológicas individuais que aumentam a probabilidade de um resultado negativo ou indesejável na presença do risco (Cowan, Cowan, & Shultz, 1996). Vulnerabilidade não se refere somente à predisposição genética ou a fatores constitucionais, mas tam-

A constituição de moradas nas ruas... 213

bém a condições, tais como: baixa auto-estima, traços de personalidade e distúrbios psíquicos. Condições externas podem também levar à vulnerabilidade. Assim, por exemplo, práticas educativas familiares ineficazes podem aumentar a agressividade de crianças expostas a algum evento estressor. O critério para definir vulnerabilidade, situa-se no padrão de relações funcionais. Ou seja, se o fator de risco está relacionado diretamente a uma resposta negativa, a vulnerabilidade, por si mesma, não a provoca, mas, na presença do risco, tende a potencializá-la. Portanto, a vulnerabilidade conta apenas numa relação funcional com os fatores de risco.

Por outro lado, precisam também ser considerados os fatores de proteção ou *buffers*: enquanto a vulnerabilidade exacerba os efeitos das condições adversas, os fatores de proteção os amortecem. De acordo com a definição de Rutter (1985), fatores de proteção referem-se a influências que favorecem respostas pessoais positivas a determinados riscos de inadaptação. Esse mesmo autor reitera que proteção não é uma "química de momento", mas está ligada à maneira como a pessoa lida com as transições e mudanças de sua vida, ao sentido que dá às suas experiências e à forma como se comporta diante de circunstâncias adversas. Masten e Garmezy (1985) identificam três fatores de proteção que são fundamentais ao desenvolvimento da criança: características da personalidade (autonomia, auto-estima e orientação social positiva); laços afetivos dentro da família (coesão familiar e ausência de conflitos, possibilitando suporte emocional); e disponibilidade de sistemas externos de apoio, que encorajem e reforcem a capacidade da pessoa para lidar com as circunstâncias da vida.

Em relação a esses dois últimos conceitos, devem ser considerados dois aspectos levantados por Luthar e Zelazo (2003): o primeiro, se proteção e vulnerabilidade são opostas dentro de um único *continuum* ou se são qualitativamente diferentes; o segundo, se fatores de proteção (preditores de resiliência) específicos para determinados tipos de riscos são sinônimos de fatores de proteção de competência em geral. Fatores protetivos e de vulnerabilidade freqüentemente representam dois extremos de um único *continuum*

214 Resiliência e psicologia positiva: interfaces do risco à proteção

(por exemplo, inteligência, pois um alto nível pode levar à excelência e um baixo nível pode resultar em fracasso acadêmico). Por outro lado, alguns índices podem somente criar desordens, mas não excelência no comportamento, e vice-versa (por exemplo, ter talento musical pode ser benéfico para propiciar experiências de sucesso, mas não ter tal talento não implica ser mais vulnerável que a média). Há, ainda, outros índices que podem gerar um efeito curvilíneo, isto é, os benefícios se encontram nos níveis mais moderados (por exemplo, ter baixa auto-estima pode causar mau ajustamento, mas ter níveis excessivamente altos pode causar distúrbios de conduta).

Quanto ao segundo aspecto, está claro que fatores protetivos somente operam como tais em condições específicas de risco. À parte isso, no entanto, Luthar e Zelazo (2003) supõem também haver uma diferença substancial entre o modo pelo qual uma criança, em condições esperadas de vida, chega a um bem-estar emocional básico e o modo pelo qual uma criança em situação de risco alcança resultados semelhantes. Ora, se o suporte e a responsividade dos pais já não se dão com facilidade em situações regulares, em situação de risco esses fatores protetivos tendem a reduzir-se significativamente, o que impõe a necessidade de influências adicionais positivas para tornar possível uma criança saudável (por exemplo, suporte da família ou de amigos, ego extremamente forte, etc.).

Os conceitos seguintes são estresse e *coping*. Segundo Yunes e Szymansky (2001), Hans Selye, em 1936, foi o primeiro a introduzir o conceito de estresse nas ciências humanas, definindo-o como uma resposta específica do corpo a uma exigência do meio. O conceito de estresse tem um componente claramente subjetivo, pois depende da percepção que o indivíduo tem de uma situação e da sua interpretação do evento estressor. Há ainda um componente dinâmico, implicado na relação entre o indivíduo e o seu ambiente, que torna o estresse mais bem descrito como um processo. Por outro lado, essa relação com o ambiente e os eventos da vida dá ao estresse uma condição transitória. Em um pólo diametralmente oposto está o *coping*. Pode-se definir *coping* como um conjunto de esforços cognitivos e comportamentais empreendidos com o objetivo de lidar com demandas específicas, internas ou externas, que surgem em situação de estresse e são avaliadas como sobrecarregando ou excedendo os recursos pessoais (Dell'Aglio, 2000; Lazarus & Folkman, 1984). Assim, *coping* seria uma resposta que poderia funcionar como moderadora dos efeitos negativos do estresse, integrando os processos de resiliência do indivíduo. Resultados de pesquisas contemporâneas sugerem que crianças e adolescentes podem apresentar processos resilientes, ao enfrentarem eventos de vida negativos, em função da qualidade de suas estratégias de *coping* e de características de personalidade (Boekaerts, 1996; Dell'Aglio, 2000).

Outro conceito relacionado à resiliência é o de competência – sucesso diante de tarefas de desenvolvimento previstas para uma pessoa de determinada idade e gênero, no contexto de sua cultura, sociedade e época (Masten & Coatsworth, 1998). Uma controvérsia envolvendo esse tipo de definição refere-se ao fato de "sucesso" significar acordo com as normas ou expectativas sociais vigentes. Tal discurso tende a consolidar-se pelo fato de a competência ser avaliada apenas através de comportamentos observáveis. Como mostra a pesquisadora Sunya Luthar (1991), alguns adolescentes que cumprem com sucesso as normas sociais mostram significativos níveis de depressão e ansiedade. Dessa forma, sucesso e competência aqui dependem de um padrão adotado que nem sempre corresponde ao que, de fato, seria melhor para aquele jovem adolescente específico. Deve-se, pois, evitar reproduzir um discurso ideológico da resiliência, que impõe normas de sucesso escolar e social àqueles menos privilegiados e identificados como "em situação de risco". Esse discurso patologiza os considerados "não-resilientes" e não consegue ultrapassar os limites circunscritos ao indivíduo.

Desse modo, a pesquisa a partir do conceito de processo evita a busca mecânica de fatores de risco ou de proteção que atuem como variáveis preditoras de resiliência. Devem-se investigar os processos desenvolvimentais e contextuais pelos quais os adolescentes lidam com a adversidade, enfocando a presença de fatores de risco e de proteção ao longo de seu desenvolvimento e atualmente, o porquê e como eles mantêm auto-estima e auto-eficácia, como constróem redes sociais efetivas, como se adaptam à instituição e à escola, que estratégias de *coping* utilizam, entre outros aspectos. Proteção ou vulnerabilidade não residem na variável em si (suporte social, por exemplo), mas na interação de todas as variáveis que compõem os processos de desenvolvimento do indivíduo.

Uma das situações de risco mais visíveis e evidentes é a situação de crianças e adolescentes vivendo nas ruas. O adolescente em situação de rua tem, por definição, o lugar (ou um dos lugares) de sua morada na rua. O processo de constituição da rua como morada levanta indagações e abre um ângulo diferente, a partir do qual se pode analisar o fenômeno da resiliência. Tornar habitável um espaço inóspito, em que as pessoas apenas transitam; um espaço que os faz anônimos e desgarrados, como diz Da Matta (1987), pode ter um sentido de adaptação positiva ao risco. Ora, segundo Luthar e Zelazo (2003), a resiliência nunca é diretamente constatada, mas inferida com base em medidas de dois construtos componentes: o indicador de risco e a adaptação positiva, sendo que uma condição de vida pode ser qualificada como indicador de risco se ela está ligada a subseqüente mau ajustamento. Já a adaptação positiva é um comportamento que supera as expectativas previstas em uma dada circunstância de risco (Luthar & Zelazo, 2003). Nesse sentido, constituir a rua como morada, ainda que sempre – e inevitavelmente – precária, correlacionaria esses dois construtos satisfatoriamente, tornando pertinente à discussão de um processo de resiliência em curso.

O contexto da rua

A criança e o adolescente que deixam a sua casa para morar na rua encontram-se numa situação que instiga os pesquisadores dessa população. Alguns estudos apontam para problemas derivados de uma vida nas ruas: déficit de crescimento físico, baixa auto-estima, retardo na escola, depressão, abuso de drogas, entre outros (Lugalla & Mbwambo, 1999; Ribeiro & Ciampone, 2001). Um outro estudo afirma a natureza caótica e violenta das ruas, propícia ao sofrimento psíquico (Raffaelli, 1996). No entanto, Panter-Brick (2002) pondera que muitos resultados de estudos que enfatizam os aspectos destruidores da vida nas ruas vêm de amostras pequenas, mal definidas e/ou não representativas dessa população. Assim também, é considerado não haver suficiente rigor na comparação entre grupos: crianças de rua são comparadas com crianças de classe média ocidental (o modelo-padrão de infância), ao invés de serem comparadas com grupos de crianças pobres vinculadas às famílias, que representam um estilo de vida alternativo mais realístico para crianças nas ruas. Por outro lado, riscos específicos para a saúde física, sexual ou mental não devem ser generalizados a toda a saúde. Seja por qual motivo for, o fato é que críticas têm sido feitas à visão de que crianças e adolescentes em situação de rua sofrem necessariamente de resultados negativos no desenvolvimento (Panter-Brick, 2002).

Segundo estudos que sustentam essas críticas (Aptekar, 1989; Tyler & Tyler, 1991), as crianças e os adolescentes acham que suas condições de vida nas ruas são melhores que em casa. Acredita-se que, ao se afastarem de uma série de circunstâncias negativas que encontravam em casa, as crianças e os adolescentes mostraram habilidade de reorganizar suas vidas, de forma produtiva e por conta própria (Aptekar, 1989; Koller & Hutz, 1996). Ao serem comparados com seus irmãos que permaneceram em casa, Aptekar (1989) indicou que as crianças e os adolescentes em situação de rua apresentaram escores maiores de saúde mental. Entretanto, mantém-se o paradoxo encontrado nas pesquisas: por um lado, mostram-se os riscos e, por outro, a adaptabilidade e o *coping* (Donald & Swart-Kruger, 1995). Assim, o importante seria focar a atenção das pesquisas nas variações encontradas dentro da própria população de rua e entender por que algumas crianças e adolescentes exibem uma série de problemas de saúde mental, enquanto outros sobrevivem mais favoravelmente (Panter-Brick, 2002).

Nesse contexto, uma questão que se põe é se os efeitos negativos da rua de fato apareceriam com o tempo. Aptekar (1988), em um extenso estudo com crianças e adolescentes na Colômbia, aplicou três testes psicológicos para medir inteligência e funções neurológicas e emocionais. Os resultados, nas três avaliações, indicaram que as crianças e os adolescentes do estudo apresentavam um comportamento muito melhor do que se poderia esperar. Uma das razões levantadas por Aptekar (1988), para o resultado positivo, é justamente o fato de, pelo tempo passado nas ruas, essas crianças e adolescentes terem desenvolvido mais intensamente suas amizades. Koller (1994) mostrou também que as ruas não prejudicam o nível de julgamento moral e o raciocínio pró-social das crianças e dos adolescentes em situação de rua no Brasil.

Muitos autores, portanto, têm apontado que crianças e adolescentes em situação de rua apresentam processos de resiliência (Aptekar, 1988, 1989; Donald & Swart-Kruger, 1995; Koller, 1994; Koller & Hutz, 1996; Tyler & Tyler, 1991). Em um estudo desenvolvido por Tyler e colaboradores (1991), com 145 crianças de rua de Bogotá, utilizando uma entrevista estruturada e uma escala de competência psicossocial que acessava auto-estima, confiança e expectativa de vida, as crianças que possuíam alto grau de autonomia (descrevendo ativamente suas vidas em seus próprios termos) eram muito criativas e estavam imersas em uma rede de amizade protetora e apoiadora.

Diversas pesquisas descrevem também o cotidiano dessa população, seus contatos sociais e as oportunidades de interação com objetos e símbolos (Alves et al., 2002; Aptekar, 1988; Donald & Swart-Kruger, 1995; Koller & Hutz, 1996; Martins, 1996; Tyler & Tyler, 1991). O cotidiano é marcado por atividades variadas que envolvem brinquedos, brincadeiras, exploração do ambiente, contatos sociais, observação do contexto (atenção para situações que acontecem em volta, explorando possibilidades de sobrevivência, cuidado e segurança), trabalho e atividades em geral.

Quanto às oportunidades de interação com objetos e símbolos, o estudo de Alves e colaboradores (2002) constatou que, mesmo em um

A constituição de moradas nas ruas...   219

ambiente considerado inadequado e hostil ao desenvolvimento, essas crianças e adolescentes usam de modo criativo alguns objetos para brincar, como pneus, roupas, etc. Referindo-se a esse aspecto, no entanto, Montoya considera que a troca simbólica estabelecida pelas crianças e adolescentes marginalizados com seu meio mostra-se limitada e inadequada, ainda que suscetível de ser alterada. Segundo seu estudo, as possibilidades da criança e do adolescente não estão sendo realizadas devido a uma ação inadequada do meio social, que impede o pleno exercício da atividade representativa e da troca simbólica. Montoya (1994) não nega que esse meio social (os outros) esteja agindo com e sobre as crianças através de expressões verbais e gestos que solicitem suas ações, mas que a forma de atuação desse meio seja a mais adequada para possibilitar precisamente a passagem da ação à representação conceitual, tão importante a todos os seres humanos.

A despeito dessas afirmações, e não as contradizendo, os estudos de Alves e colaboradores (2002), Koller e Hutz (1996) e Aptekar (1988, 1989) revelam o ambiente da rua como um microssistema efetivo para as crianças e adolescentes que nele se encontram, podendo ser identificados componentes fundamentais ao processo de desenvolvimento, como as atividades, o contato social e a continuidade temporal de tudo o que é realizado. Paludo e Koller (2004) apontam que o jovem em situação de rua está em pleno desenvolvimento como qualquer outro. Embora sua trajetória seja marcada por situações de risco e vulnerabilidade, a possibilidade de resiliência está constantemente presente, ainda que pareça ser algo "inatingível" quando focalizados nas crianças e adolescentes em situação de rua. Essa população deve ser compreendida sem idéias pré-concebidas, respeitando a sua dinâmica e diversidade, valorizando as suas experiências, expectativas, afetos e valores. A rua não deve ser percebida, apenas, como uma ameaça ao desenvolvimento dos meninos e meninas que se utilizam dela. É importante e necessário compreender a vivência da rua na sua interação entre risco e saúde, valorizando e analisando em sua totalidade as experiências, as emoções e as habilidades desenvolvidas nesse contexto (Paludo & Koller, 2004). As-

Habitar-morar na rua

Quando se diz morar-habitar, pensa-se, em geral, em casa. A casa é, por excelência, o lugar onde se habita. Illich (1978/1989) afirma que somente os seres humanos aprendem a habitar um espaço e o constróem de acordo com seu próprio viver. Para Figueiredo (1995), a casa é como uma parte do mundo e, no entanto, para quem a habita, é uma parte que proporciona o sentimento de abrigo e proteção. A constituição da Organização Mundial de Saúde (2001) inclui o acesso à habitação dentro do direito à saúde e, mesmo, como condição desta. Mas o adolescente em situação de rua já não habita mais uma casa. O lugar para onde vai é a rua, justamente o espaço fora dos locais de abrigo, e em cujos becos e avenidas deixa-se, cada vez mais, de-morar-se, até encontrar um canto para dormir, deixar seus pertences e perder a rota cotidiana de volta à casa.

Rabinovich (1996), em seu estudo descritivo sobre as habitações dos moradores de rua da cidade de São Paulo, usou uma tipologia remontando à história evolutiva da humanidade, retirando o sentido valorativo do termo evolução. Os moradores sem-casa de São Paulo são categorizados em cinco tipos: nômades, assentados, caverna, selvagens e neonômades. Os nômades caracterizam-se pelo fato de construírem algo que se poderia chamar de casa. Isto é, estabelecem uma delimitação do espaço, com a formação de um território pessoal no espaço público da rua. Essa delimitação é uma expansão além do limite do corpo, de modo que colchonetes ou meras caixas para dormir, por exemplo, ainda não são considerados "casas". A outra denominação que interessa é a de selvagens. Esses não constroem casas, só se protegem para dormir. São os moradores da sarjeta, a maioria absoluta dos moradores de rua, que não delimitam território e só possuem o que podem carregar consigo (Rabinovich, 1996).

Habitar-morar, no entanto, não tem apenas um sentido de espaço físico, mesmo que esse sentido já seja amplo o suficiente para que se possa averiguar as relações da vivência pessoal de cada um com a sua moradia. Habita-se também uma língua e, dentro desta, um dialeto, uma gíria. O habitar constitui-se ainda nas próprias relações com as pessoas, enquanto elas propiciam o exercício de vínculos fundamentais de afeto e pertença. Em um sentido amplo, habita-se uma cultura. E a cultura de rua, segundo Espinheira (2004), está impregnada, por exemplo, da cultura da prisão, entre outras, e é revelada por gestos, palavras e códigos de conduta. Os selvagens urbanos, sem moradia física além de seus papelões; nômades que perambulam desarvorados, têm, mesmo assim, um hábitat. A cidade torna-se o espaço que eles não possuem. Mas, mesmo na rua, os adolescentes procuram encontrar um canto, seja um "mocó" – lugar onde guardam seus pertences e/ou dormem – ou um bairro preferido. Essa é uma necessidade vital de se reconhecer nas coisas, de estar nessas coisas, mesmo que sejam espaços públicos aparentemente anônimos (Dos Santos, 2004). Esse reconhecimento, no entanto, facilmente se desloca de um canto a outro, acompanhando as moradas – no sentido amplo do termo – que se decompõem e se reconstroem em pontos variados da cidade e dos estados.

Ao negar sua primeira pertença a uma morada, a uma família, as crianças e os adolescentes mudam o relacionamento posterior com o mundo (Dos Santos, 2004). A transitoriedade torna-se uma marca de suas vidas e os momentos se sucedem, trazendo necessidades específicas urgentes, sobrepondo-se, muitas vezes, a uma possibilidade de projeto. E as moradas refletem essa provisoriedade, em sua inconstância e precariedade típicas. No entanto, enquanto trabalham, formam um grupo de companheiros e criam referências significativas, essas crianças e adolescentes começam a se preocupar com o futuro e, assim, se desprendem, aos poucos, de um cotidiano restrito ao imediatismo. Mas a vida entregue a si mesma permanece exercendo um fascínio que é, ao mesmo tempo, atração e desilusão, força e desistência.

Dentro da abordagem ecológica de Urie Bronfenbrenner (1979/ 1996, 2004), pode-se dizer que esses adolescentes fazem transições ecológicas freqüentes, isto é, migram de um ambiente a outro, e estabelecem processos proximais sem, muitas vezes, periodicidade e constância, mas com significação. Um microssistema não precisa necessariamente ser periódico. O que vai definir um microssistema como tal são os processos proximais, isto é, as relações com as pessoas, objetos e símbolos que se estabelecem dentro de um ambiente (Bronfenbrenner & Morris, 1998). Essas relações devem ser significativas, o que não implica uma continuidade e estabilidade no tempo. Constituir moradas seria, então, criar microssistemas e se movimentar dentro deles, sendo o microssistema um conjunto de atividades, papéis e relações interpessoais experienciados pela pessoa em desenvolvimento, em um ambiente específico; e transição ecológica, o movimento de um microssistema a outro. Está-se admitindo, assim, que as crianças e os adolescentes têm um tempo mínimo para tornar significativas suas relações no espaço físico e social da rua, constituindo processos, construindo as suas histórias e se caracterizando como pessoas.

As moradas nas ruas são também um processo de ocupação de espaço pelos excluídos da sociedade, quando as favelas tornam-se, elas mesmas, inacessíveis. Nesse modo de vida, dois aspectos, igualmente significativos, são apontados por Rabinovich e Pasternak (2004): de um lado, a compreensão dos sem-casa como um produto de um contexto social, econômico e político que produz e reproduz a exclusão social; de outro lado, tenta-se entender esses atores sociais como sujeitos que agem através de um modo e sentido singulares. É possível, assim, perguntar se os "sem-casa" poderiam ser vistos como produto de uma cultura de resistência, representando uma experiência que subverteria valores de privacidade e trabalho, ou se fariam parte, como pólo oposto, dessa mesma ordem individualista moderna. A existência dos sem-casa, das crianças e dos adolescentes em situação de rua nasce de questões radicais referentes à pobreza e à ordem social (Rabinovich & Pasternak, 2004). Há várias razões, para

Espinheira (2004), que levam uma pessoa a morar na rua. Podem-se citar, entre elas, migração, violência doméstica, perda de moradia (por enchente ou incêndio). Em todos os motivos, um ponto em comum emerge: são situações de falência que, antes de tudo, decorrem da pobreza. A pobreza deteriora as relações humanas, transformando-se em um sentimento objetivo e subjetivo de completa falta e propiciando um dos mais importantes ciclos de violência. Mas o morar na rua é um fenômeno que existe no mundo todo e não se restringe à condição dos supostos moradores ou meninos de rua. Um bom exemplo disso são alguns aposentados que passam o dia inteiro na rua, em praças, jogando dominós, entre outras atividades (Espinheira, 2004). Essas pessoas, ao saírem para as ruas, apresentam uma tendência natural a agruparem-se, formando redes de apoio entre si. Na rua, crianças e adolescentes entram em contato com a experiência sexual, brincam, comem, ganham dinheiro, dentre outras atividades. Sendo assim, morar na rua não é tão diferente, em certos aspectos, de morar nos bairros de periferia. Em alguns casos, morar na rua é melhor do que morar em casa, dada a incidência de crimes nas redondezas e de abusos físicos e sexuais intrafamiliares. Os moradores de rua são migrantes de seus bairros, mas quando a própria rua torna-se inviável, eles buscam outras saídas, e uma delas é a volta para casa.

Espinheira (2004) diz, também, que a grande concentração de crianças e adolescentes em situação de rua dá-se nos chamados bairros cosmopolitas. Esses bairros estão, geralmente, associados a lugares turísticos ou a espaços onde a riqueza circula e se deixa apanhar, como migalhas, pelos meninos. Os centros das cidades, por exemplo, costumam ser muito freqüentados. Nesses lugares, estabelece-se uma convivência independente e anônima, além de haver oferta de trabalhos informais. As pessoas que freqüentam esses lugares transitam por restaurantes e adjacências, enraizando-se no lugar, e passam a conhecer-se e a reconhecer os mendigos, os loucos de rua e os meninos que por ali passam ou estabelecem uma morada. Esse reconhecimento desdobra-se, muitas vezes, em ajuda alimentícia ou financeira, e respeito mútuo (Dos Santos, 2004). Como, então, trocar as ruas desses bairros, cheias de atrativos e possibilidades, pelas ruas de bairros periféricos, violentos e sem infra-estrutura? Segundo Espinheira, as ruas mais próximas de casa oferecem mais perigo, algumas delas sendo zonas intensas de tráfico, e outras, pontos de extermínio. Grande parte da violência ocorre entre conhecidos, e não muito longe de casa. Os meninos mantêm-se, assim, a alguma distância de seus lugares de origem, nos cartões postais das cidades e naqueles bairros e ruas onde todos olham e são vistos, e esses olhares cruzados tornam-se uma rede protetora invisível.

Mesmo assim, a rua continua sendo um lugar violento. Os riscos são permanentes, principalmente à noite e, ainda mais, quando se está dormindo. Dentre os riscos principais, estão os de ser incendiado, roubado e estuprado. A prática de incendiar moradores de rua é muito freqüente e surgiu bem antes do trágico incidente com o índio pataxó, em Brasília. Essas práticas demonstram a completa anulação do outro, a ponto de reduzi-lo a cinzas. Em alguns centros, descem grades das lojas, impedindo a aproximação dos moradores de rua. As praças também estão sendo gradeadas. Em decorrência disso, um dos tipos de violência ocorre, justamente, pela disputa de espaço (Espinheira, 2004).

Considerações finais

Recentes investigações em torno da resiliência mostraram ser este um fenômeno comum, porque resultante das possibilidades elementares do ser humano para se adaptar às condições do seu meio (Masten, 2001). Se a resiliência é uma resposta adaptativa à adversidade, que envolve não apenas as características da pessoa, mas também o sistema de relações que a envolve, promovê-la estaria entre as tarefas fundamentais da psicologia. A promoção da resiliência é uma forma simultânea de assegurar a saúde e prevenir doenças, sendo que, nesse confronto, os aspectos saudáveis tendem a preva-

A constituição de moradas nas ruas... 225

lecer. No entanto, quando aqui se fala em promover resiliência, não se quer com isso passar a idéia de que é possível ensiná-la ou atribuí-la (ou não), como característica, a quem quer que seja, mas apenas sustentar que o desencadeamento desse processo pode ser estimulado por atuações junto às famílias e às pessoas, e por políticas públicas e sociais, aplicadas a diferentes contextos de inserção.

A resiliência pode também ser um conceito norteador na compreensão do adolescente em situação de rua como um sujeito-pedagogo, isto é, que direciona sua própria aprendizagem. Assim, no morar na rua, podem estar presentes processos ativos de adaptação ao meio, capacidade para lidar com mudanças e um repertório amplo de abordagens para solução de problemas e de estratégias de *coping*. Dessa forma, se a constituição da rua como morada pode ser compreendida como uma resposta resiliente, entendê-la dará elementos para justificar e subsidiar políticas públicas de promoção à saúde dessa população, a partir da identificação dos fatores protetivos presentes nas histórias desses indivíduos e dos principais problemas a serem solucionados. A resiliência, portanto, muda o enfoque das intervenções em saúde, reforçando os aspectos considerados saudáveis na pessoa e no ambiente, estimulando a auto-estima, aumentando a resistência frente a problemas e criando espaços de ação protetora no campo das interações, de modo a se promover um suporte na rede de sociabilidade (Junqueira & Deslandes, 2003).

Para isso, é necessário que se compreenda o processo de morada da rua a partir das complexas inter-relações entre o indivíduo e seu ambiente, nos diversos contextos dos quais participa, considerando os fatores de risco e de proteção presentes. É importante destacar também que o próprio risco não deve ser visto como uma categoria *a priori*, mas como um processo. Ou seja, o viver na rua não constitui, por si mesmo, um risco, sem que sejam entendidos os processos ou mecanismos que influenciam e ligam esse risco às suas conseqüências. Assim, nesses casos, resiliência refere-se mais aos processos que operam na presença do risco, para produzir características saudáveis, do que à evitação ou eliminação dos fatores de risco (Yunes, 2003; Yunes & Szymansky, 2001). Para pensar em resiliência na situação de rua é, então, necessário quebrar parâmetros existentes sobre o que se considera saudável ou não, adaptativo ou inadaptativo, e definir a morada na rua, antes de tudo, como produto de um contexto social. O olhar para esta morada, e para os diferentes aspectos a ela relacionados, precisa considerar os fenômenos que ocorrem no espaço e tempo desses indivíduos em desenvolvimento e que confluem para a presença de processos de resiliência, tornando possível a transformação da rua em morada.

A trajetória de um adolescente em situação de rua, desde a sua família de origem até à própria rua, pode ser vista, então, como uma trajetória de moradas constituídas (e destituídas), em um processo de apropriação de espaço, linguagem e redes de apoio, com a presença constante dos riscos psicossociais. O conceito de morada para esses adolescentes amplia-se, em complexidade e fluidez, para além da própria rua. Vêem-se, por exemplo, diversos bairros sendo freqüentados e apossados, e os mais diferentes becos servindo de abrigo para tais adolescentes. Percebe-se, também, o lugar de morada da família de origem como um espaço possível de retorno. E, para aqueles que não têm família, os abrigos noturnos incorporam-se na paisagem múltipla e instável das chamadas moradas na rua.

A transitoriedade e precariedade dessas moradas explicitam o sentir, o pensar e o viver de uma adolescência que procura, paradoxalmente, nesse fluir permanente a referência estrutural de um lar que continuamente se esvai. A busca desse lar desfeito e as moradas precárias resultantes têm, em si, um sentido de adaptação positiva, de acordo com a definição já estabelecida anteriormente. Luthar e Zelazo (2003) consideram que a decisão para definir resiliência em termos de excelência de comportamento ou simplesmente ausência de patologias depende dos riscos considerados. É apropriado, portanto, neste caso, supor um processo resiliente nessa tentativa incessante por habitar a rua e constituir nela moradas possíveis.

Desse modo, o que fica de mais importante é o fato de a pertença à rua, desenvolvida por crianças e adolescentes, não se limitar a um estar nas ruas, mas trazer um gesto re-instaurador de sentido que, justamente enquanto tal, vem a constituir a rua como uma morada, ainda que precária; e o fato de esse gesto ser possível, a partir de uma resposta positiva adaptativa, de uma espécie de protagonismo até aqui pensado e descrito como resiliência.

Referências

Alves, P. B., Koller, S. H., Silva, A. S., Santos, C. L, Silva, M. R., Reppold, C. T., & Prade, L.T. (2002). Atividades cotidianas de crianças em situação de rua. *Psicologia: Teoria e Pesquisa, 3*, 305-313.

Aptekar, L. (1988). The street children of Columbia: How families define the nature of childhood. *International Journal of Sociology of the Family, 18*, 283-296.

Aptekar, L. (1989). Crianças de rua nos países em desenvolvimento: Uma revisão de suas condições. *Psicologia: Reflexão e Crítica, 9*(1), 153-184.

Boekaerts, M. (1996). Coping with stress in childhood and adolescence. In M. Zeidner & N. S. Endler (Eds.), *Handbook of coping* (pp. 452-484). New York: Wiley.

Bronfenbrenner, U. (1996). *A ecologia do desenvolvimento humano: experimentos naturais e planejados* (M. A. V. Veronese, Trad.). Porto Alegre: Artes Médicas. (Original publicado em 1979).

Bronfenbrenner, U. (2004). *Making human being human: Bioecological perspectives on human development*. Thousand Oaks: Sage.

Bronfenbrenner, U. (1999). Environments in developmental perspective: Theoretical and operational models. In S. L. Friedmann & T. D. Wacks (Eds.), *Measuring environment across the life span: Emerging methods and concepts* (pp.3-30). Washington, DC: American Psychological Association.

228 Resiliência e psicologia positiva: interfaces do risco à proteção

Bronfenbrenner, U. & Evans, G. (2000). Developmental science in the 21st century: Emerging questions, theoretical models, research designs and empirical findings. *Social Development, 9*, 115-125.

Bronfenbrenner, U. & Morris, P. (1998). The ecology of developmental processes. In R. M. Lerner & W. Damon (Eds.), *Handbook of child psychology* (Vol.1, pp. 993-1027). New York: John Wiley & Sons.

Cohen, J. K., Moffitt, T. E., Caspi, A., & Taylor, A. (2004). Genetic and environmental process in young children's resilience and vulnerability to socioeconomic deprivation. *Child Development, 3*, 651-668.

Cowan, P. A., Cowan, P. C., & Schulz, M. S. (1996). Thinking about risk and resilience in families. In E. M. Hetherington & E. A. Bleachman (Eds.), *Stress, coping and resiliency in children and families* (pp.1-38). New Jersey: Lawrence Erlbaum.

Da Matta, R. (1987). *A casa e a rua*. Rio de Janeiro: Rocco.

Dell'Aglio, D. (2000). *O processo de coping, institucionalização e eventos de vida em crianças e adolescentes*. Tese de Doutorado não-publicada. Curso de Pós-Graduação em Psicologia do Desenvolvimento, Universidade Federal do Rio Grande do Sul, Porto Alegre, RS.

Donald, D. & Swart-Kruger, J. (1995). Crianças das ruas da África do Sul. *Psicologia: Reflexão e Crítica, 9*(1), 59-82.

Dos Santos, E. (2004). *Travessias: adolescência em Novos Alagados*. Dissertação de Mestrado não publicada, Programa de Pós-Graduação em Psicologia, Universidade Federal da Bahia, Salvador.

Espinheira, G. (2004). *No olho da rua*. Salvador: EDUFBA.

Figueiredo, L. C. (1995). A ética e as formas históricas do habitar (e do não habitar). *Revista Tempo Social, 7,* 136-149.

Hutz, C. S., Koller, S. H., & Bandeira, D. R. (1996). Resiliência e vulnerabilidade em crianças em situação de risco. In S. H. Koller (Ed.), *Aplicações da psicologia na melhoria da qualidade de vida* (pp.79-86). Porto Alegre: ANPEPP.

Illich, I. (1989). *La arqueología de las costumbres*. México, DF: Joaquim Mortiz (Original publicado em 1978)

Junqueira, M. F. P. & Deslandes, S. F. (2003). Resiliência e maus tratos à criança. *Cadernos de Saúde Pública, 19*(1), 227-235.

Kalawski, J. P. & Haz, A. M. (2003). ¿Dónde está la resiliencia? Una reflexión conceptual. *Interamerican Journal of Psychology, 37*(2), 365-372.

Koller, S. H. (1994). *Julgamento moral pró-social de meninos e meninas de rua*. Dissertação de Doutorado não publicada, Programa de Pós-Graduação em Educação, Pontifícia Universidade Católica do Rio Grande do Sul, Porto Alegre.

Koller, S. H. & Hutz, C. S. (1996). Meninos e meninas em situação de rua: Dinâmica, diversidade e definição. In S. H. Koller (Ed.), *Aplicações da psicologia na melhoria da qualidade de vida* (pp.11-34). Porto Alegre: ANPEPP.

Lazarus, R. S. & Folkman, S. (1984). *Stress, appraisal and coping*. New York: Springer.

Lugalla, J. L. P. & Mbwambo, J. K. (1999). *Street children and street life in urban Tanzania: The culture of surviving and its implications for children's health*. New York: Joint Blackwell.

Luthar, S. S. (1991). Vulnerabilidade e resilience: A study of high-risk adolescents. *Child Development, 62*, 600-616.

Luthar, S. S. (1993). Annotation: Methodological and conceptual issues in research on childhood resilience. *Journal of Child Psychology and Psychiatric, 34*, 441-453.

Luthar, S. S. & Zelazo, L. B. (2003). Research on resilience: An integrative review. In S. S. Luthar (Ed.), *Resilience and vulnerability: Adaptation in the context of childhood adversities* (pp. 510-545). Cambridge: University Press.

Luthar, S. S. & Zigler, E. (1991). Vulnerability and competence: A review of research on resilience in childhood. *American Orthopsychiatric Association, 61*(1), 6-22.

Martins, R. A. (1996). Censo de crianças e adolescentes em situação de rua em São José do Rio Preto. *Psicologia: Reflexão e Crítica, 9*(1), 101-122.

Masten, A. S. (2001). Ordinary magic: Resilience processes in development. *American Psychologist, 56*, 227-238.

Masten, A. S. & Coatsworth, J. D. (1998). The development of competence in favorable and unfavorable environments. *American Psychologist, 53*, 205-220.

230 Resiliência e psicologia positiva: interfaces do risco à proteção

Masten, A. S. & Garmezy, N. (1985). Risk, vulnerability, and protective factors in developmental psychopathology. In B. B. Lahey & A. E. Kazdin (Eds.), *Advances in clinical child psychology* (pp. 123-37). New York: Plenum Press.

Montoya, A. O. D. (1994). A criança marginalizada e a reconstrução do real. *Educação e Realidade, 19*(1), 71-77.

Narvaz, M. G. & Koller, S. H. (2004). O modelo bioecológico do desenvolvimento humano. In S. H. Koller (Ed.), *Ecologia do desenvolvimento humano: pesquisa e intervenções no Brasil* (pp. 51-64). São Paulo: Casa do Psicólogo.

Paludo, S. & Koller, S. (2004). Inserção ecológica no espaço da rua. In S. H. Koller (Ed.), *Ecologia do desenvolvimento humano: pesquisa e intervenções no Brasil* (pp. 267-291). São Paulo: Casa do Psicólogo.

Panter-Brick, C. (2002). Street children, human rights, and public health: A critique and future directions. *Annual Reviews Anthropology, 31*, 147-171.

Piaget, J. (1970). *O nascimento da inteligência na criança*. Rio de Janeiro: Zahar (Original publicado em 1936)

Rabinovich, E. P. (1996). *Vitrinespelhos transicionais da identidade: Um estudo de moradias e do ornamental em espaços sociais liminares brasileiros*. Dissertação de Doutorado não publicada, Programa de Pós-Graduação em Psicologia, Universidade de São Paulo, São Paulo.

Rabinovich, E. P. & Pasternak, S. (2004). Urban nomads. *Open House International, 29*(2), 43-51.

Raffaelli, M. (1996). Crianças e adolescentes de rua na América Latina: Artful Dodger ou Oliver Twist? *Psicologia: Reflexão e Crítica, 9*(1), 123-128

Ribeiro, M. O. & Ciampone, M. H. (2001). Homeless children: The lives of group of Brazilian street children. *Journal of Advanced Nursing, 35*(1), 42-49.

Rutter, M. (1985). Resilience in the face of adversity: Protective factors and resistance to psychiatric disorder. *British Journal of Psychiatric, 147*, 598-611.

Rutter, M. (1987). Psychosocial resilience and protective mechanisms. *American Journal of Orthopsychiatry, 57*, 316-331.

Rutter, M. (1993). Resilience: Some conceptual considerations. *Journal of Adolescent Health, 14*, 626-631.

A constituição de moradas nas ruas... 231

Rutter, M. (2003). Genetic influences on risk and protection: Implications for understanding resilience. In S. S. Luthar (Ed.), *Resilience and vulnerability: Adaptation in the context of childhood adversities* (pp. 489-509). Cambridge: University Press.

Seligman, M. E. P. & Csikszentmihalyi, M. (2001). Positive psychology: An introduction. *American Psychologist, 55*(1), 5-14.

Tyler, F. D. & Tyler, S. L. (1991). Crianças de rua e dignidade humana. *Psicologia: Reflexão e Crítica, 9*(1), 83-100.

Werner, E. E. & Smith, R. S. (1982). *Vulnerable but invincible: A study of resilience children.* New York: McGraw-hill.

Yunes, M. A. M. (2003). Psicologia positiva e resiliência: O foco no indivíduo e na família. *Psicologia em Estudo, 8,* 75-84

Yunes, M. A. M. & Szymanski, H. (2001). Resiliência: Noção, conceitos afins e considerações críticas. In J. Tavares (Ed.), *Resiliência e educação* (pp. 13-42). São Paulo: Cortez.

Terapia cognitivo-comportamental e promoção de resiliência para crianças e adolescentes vítimas de violência sexual intrafamiliar

Luísa F. Habigzang
Sílvia H. Koller

Este capítulo tem como objetivo discutir a promoção de resiliência em crianças e adolescentes que foram vítimas de violência sexual intrafamiliar, por meio da terapia cognitivo-comportamental. Dessa forma, questões teóricas, tais como a violência sexual intrafamiliar, as conseqüências desta experiência para o desenvolvimento cognitivo, afetivo e comportamental para as vítimas, bem como os pressupostos básicos da terapia cognitivo-comportamental e a aplicação desta abordagem no tratamento destas crianças são apresentadas e discutidas. Além disso, o capítulo apresenta um relato de experiência sobre o programa de atendimento para meninas vítimas de abuso sexual intrafamiliar que está sendo desenvolvido e avaliado pelas autoras.

Violência sexual intrafamiliar contra crianças e adolescentes: compreendendo esse fenômeno

A violência sexual contra crianças e adolescentes tem sido considerada um problema de saúde pública em vários países, inclusive no Brasil, devido a alta prevalência na população e aos prejuízos para o desenvolvimento psicológico e social da vítima e de sua família (Gonçalves & Ferreira, 2002; Habigzang & Caminha, 2004; Osofsky, 1995). A violência sexual é definida pela World Health Organization (1999) como o envolvimento de uma criança ou adolescente em atividade sexual que esta não compreende totalmente, para qual é incapaz de dar consentimento, ou para a qual a criança não está preparada, devido ao estágio de desenvolvimento, ou que viola as leis ou tabus da sociedade. A violência sexual infantil é evidenciada por qualquer atividade entre uma criança e um adulto ou outra criança, que pela idade ou estágio do desenvolvimento está em uma relação de responsabilidade, confiança ou força, sendo que a atividade é destinada à gratificação ou satisfação das necessidades desta outra pessoa. Isto pode incluir, mas não se limita, à indução ou coerção de uma criança para engajar-se em qualquer atividade sexual, à exploração de uma criança em sexo comercial ou outra prática sexual ilegal, e ao uso de crianças em *performances* ou materiais pornográficos.

A violência sexual também pode ser definida considerando o contexto de ocorrência. Fora do ambiente familiar, a violência sexual pode ocorrer em situações nas quais crianças e adolescentes são envolvidos em pornografia e exploração sexual (Amazarray & Koller, 1998; Koller, Moraes, & Cerqueira-Santos, 2005). No entanto, é dentro do contexto familiar que ocorre a maioria dos casos de violência sexual contra crianças e adolescentes, perpetrados por pessoas próximas, que desempenham um papel de cuidador da vítima. Nesses casos, a violência sexual é denominada intrafamiliar ou incestuosa (Braun, 2002; Cohen & Mannarino, 2000a; Habigzang & Caminha, 2004; Koller & De Antoni, 2004). As relações sexuais, mesmo sem laços de consangüinidade, envolvendo uma criança e um adulto responsável (tutor, cuidador, membro da família ou familiar à criança) são consideradas incestuosas (Azevedo, Guerra, & Vaiciunas, 1997; Cohen & Mannarino; Thomas, Eckenrode, & Garbarino, 1997). Isso inclui madrastas, padrastos, tutores, meios-irmãos, avós e até namorados ou companheiros que morem junto com o pai ou a mãe, caso eles assumam a função de cuidadores (Forward & Buck, 1989).

Um levantamento nacional realizado nos Estados Unidos, entre 2002 e 2003, sobre a vitimização de crianças e adolescentes com idade entre dois e 17 anos sugeriu, entre seus resultados, que uma a cada 12 crianças ou adolescentes são vítimas de alguma forma de violência sexual (Finkelhor, Ormrod, Turner, & Hamby, 2005). No Brasil, algumas pesquisas vêm sendo conduzidas para conhecer a incidência epidemiológica de abuso sexual contra crianças e adolescentes. Em uma pesquisa desenvolvida na região metropolitana de Porto Alegre foram estudados 1.754 registros de crianças e adolescentes de zero a 14 anos que sofreram algum tipo de violência, entre 1997 e 1998. Estes registros pertenciam a 75 instituições que prestam atendimento a crianças e adolescentes, tais como conselhos tutelares, casas de passagem, hospitais, órgãos do Ministério Público, entre outros. Com relação aos abusos sexuais, os números apontaram que 79,4% das vítimas foram meninas e 20,6% foram meninos. Também foi investigado o local de ocorrência desses abusos e foi constatado que 65,7% ocorreram na residência da vítima, 22,2% na rua, 9,8% na residência de terceiros e 2,4% em instituições públicas (Kristensen, Oliveira, & Flores, 1999). Outro levantamento, realizado no Ambulatório de Maus-tratos de Caxias do Sul/RS, entre 1998 e 1999, constatou um significativo predomínio de abuso sexual (59%) e de vítimas do sexo feminino (77%). Os abusos ocorreram com crianças entre seis e nove anos de idade em 35% dos casos, sendo o pai (33%), o responsável pelas agressões (De Lorenzi, Pontalti, & Flech, 2001). Esses dados estão em consonância com a análise realizada em 71 processos jurídicos do Ministério Público do Rio Grande do Sul no período entre 1992 e 1998 por violência sexual (Habigzang,

Azevedo, Koller, & Machado, 2005). Essa análise apontou que 80,9% das vítimas foram do sexo feminino e tinham entre cinco e dez anos quando submetidas pela primeira vez à violência sexual. Além disso, o principal contexto onde ocorreu a violência sexual foi a própria casa da vítima (66,7%) e o agressor era um membro da família ou alguém de sua confiança. Contudo, esses dados revelam apenas parcialmente o problema, uma vez que a maioria dos casos de violência sexual ainda não é denunciada aos órgãos de proteção.

A violência sexual intrafamiliar é desencadeada e mantida em sigilo por uma dinâmica complexa. O perpetrador utiliza-se de seu papel de cuidador e da confiança e do afeto que a criança tem por ele para iniciar, de forma sutil, o abuso sexual. A criança não identifica imediatamente que a interação é abusiva e, por essa razão, não a revela a ninguém. À medida que o abuso se torna mais explícito e que a vítima percebe a violência, o perpetrador utiliza recursos, tais como barganhas e ameaças para que a criança mantenha a situação em segredo. Esse segredo é mantido, na maioria dos casos, por pelo menos um ano (Furniss, 1993; Habigzang & Caminha, 2004; Habigzang, Azevedo, Koller, & Machado, 2005). A criança percebe-se vulnerável, acredita nas ameaças e desenvolve crenças de que é culpada pelo abuso, sentindo vergonha e medo de revelá-lo à família (Cohen & Mannarino, 2000b). Além disso, a presença de outras formas de violência intrafamiliar é um fator freqüente, que dificulta que a dinâmica do abuso sexual seja rompida. Muito comumente, as crianças e adolescentes vítimas de abusos sexuais são também vítimas de negligência, abusos emocionais e físicos. Os relatos das vítimas revelam ameaças e agressões físicas sofridas durante o abuso sexual, bem como sentenças depreciativas utilizadas pelo agressor. Essas também informam testemunhar agressões físicas entre os pais e demais membros da família (De Antoni & Koller, 2000; Habigzang & Caminha; Kellog & Menard, 2003; Koller, 1999).

As famílias incestuosas apresentam relações interpessoais assimétricas, nas quais há uma desigualdade e/ou uma relação de subordinação (Koller, 1999). Alguns fatores de risco vêm sendo constantemente associados a estas famílias, tais como: pai e/ou mãe abusados ou negligenciados em suas famílias de origem; abuso de álcool e outras drogas; papéis sexuais rígidos; falta de comunicação entre os membros da família; autoritarismo; estresse; desemprego; indiferença; mãe passiva e/ou ausente; dificuldades conjugais; famílias reestruturadas (presença de padrasto ou madrasta); isolamento social; pais que sofrem de transtornos psiquiátricos; doença, morte ou separação do cônjuge; mudanças de comportamento da criança, incluindo conduta hipersexualizada, fugas do lar, diminuição no rendimento escolar, uso de drogas e conduta delinqüente (Habigzang, Azevedo, Koller, & Machado, 2005; Koller & De Antoni, 2004; Thomas, Echenrode, & Garbarino, 1997).

Conseqüências do abuso sexual para o desenvolvimento infantil e resiliência

A experiência de violência sexual pode afetar o desenvolvimento de crianças e adolescentes de diferentes formas, uma vez que algumas apresentam efeitos mínimos ou nenhum efeito aparente, enquanto outras desenvolvem problemas emocionais, sociais e/ou psiquiátricos (Elliott & Carne, 2001; Heflin & Deblinger, 1996/1999; Runyon & Kenny, 2002; Saywitz, Mannarino, Berliner, & Cohen, 2000). O impacto da violência sexual está relacionado a três conjuntos de fatores: fatores intrínsecos à criança, fatores extrínsecos, envolvendo a sua rede de apoio social e afetiva, e fatores relacionados com a violência sexual em si.

Os fatores intrínsecos à criança envolvem a saúde emocional prévia, temperamento, experiências de vida anteriores e as crenças que esta desenvolve sobre a experiência abusiva. As crianças que apresentam crenças de que são diferentes de seu grupo de pares e responsáveis pela violência sexual, bem como pela dissolução da família, apresentam níveis mais severos de sintomatologia. A percepção da criança de que sua família e amigos não acreditaram em sua revelação sobre o abuso e o baixo nível de confiança interpessoal da

238   Resiliência e psicologia positiva: interfaces do risco à proteção

vítima também contribuem para o desenvolvimento de sintomas de depressão e ansiedade (Cohen & Mannarino, 2000b; Heflin & Deblinger, 1996/1999; Runyon & Kenny, 2002). Os fatores extrínsecos à criança estão relacionados com fatores de risco e de proteção da sua rede de apoio social e afetiva. Tal rede é definida como o conjunto de sistemas e de pessoas significativas que compõem os elos de relacionamento existentes e percebidos pela criança. Ao construto social foi, recentemente, agregado o elemento afetivo, em função da importância do afeto para a construção e a manutenção do apoio. Dessa forma, a possibilidade de se desenvolver adaptativamente e de dispor de recursos que incrementem os determinantes mencionados, protege a criança de doenças, sintomas psicopatológicos e sentimentos de desamparo, mesmo quando ela está frente a situações adversas. O apoio social e afetivo está relacionado com a percepção que a pessoa tem de seu mundo social, como se orienta nele, suas estratégias e competências para estabelecer vínculos (Brito & Koller, 1999). Fatores tais como recursos sociais, funcionamento familiar e reação da família frente à revelação da criança, recursos emocionais dos cuidadores e recursos financeiros, incluindo acesso ao tratamento estão relacionados com a rede social e afetiva (Brito & Koller, 1999; Saywitz, Mannarino, Berliner, & Cohen, 2000).

As características da violência sexual também podem ser associadas ao impacto desta experiência no desenvolvimento da vítima. Fatores como: duração, freqüência e grau de violência, diferença de idade e proximidade afetiva entre o perpetrador e a vítima, grau de segredo e ameaça, ausência de figuras parentais protetoras, recebimento de recompensas e negação do perpetrador de que o abuso aconteceu podem exacerbar as conseqüências negativas do abuso sexual (Furniss, 1993; Gabel, 1997; Mattos, 2002).

Dessa forma, as crianças podem tornar-se mais vulneráveis frente a situações de risco, tais como a violência sexual, quando não contam com recursos internos de enfrentamento e uma rede de apoio social e afetivo. Essa vulnerabilidade potencializa os efeitos negativos de situações estressantes. Por outro lado, a criança que é capaz

Terapia cognitivo-comportamental e promoção de resiliência... 239

de superar adversidades é definida como resiliente, ou seja, capaz de buscar alternativas eficazes que a auxiliarão a enfrentar de forma satisfatória os eventos de vida negativos. A resiliência possui bases, tanto constitucionais, quanto ambientais, sendo o resultado da interação dos atributos disposicionais do indivíduo com a complexidade do contexto social que inclui, tanto os laços afetivos e protetivos dentro da família, quanto os sistemas de suporte social externos (Brito & Koller, 1999; Moraes & Koller, 2004; Yunes & Szymanski, 2001).

Apesar da complexidade e da quantidade de fatores envolvidos no impacto da violência sexual para a criança, essa experiência é considerada um importante fator de risco para o desenvolvimento de psicopatologias (Saywitz et al., 2000). A literatura aponta que essas crianças ou adolescentes podem desenvolver quadros de depressão, transtornos de ansiedade, alimentares, dissociativos, hiperatividade e déficit de atenção e transtorno do estresse pós-traumático (Cohen, Mannarino, & Rogal, 2001; Duarte & Arboleda, 2004; Habigzang & Caminha, 2004; Heflin & Deblinger, 1996/1999; Runyon & Kenny, 2002). Além disso, estas podem apresentar alterações comportamentais, cognitivas e afetivas, tais como sentimentos de culpa, diferença em relação aos pares, desconfiança, conduta hipersexualizada, baixo rendimento escolar, abuso de substâncias, ideações ou tentativas de suicídio, fugas do lar, isolamento social, irritabilidade (Amazarray & Koller, 1998; Cohen & Mannarino, 2000b; Cohen, Mannarino, & Rogal, 2001; Habigzang & Caminha; Jonzon & Lindblad, 2004).

A longo prazo, as conseqüências decorrentes do abuso permanecem e, em muitos casos, agravam-se quando não há uma intervenção adequada. Em um estudo, no qual foi aplicado um questionário sobre a infância a todas as pessoas com idade a partir de 19 anos que freqüentavam um hospital para exames de rotina para prevenir problemas de saúde, foi verificado que 5,9% dos pacientes informaram ter histórico de abuso sexual na infância. Entre os que relataram história de abuso foi identificado que esses apresentavam problemas com álcool, tabagismo, depressão, auto-avaliação negativa do estado de saúde, altos níveis de estresse, além de problemas familiares (e conjugais) e profissionais (Edwards, Anda, Nordenberg, Felitti, Williamson, & Wright, 2001). Em outro estudo com mulheres cujo histórico envolvia abuso sexual na infância foi verificado que 67% delas desenvolveram quadro de transtorno do estresse pós-traumático, bem como problemas na regulação emocional e no funcionamento interpessoal. As mulheres vítimas de abuso com TEPT apresentaram uma maior sensibilidade a críticas, inabilidade para ouvir outros pontos de vista, insatisfação conjugal, maior isolamento social e pobre ajustamento social. Dentre os problemas quanto à regulação emocional foi encontrada uma alta intensidade de reação emocional, medo de experienciar a raiva e dificuldade em expressá-la apropriadamente (Cloitre, Cohen, Koenen, & Han, 2002).

Considerando os dados epidemiológicos e o impacto negativo que o abuso sexual pode desencadear, bem como as dimensões sociais, jurídicas e psicológicas que envolvem este complexo fenômeno, qualquer intervenção depende da ação coordenada de diferentes profissionais e instituições para que seja efetiva (Amazarray & Koller, 1998; Gomes, Junqueira, Silva, & Junger, 2002; Gonçalves & Ferreira, 2002; Habigzang & Caminha, 2004). Dentre as intervenções que compõem a rede de atendimento às vítimas e às famílias está o encaminhamento para a avaliação e acompanhamento psicológico. O psicólogo pode, com suas intervenções, mediar um processo de reorganização da família, contribuindo para a promoção de resiliência e qualificação da rede de apoio social e afetiva da criança ou adolescente.

Terapia cognitivo-comportamental para crianças e adolescentes vítimas de violência sexual

A intervenção psicoterapêutica em casos de violência sexual em crianças e adolescentes é complexa e precisa ser planejada considerando o impacto desta experiência para o desenvolvimento da vítima e da sua família, mudanças no ambiente imediato, rede de apoio social e afetiva disponível e fatores de risco e proteção associados. Conforme apresentado anteriormente, as crianças e os adolescentes são impactados de forma singular por experiências sexualmente abusivas. Dessa forma, tratamentos em diferentes modalidades (individual, familiar, grupo, farmacológico), bem como diferentes níveis de cuidados, podem ser necessários para diferentes crianças ou pela mesma criança em diferentes tempos (Saywitz *et al.*, 2000).

Diversas abordagens teóricas têm sido utilizadas para fundamentar e orientar o atendimento psicológico para vítimas de violência sexual. Contudo, os estudos empíricos apontam que terapia cognitiva-comportamental (TCC) como forma de tratamento tem apresentado melhores resultados quando comparada com outras formas de tratamento não-focais para crianças e adolescentes com sintomas de ansiedade, depressão e problemas comportamentais decorrentes de violência sexual (Cohen, Mannarino, & Knudsen, 2005; Deblinger, Stauffer, & Steer, 2001; Saywitz *et al.*, 2000). Além disso, TCC focada no trauma tem apresentado alta eficácia na redução de sintomas do transtorno do estresse pós-traumático (Cohen, 2003; Cohen, Mannarino, & Rogal, 2001).

A terapia cognitivo-comportamental foi desenvolvida por Aaron Beck no início da década de 1960 e é definida como uma psicoterapia breve, estruturada, focal, orientada para o presente e que tem como objetivo modificar pensamentos e comportamentos disfuncionais (Beck, 1995/1997). A TCC difere das demais abordagens psicoterápicas por caracterizar-se como um processo cooperativo de investigação empírica, testagem da realidade e resolução de problemas entre terapeuta e paciente (Beck & Alford, 1997/2000). Essa abordagem enfatiza a interação de cinco elementos que são igualmente considerados nas intervenções: ambiente (incluindo história do desenvolvimento e cultura), biologia, afeto, comportamento e cognição. No entanto, as cognições são vistas como ponto chave para a intervenção na terapia cognitiva, uma vez que a teoria

242 Resiliência e psicologia positiva: interfaces do risco à proteção

sustentadora da prática clínica afirma que as representações acerca de si, dos outros e do futuro (tríade cognitiva) são importantes para compreender o funcionamento emocional e os padrões de comportamento do indivíduo. Essa tríade cognitiva estrutura-se ao longo da vida, através das interações do indivíduo com o contexto no qual está inserido, bem como com as relações interpessoais que estabelece (Dattilio & Padesky, 1990/1995). Nessa perspectiva, a psicopatologia é considerada um exagero das respostas adaptativas normais (Freeman & Dattilio, 1992/1998).

O objetivo da TCC é auxiliar os pacientes a identificar esquemas cognitivo-comportamentais disfuncionais, testar seus pensamentos e comportamentos em relação à realidade e construir estratégias mais adequadas e funcionais para agir, tanto inter, quanto intrapessoalmente. Portanto, o objetivo da terapia cognitiva não é curar, mas antes ajudar o paciente a desenvolver melhores estratégias de enfrentamento para lidar com sua vida (Dattilio & Freeman, 1992/1995). Nesse sentido, a TCC pode ser um instrumento de promoção de resiliência e saúde.

A terapia cognitiva-comportamental vem sendo testada por diversos pesquisadores como método de intervenção para casos de abuso sexual infantil, tanto individualmente, quanto no formato de grupo (Cohen & Mannarino, 2000b; Habigzang & Caminha, 2004; Kruczek & Vitanza, 1999; Lanktree & Briere, 1995). Uma das razões pelas quais a TCC é potencialmente benéfica nesses casos é por incorporar no tratamento estratégias que têm como alvos sintomas específicos. As intervenções têm como alvos, principalmente, sintomas de TEPT, tais como revivência do evento traumático com pensamentos ou *flashbacks*, esquiva de lembranças e excitação aumentada. A ansiedade e esquiva são trabalhadas com exposição gradual e dessensibilização sistemática, inoculação de estresse, treino de relaxamento e interrupção e substituição de pensamentos perturbadores por outros que recuperem o controle das emoções. Sintomas de depressão são trabalhados com treino de habilidades de *coping* e reestruturação de cognições distorcidas. Problemas

Terapia cognitivo-comportamental e promoção de resiliência... 243

comportamentais são trabalhados com técnicas de modificação de comportamento. Além disso, a TCC trabalha na prevenção de futuras revitimizações (Astin & Resick, 2002; Calhoun & Resick, 1993/ 1999; Cohen, 2003; Range & Masci, 2001; Saywitz et al., 2000). A descrição de estudos de caso também tem apontado os benefícios da TCC nos casos de abuso sexual infantil. A TCC permite à criança desenvolver uma sensação de controle dentro da estrutura estabelecida pelo terapeuta (Knell & Ruma, 1996/1999). A educação sobre o abuso sexual infantil é o primeiro passo dentro da intervenção terapêutica, que deve incluir sessões com a criança ou adolescente e com seu cuidador (Heflin & Deblinger, 1996/1999). A psicoeducação quanto ao abuso, bem como o estabelecimento de uma relação entre as mudanças de comportamento e o trauma é fundamental, uma vez que se constata na prática clínica que a criança vítima de abuso sexual tende a apresentar severas distorções cognitivas (Heflin & Deblinger). O programa de tratamento ainda deve incluir técnicas como treinamento de habilidades para lidar com problemas, exposição gradual às lembranças traumáticas e educação sobre sexualidade e habilidades para a manutenção da segurança do corpo. O uso do jogo é um importante recurso terapêutico para expressão de pensamentos e sentimentos com relação ao abuso. Entre os dispositivos utilizados estão: brinquedo com bonecos e marionetes, biblioterapia, desenho e outras formas de expressão artística como esculturas em argila. Por fim, um dos objetivos mais importantes da TCC focada no abuso é ajudar a criança a generalizar para o ambiente natural as condutas aprendidas na terapia, bem como para a manutenção destas condutas funcionais depois do término do tratamento (Knell & Ruma).

A TCC no formato grupal apresenta algumas vantagens em relação ao formato individual, tais como: função da universalidade, função da coesão, interação com outras pessoas, aprendizado com outros que estão em situações semelhantes de crise (Sheldon, 1993/1996). O grupo proporciona uma ampla oportunidade de aprender como os outros enfrentam suas dificuldades individuais, compartilhando estratégias e recursos de enfrentamento. O terapeuta, em colaboração com os outros membros do grupo, pode auxiliar o paciente a construir respostas alternativas mais funcionais e adequadas frente às situações-problema (Courchaine & Dowd, 1992/1995). O formato grupal possibilita verificar sistemas de crenças e os comportamentos dos pacientes, especialmente os interpessoais, permitindo aprender novas interações em um contexto seguro, no qual se pode ensaiar novos comportamentos. Além disso, os grupos possibilitam uma melhor relação custo/eficácia, uma vez que o terapeuta pode trabalhar com vários pacientes ao mesmo tempo (McCrone, Weeramanthri, Knapp, Rushton, Trowell, Miles, & Kolvin, 2005; Wessler, 1996).

Estudos apontam que a TCC no formato grupal têm obtido resultados positivos no tratamento de crianças e adolescentes vítimas de violência sexual, principalmente porque oportuniza a redução de sentimentos de diferença em relação aos pares. O processo de grupo oferece espaços para que as vítimas possam relatar sentimentos referentes ao abuso; discutir crenças quanto à culpa pela experiência abusiva; integrar e reestruturar a memória traumática, desenvolver habilidades preventivas a outras situações abusivas; e, elaborar sentimentos de isolamento e estigmatização (Habigzang & Caminha, 2004; Kruczek & Vitanza, 1999; McCrone et al., 2005; McGain & McKinzey, 1995; Smith, 1993/1996).

Além do atendimento às vítimas, o trabalho com os cuidadores não-abusivos tem se apresentado como essencial, incluindo a capacitação dos pais para manejar sintomas externos (por exemplo, agressividade) através de estratégias comportamentais, para monitorar sintomas das crianças, para desenvolver estratégias para prevenir a revitimização e modificar o funcionamento familiar abusivo. Além disso, é importante que os pais sejam ajudados para que possam elaborar seu sofrimento e oferecer o apoio afetivo e protetivo necessário aos filhos (Deblinger, Stauffer, & Steer, 2001; Habigzang & Caminha, 2004; Saywitz et al., 2000).

Relato de experiência: grupoterapia cognitivo-comportamental e promoção de resiliência

Habigzang (2006) desenvolveu um estudo empírico para verificar a efetividade de um modelo de avaliação clínica e de um modelo adaptado de grupoterapia cognitivo-comportamental proposto por Habigzang e Caminha (2004). O programa de atendimento psicológico foi oferecido gratuitamente a meninas com idades entre nove e 14 anos que foram vítimas de violência sexual intrafamiliar. A pesquisa foi desenvolvida e terá continuidade através de um convênio entre o CEP-RUA/UFRGS e a prefeitura municipal de uma cidade da região metropolitana de Porto Alegre/RS.

A avaliação clínica foi realizada individualmente durante três entrevistas com freqüência semanal. Nessa avaliação foi estabelecida uma relação de confiança com a menina e seus cuidadores. Os avaliadores são estudantes de psicologia ou profissionais da área previamente treinados. Na primeira entrevista, as participantes receberam o termo de consentimento livre e esclarecido e foram incluídos na pesquisa mediante a concordância, tanto da menina, quanto do cuidador não-abusivo. Nesta entrevista também abordava-se com a menina a situação de violência sexual. O objetivo da entrevista é compreender a dinâmica da violência sexual, investigando quem foi o perpetrador, quando iniciou o abuso, qual foi a freqüência e duração deste, presença de outras formas de violência e ameaças, bem como verificar que medidas de proteção foram tomadas e certificar-se que a criança não está exposta a riscos. Dessa forma, os fatores de risco e de proteção relacionados à criança, à família e à rede de atendimento são mapeados e, posteriormente, discutidos em supervisão. Caso a equipe de pesquisa observasse que a menina ainda estava sendo vítima de violência sexual ou apresenta risco para tal, esta se articulou com o Conselho Tutelar e Juizado da Infância e Juventude, informando a situação e solicitando que as medidas de proteção pre-

246 Resiliência e psicologia positiva: interfaces do risco à proteção

vistas em lei fossem efetivadas. Nas outras duas entrevistas de avaliação foram aplicados alguns instrumentos psicológicos que avaliaram sintomas de depressão, ansiedade, transtorno do estresse pós-traumático e crenças e atribuições sobre a violência sexual (Habigzang, 2006).

O programa atendeu até atualmente dez meninas com idades entre nove e 13 anos que foram encaminhadas por órgãos de atendimento a crianças e a adolescentes do Município. Através da avaliação clínica individual, identificou-se que a idade do início do abuso variou entre cinco e 11 anos e o perpetrador da violência foi: pai biológico (dois casos), tio (três casos), avô (três casos), irmão (um caso) e padrinhos (um caso). Desses casos, nove meninas foram vítimas de mais de um episódio de abuso sexual e seis foram afastadas do convívio com os pais, sendo que cinco estão abrigadas. Também se verificou que oito meninas foram vítimas de abusos psicológicos e físicos e a maioria sofreu ameaças para manter o abuso sexual em sigilo. Em nove casos, a violência sexual teve duração de pelo menos um ano. Com relação aos sintomas decorrentes da violência sexual foi constatado que sete meninas apresentavam diagnóstico de TEPT e três apresentavam os critérios de revivência e hipervigilância. Além disso, cinco meninas apresentavam diagnóstico de depressão. Também foram identificadas crenças de diferenças em relação aos pares, culpa pelo abuso e baixa percepção de confiança interpessoal (Habigzang, 2006).

Após a avaliação clínica individual as meninas foram encaminhadas, por Habigzang (2006), para a grupoterapia cognitivo-comportamental. Essa era constituída por 20 sessões semi-estruturadas (adaptação do modelo de Habigzang & Caminha, 2004), com freqüência semanal e duração de 1h30. O processo terapêutico foi dividido em três etapas: psicoeducação (sete sessões), treino de inoculação do estresse (cinco sessões) e prevenção à recaída (oito sessões). Além do processo terapêutico desenvolvido com as meninas, ocorreu, paralelamente, um grupo psicoeducativo para cuidadores não-abusivos. Os objetivos da intervenção foram: reestruturar pensamentos, emoções e comportamentos disfuncionais relacionados à experiência de violência sexual; reduzir sintomas de transtorno do estresse pós-traumático, depressão e ansiedade; aprender habilidades de autoproteção para prevenir futuras revitimizações; fortalecer os vínculos afetivos e protetivos entre vítima e cuidador não-abusivo. Dessa forma, a intervenção buscou promover resiliência, resignificando a experiência de violência sexual e mediando um processo de construção de estratégias de enfrentamento eficazes, bem como potencializando a qualidade da rede de apoio social e afetiva da vítima e sua família.

As sete sessões de psicoeducação propostas por Habigzang (2006) têm como foco desenvolver a confiança entre os membros do grupo, discutir o que é violência sexual, como ocorre e quais são as conseqüências para as vítimas e famílias, compartilhar o modelo cognitivo-comportamental, mapeando pensamentos, emoções e comportamentos relacionados ao abuso e à percepção de si, do perpetrador e das mudanças na configuração familiar. Algumas técnicas e jogos, tais como "caminhada em confiança", "histórias de família", "o que são emoções", "detetive de pensamentos", construção em massa de modelar do abusador, *role-playing*, esquetes, histórias em quadrinhos e automonitoramentos são utilizados nesta fase da intervenção (para maiores detalhes, ver Habigzang & Caminha, 2004). As Figuras 1 e 2 ilustram essas técnicas.

Figura 1. Técnica de construção do perpetrador em massa de modelar

Figura 2. História em quadrinhos sobre situação-problema

Nas cinco sessões seguintes, desenvolveu-se com o grupo a técnica de treino de inoculação do estresse (Deffenbacher,1996). Esta técnica foi utilizada como dispositivo para ativar a memória traumática e detalhar os estímulos desencadeantes de lembranças intrusivas, possibilitando às participantes uma sensação de controle da intensidade das emoções associadas. Nessas sessões as participantes apresentaram, de forma gradual, as situações abusivas experienciadas através do relato oral ou escrito. Alguns exemplos de relatos escritos das meninas:

> "Quando aconteceu o abuso foi na minha casa. Quando eu estava dormindo e o meu pai me chamou para mim passar roupa e quando eu vi ele estava mandando eu tirar a roupa. Quando aconteceu o abuso minha mãe estava trabalhando. Ele disse que se eu não tirava a roupa ele ia me queimar e me bater e eu fiquei com muito medo. O meu pai mandava eu tirar a roupa e ele tirou o pênis para fora para botar na minha

Terapia cognitivo-comportamental e promoção de resiliência... 249

vagina e eu fiquei com medo do meu pai. Até que um dia eu falei para minha melhor amiga e ela me ajudou muito. No dia em que eu contei ela ficou muito triste. Eu pensei que o meu pai não ia fazer isto comigo. E daí a minha amiga falou para a mãe dela e a mãe dela ligou para o conselho e daí o conselheiro tutelar foi lá na minha casa e daí conversou comigo e com a minha amiga que me ajudou. E daí o conselheiro deixou um papel para os pais irem no conselho conversar sobre o que aconteceu. A minha mãe ficou muito triste com o que aconteceu comigo. A minha mãe ficou muito triste porque ela nunca pensou que ia acontecer comigo!!! Eu não quero ver o meu pai nunca mais na minha vida. Eu estou com muita saudade da minha família e da minha amiga".

Outra menina descreveu:

"Tudo começou quando meu pai começou a entrar no meu quarto quando estava com a minha prima. Nós duas saímos do banheiro e íamos para o quarto colocar minha roupa. Ele entrava como se não tivesse ninguém dentro do quarto. Também quando ia dormir, ele tirava a calça na minha frente e ficava só de cueca. Me lembro quando ele pegou e tirou a minha calcinha e disse para mim se eu colocasse a mão no pênis dele e eu disse não e ele puxou minha mão e colocou. E eu me lembro também quando ele disse para mim se eu tivesse vontade de transar com ele era para mim subir em cima dele e abrir as pernas para ele penetrar o pênis na vagina. Também ele pegou a minha irmã e disse na frente do meu irmão que era mentira o que ele tinha feito com ela. E disse na minha frente que eu menti só para não precisar apanhar dele e também disse que eu tava com muito medo porque eu apanhava e ele disse que eu queria sair dali, porque ele não deixava brincar com meninos".

Outras técnicas foram associadas ao treino de inoculação do estresse, tais como: treino de relaxamento muscular e respiratório, reestruturação cognitiva e comportamental, treino de auto-instrução e substituição de imagens. O grupo construiu seu "botão de emergência" que reúne estratégias para lidar com lembranças intrusivas sobre a violência sexual. Alguns exemplos de estratégias sugeridos pelos grupos foram: brincar, assistir TV, pensar no grupo, respirar fundo, conversar com amigos, conversar consigo mesma, cantar e dançar. O jogo da memória foi outro recurso lúdico também empregado para que as meninas compreendam o funcionamento da memória e como é possível substituir lembranças de episódios negativos por lembranças de episódios positivos (Habigzang, 2006).

A última etapa da grupoterapia, chamada de prevenção à recaída, teve como objetivos construir e fortalecer medidas de autoproteção, bem como retomar as técnicas e estratégias aprendidas no contexto grupal para lidar com sintomas, pensamentos, emoções e comportamentos decorrentes do abuso sexual. Nestas sessões foram desenvolvidas oficinas sobre sexualidade, psicomotricidade e Estatuto da Criança e do Adolescente (Brasil, Lei Federal n° 8069/1990). As meninas também dramatizaram possíveis situações de risco e elaboram estratégias de enfrentamento para tais situações.

As participantes foram reavaliadas clinicamente durante e após o processo de grupo. Estas reavaliações ocorreram individualmente e foram reaplicados os instrumentos da avaliação inicial. Além disso, os terapeutas registraram fatos relevantes da evolução clínica de cada menina no registro clínico e do processo grupal, através do relato da sessão. As participantes também realizaram uma auto-avaliação ao término da grupoterapia. Alguns exemplos destas auto-avaliações estão apresentados a seguir:

"Muitas coisas mudaram em mim depois do grupo. Antes eu tinha muitos pesadelos com o meu dindo. Agora não tenho mais pesadelos e mesmo se tivesse usaria a gaveta da memória, que foi outra coisa legal que aprendi e que me faz esque-

Terapia cognitivo-comportamental e promoção de resiliência... 251

cer de tudo que passei. Me sinto mais segura em relação ao meu tio. Aprendi com o grupo sobre gravidez, sexo e meu corpo. Antes do grupo olhava para o lado e lembrava do tio, tinha pesadelos horríveis e me sentia muito diferente de minhas amigas, mas agora, além de conhecer pessoas, fiz ótimas amizades".

"Antes do grupo eu era uma menina mal-comportada, mas quando vim para o grupo mudei muito meu comportamento e parei um pouco de brigar. Também comecei a me abrir mais com as pessoas e a conversar mais. Antes eu não me abria muito com as pessoas. Gostei muito do grupo e o que mais gostei foi das nossas conversas. Parei de conversar na sala de aula. Antes eu não fazia nada na escola porque só ficava pensando no que havia acontecido comigo".

"Antes do grupo eu era uma menina muito esquisita e falava coisas que não devia. Agora eu sou mais educada e não falo coisas que não devo falar. Faço mais coisas do que antes, brinco mais e falo coisas que as pessoas riem. Antes eu não queria nada com nada na escola, mas agora me acho uma menina muito esperta e quero ter uma profissão. Eu também lembrava bastante daquelas horríveis cenas, mas agora só lembro de estar de bem com a vida e não lembro mais daquelas cenas. Eu era uma menina muito mal atenciosa nas coisas de casa e das coisas de aula, mas quando comecei a vir ao grupo isso melhorou muito. Por todas estas coisas e por ter me ajudado bastante eu adoro o grupo".

Os resultados parciais apontam que a intervenção reduz sintomas de depressão, ansiedade e transtorno do estresse pós-traumático, bem como reduz o sentimento de diferença em relação aos pares e culpa pela situação do abuso e pelas modificações na configuração familiar (Habigzang, 2006). Outro aspecto positivo

252 Resiliência e psicologia positiva: interfaces do risco à proteção

relatado pelas meninas e cuidadores é a melhora no desempenho escolar, observado também através das avaliações escolares. As auto-avaliações das participantes indicaram que a intervenção contribuiu para melhorar a auto-estima, as relações interpessoais e a retomada de atividades, tais como brincar e estudar, que haviam sido abandonadas em decorrência da violência sexual. As meninas construíram estratégias funcionais para lidar com a experiência de abuso e têm utilizado tais estratégias no seu cotidiano. Além disso, as intervenções com os cuidadores não-abusivos apresentaram resultados positivos. Os cuidadores relataram mudanças na percepção da violência sexual e têm desempenhado com melhor qualidade os papéis de apoio afetivo e protetivo para as meninas. Estes resultados estão em consonância com as pesquisas que têm avaliado a eficácia da terapia cognitivo comportamental focada no trauma para crianças vítimas de abuso sexual na redução de sintomas psicopatológicos e na reestruturação de crenças e comportamentos disfuncionais (Cohen, 2003; Cohen, Mannarino, & Knudsen, 2005; Cohen, Mannarino, & Rogal, 2001; Deblinger, Stauffer, & Steer, 2001).

Considerações finais

O grupo desempenha um significativo papel na rede de apoio social e afetiva das meninas, representando um espaço seguro para compartilhar experiências e sentimentos, bem como para aprender novas formas de lidar com situações adversas. Além disso, a intervenção com os cuidadores não-abusivos tem contribuído para potencializar as relações de apoio social e afetivo, bem como qualificar as estratégias de proteção para as crianças e adolescentes. Dessa forma, pode-se considerar que o programa de avaliação e intervenção cognitivo-comportamental é efetivo e está atuando na promoção de resiliência e qualidade de vida das vítimas de violência sexual e suas famílias.

Referências

Amazarray, M. R. & Koller, S. H. (1998). Alguns aspectos observados no desenvolvimento de crianças vítimas de abuso sexual. *Psicologia Reflexão e Crítica, 11*(3), 546-555.

Astin, M. C. & Resick, P. A. (2002). Tratamento cognitivo-comportamental do transtorno de estresse pós-traumático. In V. Caballo (Ed.), *Manual para o tratamento cognitivo comportamental dos transtornos psicológicos* (pp.171-210). Porto Alegre: Artes Médicas.

Azevedo, M. A., Guerra, V. N. A., & Vaiciunas, N. (1997). Incesto ordinário: A vitimização sexual doméstica da mulher-criança e suas conseqüências psicológicas. In M. A. Azevedo & V. N. A. Guerra (Eds.), *Infância e violência doméstica: Fronteiras do conhecimento* (pp. 195-209). São Paulo: Editora Cortez.

Beck, J. (1997). *Terapia cognitiva: Teoria e prática* (S. Costa, Trad.). Porto Alegre: Artes Médicas. (Original publicado em 1995).

Beck, A. & Alford, B. A. (2000). *O poder integrador da terapia cognitiva* (M. C. Monteiro, Trad.). Porto Alegre: Artes Médicas (Original publicado em 1997).

Brasil. (1990). *Estatuto da Criança e do Adolescente*. Diário Oficial da União. Lei Federal nº 8.069, de 13 de julho de 1990, Brasília, DF.

Braun, S. (2002). *A violência sexual infantil na família: Do silêncio à revelação do segredo*. Porto Alegre: Age.

Brito, R. C. & Koller, S. H. (1999). Redes de apoio social e afetivo e desenvolvimento. In A. M. Carvalho (Ed.), *O mundo social da criança: Natureza e cultura em ação* (pp. 115-130). São Paulo: Casa do Psicólogo.

Calhoun, K. S. & Resick, P. A. (1999). Transtorno do estresse pós-traumático. In D. Barlow (Ed.), *Manual clínico dos transtornos psicológicos* (pp. 63-118, M. R. B. Osório, Trad.). Porto Alegre: Artes Médicas. (Original publicado em 1993)

Cloitre, M., Cohen, L. R., Koenen, K., & Han, H. (2002). Skills training in affective and interpersonal regulation followed by exposure: A phase-based

254 Resiliência e psicologia positiva: interfaces do risco à proteção

treatment for PTSD related to childhood abuse. *Journal of Consulting and Clinical Psychology, 70*(5), 1067-1074.

Cohen, J. A., Mannarino, A. P. & Knudsen, K. (2005). Treating sexually abused children: One-year follow-up of a randomized controlled trial. *Child Abuse & Neglect, 29*, 135-145.

Cohen, J. A. (2003). Treating acute posttraumatic reactions in children and adolescents. *Society of Biologial Psychiatry, 53*, 827-833.

Cohen, J. A., Mannarino, A. P. & Rogal, S. (2001). Treatment practices for childhood posttraumatic stress disorder. *Child Abuse & Neglect, 25*, 123-135.

Cohen, J. A. & Mannarino, A. P. (2000a). Predictors of treatment outcome in sexually abused children. *Child Abuse & Neglect, 24*(7), 983-994.

Cohen, J. A. & Mannarino, A. P. (2000b). Incest. In R. J. Ammerman & H. Hersen (Eds.), *Cases studies in family violence* (pp.209-229). New York: Klewer Academic/Plenum.

Courchaine, K. E. & Dowd, E. T. (1995). Abordagens de grupo. Em F. Dattilio & A. Freeman (Orgs.), *Estratégias cognitivo-comportamentais para intervenção em crises: Tópicos especiais* (pp. 299-318, M. Lopes & M. Carbajal, Trad.). São Paulo: Psy. (Original publicado em 1992)

Dattilio, F. M. & Freeman, A. (1995). *Estratégias cognitivo-comportamentais para intervenção em crises: tópicos especiais* (M. Lopes & M. Carbajal, Trad). São Paulo: Psy. (Original publicado em 1992)

Dattilio, F. M. & Padesky, C. A. (1995). *Terapia cognitiva com casais* (D. Batista, Trad.). Porto Alegre: Artes Médicas. (Original publicado em 1990)

De Antoni, C. & Koller, S. H. (2000). Vulnerabilidade e resiliencia familiar. Um estudo com adolescentes que sofreram maus tratos intrafamiliares. *Psico, 31*, 39-66.

Deblinger, E., Stauffer, L. B. & Steer, R. A. (2001). Comparative efficacies of supportive and cognitive behavioral group therapies for young children who have been sexually abused and their nonoffending mothers. *Child Maltreatment, 6*(4), 332-343.

Deffenbacher, J. L. (1996). A inoculação do stress. In V. E. Caballo (Ed.), *Manual de técnicas de terapia e modificação do comportamento* (pp. 557-580). São Paulo: Santos.

De Lorenzi, D. R. S., Pontalti, L. & Flech, R. M. (2001). Maus tratos na infância e adolescência: Análise de 100 casos. *Revista Científica da AMECS, 10*(1), 47-52.

Duarte, J. C. & Arboleda, M. R. C. (2004). Sintomatologia, avaliação e tratamento do abuso sexual infantil. In V. Caballo (Ed.), *Manual de psicologia clínica infantil e do adolescente: Transtornos gerais* (pp.293-321). São Paulo: Santos.

Edwards, V. J., Anda, R. F., Nordenberg, D. F, Felitti, V. J, Williamson, D. F., & Wright, J. A. (2001). Bias assessment for child abuse survey: Factors affecting probability of response to a survey about childhood abuse. *Child Abuse & Neglect, 25*, 307-312.

Elliott, A. N. & Carnes, C. N. (2001). Reactions of nonoffending parents to the sexual abuse of their child: A review of the literature. *Child Maltreatment, 6*(4), 314-331.

Finkelhor, D., Ormrod, R., Turner, H., & Hamby, S. L. (2005). The victimization of children and Youth: A comprehensive, national survey. *Child Maltreatment, 10*(1), 5-25.

Forward, S. & Buck, C. A. (1989). *A traição da inocência: O incesto e sua devastação*. Rio de Janeiro: Rocco.

Freeman, A. & Dattilio, F. M. (1998). *Compreendendo a terapia cognitiva* (M. Lopes & M. Carbajal, Trad.). São Paulo: Psy. (Original publicado em 1992)

Furniss, T. (1993). *Abuso sexual da criança: Uma abordagem multidisciplinar*. Porto Alegre: Artes Médicas.

Gabel, M. (1997). *Crianças vítimas de abuso sexual*. São Paulo: Summus.

Gomes, R., Junqueira, M. F. P, Silva, C. O., & Junger, W. L (2002). A abordagem dos maus-tratos contra a criança e o adolescente em uma unidade pública de saúde. *Ciência & Saúde Coletiva, 7*(2), 275-283.

Gonçalves, H. S. & Ferreira, A. L. (2002). A notificação da violência intrafamiliar contra crianças e adolescentes por profissionais da saúde. *Caderno de Saúde Pública, 18*(1), 315-319.

Habigzang, L. F. (2006). *Avaliação e intervenção clínica para meninas vítimas de abuso sexual intrafamilia*. Dissertação de Mestrado não-publicada. Curso de Pós-Graduação em Psicologia do Desenvolvimento da

256 Resiliência e psicologia positiva: interfaces do risco à proteção

Universidade Federal do Rio Grande do Sul. Porto Alegre: UFRGS. Disponível em www.psicologia.ufrgs.br/cep_rua

Habigzang, L. F. & Caminha, R. M. (2004). *Abuso sexual contra crianças e adolescentes: conceituação e intervenção clínica*. São Paulo: Casa do Psicólogo.

Habigzang, L. F., Koller, S. H, Azevedo, G. A., & Machado, P. X. (2005). Abuso sexual infantil e dinâmica familiar: Aspectos observados em processos jurídicos. *Psicologia Teoria e Pesquisa, 21*, 341-348.

Heflin, A. H. & Deblinger, E. (1999). Tratamento de um adolescente sobrevivente de abuso sexual na infância. In M. Reinecke, F. Dattilio, & A. Freeman (Eds.), *Terapia cognitiva com crianças e adolescentes: Manual para a prática clínica* (pp.161-178, M. R. Hofmeister, Trad.). Porto Alegre: Artes Médicas. (Original publicado em 1996)

Jonzon, E. & Lindblad, F. (2004). Disclosure, reactions and social support: Findings from a sample of adult victims of child sexual abuse. *Child Maltreatment, 9*(2), 190-200.

Kellogg, N. D. & Menard, S. W. (2003). Violence among family members of children and adolescents evaluated for sexual abuse. *Child Abuse & Neglect, 27*, 1367-1376.

Knell, S. M. & Ruma, C. D. (1999). Terapia do jogo com crianças sexualmente abusadas. In M. Reinecke, F. Dattilio, & A. Freeman (Eds.), *Terapia cognitiva com crianças e adolescentes: Manual para a prática clínica* (pp.277-295, M. R. Hofmeister, Trad.). Porto Alegre: Artes Médicas. (Original publicado em 1996)

Koller, S. H. (1999). Violência doméstica: Uma visão ecológica. Em Unicef (Ed.), *Violência doméstica* (pp.32-42). Brasília:Unicef.

Koller, S. H. & De Antoni, C. (2004). Violência intrafamiliar: Uma visão ecológica. Em S. H. Koller (Ed.), *Ecologia do desenvolvimento humano: pesquisa e intervenção no Brasil* (pp.293-310). São Paulo: Casa do Psicólogo.

Koller, S. H., Moraes, N. A., & Cerqueira-Santos, E. (2005). *Perpetradores de abuso sexual: Um estudo com caminhoneiros*. Relatório Técnico de Pesquisa. World Childhood Foundation, Porto Alegre, RS.

Kristensen, C. H., Oliveira, M. S., & Flores, R. Z. (1999). Violência contra crianças e adolescentes na Grande Porto Alegre: Pode piorar? Em Unicef (Ed.), *Violência doméstica* (pp. 104-117). Brasília:Unicef.. Kruczek, T. & Vitanza, S. (1999). Treatment effects with an adolescents abuse survivor's group. *Child Abuse & Neglect, 23*(5), 477-485.

Lanktree, C. B & Briere, J. (1995). Outcome of therapy for sexually abused children: A repeated measures study. *Child Abuse & Neglect, 19*(9), 1145-1155.

Mattos, G. O. (2002). Abuso sexual em crianças pequenas: Peculiaridades e dilemas no diagnóstico e no tratamento. In D.C.A. Ferrari & T.C.C. Vecina (Eds.), *O fim do silêncio na violência familiar* (pp.174-200). São Paulo: Agora.

McCrone, P., Weeramanthri,T., Knapp, M., Rushton, A., Trowell, J., Miles, G., & Kolvin, I. (2005). Cost-effectiveness of individual versus group psychotherapy for sexually abused girls. *Child and Adolescent Mental Health, 10*(1), 26-31.

McGain, B. & McKinzey, R. K. (1995). The efficacy of group treatment in sexually abused girls. *Child Abuse & Neglect, 19*(9), 1157-1169.

Moraes, N. A. & Koller, S. (2004). Abordagem ecológica do desenvolvimento humano, psicologia positiva e resiliência: ênfase na saúde. In S. Koller (Ed.), *Ecologia do desenvolvimento humano: pesquisa e intervenção no Brasil* (pp.91-107). São Paulo: Casa do Psicólogo.

Osofsky, J. D. (1995). The effects of exposure to violence on young children. *American Psychologist, 50*(9), 782-788.

Range, B. & Masci, C. (2001). Transtorno do estresse pós-traumático. In B. Range (Ed.), *Psicoterapias cognitivo-comportamentais: Um diálogo com a psiquiatria* (pp.257-274). Porto Alegre: Artes Médicas.

Runyon, M. K. & Kenny, M. C. (2002). Relationship of attributional style, depression and posttrauma distress among children who suffered physical or sexual abuse. *Child Maltreatment, 7*(3), 254-264.

Saywitz, K. J., Mannarino, A. P., Berliner, L. & Cohen, J. A. (2000). Treatment for sexually abused children and adolescents. *American Psychologist, 55*(9), 1040-1049.

258 Resiliência e psicologia positiva: interfaces do risco à proteção

Sheldon, D.R (1996). Psicoterapia cognitivo-comportamental de grupo. In H. I. Kaplan & B. J. Sadock (Eds.), *Compêndio de psicoterapia de grupo* (pp.173-180, J. O. A. Abreu & D. Batista, Trad.). Porto Alegre: Artes Médicas. (Original publicado em 1993).

Smith, E. R. (1996). Psicoterapia de grupo com crianças sexualmente abusadas. In H. I. Kaplan & B. J. Sadock (Eds.), *Compêndio de psicoterapia de grupo* (pp.441-457, J. O. A. Abreu & D. Batista, Trad.). Porto Alegre: Artes Médicas. (Original publicado em 1993)

Thomas, M., Eckenrode, J., & Garbarino, J. (1997). Family sexual abuse. In J. Garbarino & J. Eckenrode (Eds.), *Understanding abusive families: An ecological approach to theory and practice* (pp.114–130). San Francisco: Jossey-Bass.

Yunes, M. A. M. & Szymanski, H. (2001). Resiliência: noção, conceitos afins e considerações críticas. In J. Tavares (Ed.), *Resiliência e educação* (pp.13-42). São Paulo: Cortez.

Wessler, R. L. (1996). Terapia de grupo cognitivo-comportamental. In V. Caballo (Ed.), *Manual de técnicas de terapia e modificação do comportamento* (pp.721-740). São Paulo: Santos.

World Health Organization (1999). Available at http://www.who.int/topics/child_abuse/en/, Retrieved May 5, 2005.

Neuroplasticidade e resiliência em crianças e adolescentes vítimas de maus-tratos

Jeane Lessinger Borges
Christian Haag Kristensen
Débora Dalbosco Dell'Aglio

Os maus-tratos, incluindo abuso sexual, abuso físico, abuso psicológico e negligência, constituem-se em fatores de risco para o desenvolvimento infantil, tanto a curto quanto a longo prazo, pois acarretam prejuízos cognitivos, psicológicos, comportamentais e sociais (Bolger & Patterson, 2003; Margolin, 2005; Osofsky, 1995). Indivíduos que sofrem maus-tratos, ou são expostos a diversas formas de violência doméstica ao longo de seu desenvolvimento, apresentam risco aumentado para diversos transtornos mentais, tais como transtorno de estresse pós-traumático (TEPT), depressão, transtorno de déficit de atenção e hiperatividade (TDAH), transtornos alimentares e comportamento delinquente (Cicchetti & Toth, 2005; MacMillan *et al.*, 2001; Paolucci, Genuis, & Violato, 2001). As sequelas dos maus-tratos na infância podem persistir ao longo da adolescência e da vida adulta, resultando em padrões desadaptativos caracterizados por problemas emocionais, comportamentais e interpessoais (Bolger & Patterson; Briere & Elliott, 2003). Ainda, de grande relevância, a exposição à violência desencadeia o mecanismo biológico de resposta corporal ao estresse (Cicchetti & Rogosch, 2001; Glaser, 2000). Os efeitos dos maus-tratos ao desenvolvimento do indivíduo são mediados por variáveis múltiplas, desde fatores de risco individuais até fatores de proteção familiares, comunitários ou sociais (Belsky, 1993; Fontes, 1993; Margolin, 2005). Apesar da falta de consenso terminológico – como será explorado a seguir – o conceito de resiliência será empregado para descrever processos que contribuem para uma adaptação ou superação de situações adversas, como maus-tratos na infância ou adolescência. Dentre todas as variáveis envolvidas nos processos de resiliência, foram eleitas, para explorar neste capítulo, aquelas relacionadas à plasticidade do sistema nervoso (neuroplasticidade). Tal eleição justifica-se por ser esse um fenômeno apenas recentemente explorado na literatura referente à violência contra crianças e adolescentes (Glaser, 2000). Assim, este capítulo inicia por caracterizar maus-tratos na infância e adolescência, bem como descrever as principais alterações neurobiológicas associadas a esta condição. A seguir, uma breve revisão conceitual sobre resiliência é realizada. Finalmente, o conceito de plasticidade é apresentado como uma característica individual participante dos processos de resiliência. No entanto, ao considerar-se a resposta neurobiológica individual como um mecanismo de adaptação ao ambiente social e familiar, amplia-se a análise, incluindo os processos contextuais que promovem resiliência. Espera-se que, ao final deste capítulo, o leitor possa contemplar tanto a complexidade dos processos de resiliência na adaptação ativa do organismo ao ambiente, bem como vislumbrar oportunidades de intervenção que favoreçam uma resposta de superação a um ambiente adverso.

Maus-tratos na infância e na adolescência

A violência doméstica contra a criança e o adolescente é um fenômeno multicausal, que atinge milhares de vítimas em nosso país, e que, devido à elevada prevalência e conseqüências graves para o desenvolvimento infantil, vem sendo considerada um sério problema de saúde pública (Gomes, Deslandes, Veiga, Bhering, & Santos, 2002; Kristensen, Oliveira, & Flores, 1999; Osofsky, 1995). Os maus-tratos contra crianças, que incluem atos tão variados quanto abuso sexual, abuso físico, abuso psicológico ou negligência, são geralmente cometidos por um adulto emocionalmente próximo à criança, que deveria, a princípio, ser responsável pela sua segurança e bem-estar psicológico (De Antoni & Koller, 2002; Flores, Kristensen, & Salzano, 1998). Nessas situações é evidenciada uma relação interpessoal hierárquica, baseada no desequilíbrio de poder, na qual não é possível estabelecer uma relação de reciprocidade entre a criança vítima e o adulto perpetrador (Koller, 1999) negando, portanto, o direito que crianças e adolescentes têm de ser tratados como sujeitos de direitos e pessoas em condição peculiar de desenvolvimento (Azevedo & Guerra, 1997). Conseqüentemente, os maus-tratos podem ser considerados uma experiência de vida negativa ou um evento estressor traumático, pois provocam um alto grau de tensão, interferindo nos padrões normais de resposta e relacionam-se a uma alta probabilidade de desenvolvimento de problemas psicológicos (Silva & Hutz, 2002).

Maus-tratos e psicopatologia

As conseqüências dos maus-tratos contra crianças e adolescentes são diversas e incluem alterações comportamentais, emocionais, cognitivas e biológicas (Cicchetti & Toth, 2005; Margolin, 2005). Entre as alterações comportamentais, destacam-se o isolamento, o aumento do comportamento agressivo e, mais claramente associada ao abuso sexual, a manifestação de comportamento sexual inapropriado (Faller, 2002; Kristensen, 1996). Alterações emocionais incluem transtornos de humor, como a depressão e transtornos de ansiedade, como o TEPT, entre outros transtornos externalizantes e internalizantes (Bolger & Patterson, 2003; Ozer & Weiss, 2004). Alterações cognitivas nos processos de memória, atenção e funções executivas têm caracterizado as vítimas de maus-tratos (Beers & De Bellis, 2002; Bremner & Vermetten, 2001; Kristensen, Gauer, Giovenardi, Parente, & Kaszniak, 2005). As alterações neurobiológicas relacionadas a maus-tratos abrangem, ainda, modificações anatômicas e funcionais em diversas estruturas encefálicas (Glaser, 2000; Nutt & Malizia, 2004; Teicher *et al.*, 2003).

Entre as diferentes manifestações patológicas decorrentes dos maus-tratos na infância e adolescência destaca-se o TEPT (Bolger & Patterson, 2003; Nurcombe, 2000; Ozer & Weiss, 2004; Paolucci *et al.*, 2001), que é caracterizado por uma disfunção da memória emocional e pode ser compreendido como uma complexa condição biopsicosocial relacionada a um padrão persistente de respostas do sistema nervoso central frente aos eventos traumáticos (Nurcombe). Embora uma discussão mais profunda sobre o modelo conceitual deste transtorno escape ao presente capítulo (ver Kristensen, Parente, & Kaszniak, 2005), é importante mencionar que o TEPT é definido no *DSM-IV-TR* (American Psychiatric Association, 2002) como uma resposta sintomática envolvendo revivência, evitação e entorpecimento, e excitabilidade aumentada a um evento estressor. O TEPT é um transtorno que acarreta sofrimento significativo e/ou prejuízo funcional, com presença de sintomas por mais de um mês. Na população geral, é possível estimar que em torno de 60% a 90% dos indivíduos são expostos a um evento estressor potencialmente traumático ao longo da vida (Breslau et al., 1998; Kessler, Sonnega, Bromet, Hughes, & Nelson, 1995; Norris *et al.* 2003). Embora a elevada taxa de exposição, o percentual de indivíduos na população geral que apresenta o TEPT ao longo da vida é mais baixo, podendo ser estimado entre 8% a 9% (Breslau et al.; Kessler *et al.*). Ainda que a maioria de indivíduos expostos a situações potencialmente traumáticas não desenvolva o transtorno (Breslau, 2001; Stein, 2002), o TEPT tem sido considerado o quarto transtorno mental mais comum (Yehuda, 2002). Especificamente, em relação a sua prevalência entre crianças vítimas de maus-tratos, essa varia de 20 a 70% (Nurcombe).

Embora o TEPT seja considerado, nas diferentes edições do *DSM*, um transtorno de ansiedade, apresenta características únicas que o diferencia dos demais. O modelo conceitual presente no *DSM* diferenciam eventos traumáticos de outros eventos de vida estressores, ao mesmo tempo em que diferencia o TEPT de outros transtornos. É a conexão temporal e de conteúdo entre os sintomas e o evento estressor traumático que define ambos na composição do TEPT (Breslau, 2001; Kristensen, Parente et al., 2005; Yehuda, 2002). Alguns dos eventos estressores traumáticos mais fortemente associados ao TEPT envolvem diferentes categorias de maus-tratos na infância e adolescência (Paolucci et al., 2001; Ozer & Weiss, 2004). Portanto, para compreender os processos de resiliência associados à plasticidade cerebral, é importante algum detalhamento sobre os efeitos neurobiológicos da exposição a eventos estressores traumáticos, como os maus-tratos.

Neurobiologia dos maus-tratos na infância e na adolescência

Algumas das principais contribuições à investigação dos efeitos neurobiológicos conseqüentes da exposição a eventos estressores foi dada por Hans Selye ainda na década de 1930. Selye reconheceu a natureza paradoxal da resposta corporal ao estresse (citado em McEwen, 2002): os sistemas corporais ativados que auxiliam na proteção do organismo e na restauração da homeostase, se mantidos em ativação por um período prolongado, causam prejuízos ao organismo. A resposta biológica a eventos estressores é ampla, envolvendo a ativação dos sistemas endócrino e imunológico, bem como de circuitos neurais específicos (Bremner, 2002; Nemeroff, 2004). A resposta neurobiológica, por sua vez, depende da ativação do complexo *locus ceruleus*-noradrenalina-sistema nervoso simpático e do eixo hipotálamo-hipófise-adrenal (HHA), em especial do hipotálamo (McEwen; Yehuda, 2001).[1]

A investigação neurobiológica da resposta crônica a eventos estressores traumáticos tem privilegiado o eixo HHA e o sistema nervoso simpático pelo papel fundamental na resposta ao estresse (De Bellis, 2005; Nemeroff, 2004). Em termos fisiológicos, o TEPT pode ser descrito como uma resposta crônica e desadaptativa. No TEPT ocorre uma hiperativação do sistema nervoso simpático, caracterizada pela produção aumentada de adrenalina (epinefrina) e noradrenalina (norepinefrina) na circulação sangüínea pelos próprios terminais simpáticos e pela medula da supra-renal (Nemeroff). Diferentemente do que ocorre em outros transtornos, como a depressão ou mesmo a resposta imediata a um estressor, o TEPT se caracteriza por um aumento na sensibilidade do eixo HHA que tem como resultado final uma diminuição no cortisol plasmático e urinário (Charmandari *et al.*, 2003; Yehuda, 2001). Assim, a neurobiologia do TEPT caracteriza-se pela diminuição dos níveis basais de cortisol, resultante do aumento na inibição por retroalimentação (*feedback*) negativa, secundária ao aumento no número e sensibilidade dos receptores glicocorticóides (Yehuda). Diferentes

---

1. Nessa região, as células do núcleo paraventricular promovem a síntese e secreção do hormônio de liberação da corticotrofina (CRH) e neuropeptídeos como a vasopressina. Pelo sistema porta esses peptídeos passam do hipotálamo para a hipófise anterior, onde o CRH estimula a síntese e liberação do hormônio adrenocorticotrófico (ACTH) na circulação sistêmica (McEwen, 2002). Por sua vez, o ACTH circulante estimula a liberação de glicocorticóides pela supra-renal. Esses hormônios esteróides adrenais – dentre os quais destaca-se no ser humano o cortisol – desempenham um papel central na resposta a estressores, produzindo lipólise, glicogenólise e o catabolismo de proteínas, mantendo altas as concentrações de substratos energéticos no sangue, além de suprir a resposta imunológica do organismo (Charmandari, Kino, Souvatzoglou, & Chrousos, 2003; McEwen; Sapolsky, 2003). Em uma situação normal, ao cessar a exposição a um estressor, o eixo HHA promove uma autolimitação do sistema mas no TEPT – uma das principais conseqüências dos maus-tratos – a neurobiologia segue um outro curso (Bremner, 2002; De Bellis, 2005).

estruturas encefálicas, entre as quais o hipocampo, hipotálamo, amígdala e córtex pré-frontal, estão envolvidas nos processos de retroalimentação do eixo HHA (Sapolsky, 2003) e têm sido preferencialmente identificadas em estudos clínicos com indivíduos com TEPT (Bremner, 2002). Assim, alterações no eixo HHA e no complexo *locus ceruleus*-noradrenalina-sistema nervoso simpático têm sido associadas a prejuízos em diversos sistemas funcionais (Bremner; De Bellis).

No entanto, as alterações associadas ao TEPT não são limitadas à disregulação de sistemas neuroquímicos, envolvendo ainda modificações na estrutura e no funcionamento encefálicos. Estudos empregando técnicas variadas de neuroimagem têm demonstrado prejuízos estruturais e funcionais no encéfalo relacionados aos sintomas de TEPT, em geral (Bremner, 2002) e aos maus-tratos, em particular (Bremner *et al.*, 1999; De Bellis *et al.*, 2002; Shin *et al.*, 1999; Stein, Koverola, Hanna, Torchia, & McCarthy, 1997). Adicionalmente, a investigação neuropsicológica tem realçado a presença de prejuízos cognitivos associados à ocorrência de eventos estressores traumáticos (Beers & De Bellis, 2002; Kristensen & Borges, 2004; Stein, Kennedy, & Twamley, 2002; Vasterling *et al.*, 2002). Tomados em conjunto, esses estudos sugerem razoável evidência sobre o prejuízo em estruturas encefálicas e funções cognitivas relacionadas ao TEPT, decorrente de eventos estressores traumáticos variados, bem como a uma categoria específica de eventos: maus-tratos na infância e adolescência. As principais áreas funcionalmente prejudicadas em indivíduos que desenvolveram TEPT após um evento estressor incluem: córtex pré-frontal, córtex visual de associação, hipocampo, giro cingulado, amígdala e núcleo *accumbens* (Horner & Hamner, 2002). Estas são estruturas funcionalmente relevantes no desempenho de processamentos altamente integrativos, como as funções executivas, regulação do comportamento emocional, orientação espacial, e interpretação emocional, codificação e armazenamento de informação.

266 Resiliência e psicologia positiva: interfaces do risco à proteção

Ao final desta seção, considerando a natureza dos tópicos apresentados, é possível sumariar as idéias principais conforme segue: a) maus-tratos na infância e adolescência envolvem diferentes modalidades de eventos estressores potencialmente traumáticos; b) que produzem conseqüências deletérias ao desenvolvimento, tais como alterações emocionais, comportamentais, cognitivas; e, c) conforme foram destacadas, geram alterações neurobiológicas que, por sua vez, podem ser sintetizadas como modificações no eixo HHA e no complexo *locus ceruleus*-noradrenalina-sistema nervoso simpático. Assim, maus-tratos podem ser caracterizados como um fator de risco ao desenvolvimento de diversos transtornos mentais. No entanto, fatores de proteção podem contribuir decisivamente para gerar processos de resiliência e, conseqüentemente, a superação de situações adversas. Assim, a próxima seção inicia por definir resiliência para, logo a seguir, descrever um potencial mecanismo de resiliência associado ao sistema nervoso.

Resiliência

Embora definições de resiliência já tenham sido exploradas em profundidade em capítulos anteriores (Poletto & Koller, neste livro), alguns aspectos conceituais devem ser destacados para o desenvolvimento do presente capítulo. Logo após, serão apresentadas algumas noções básicas sobre plasticidade, procurando demonstrar como esta característica do sistema nervoso é um dos mecanismos de resiliência que opera no indivíduo.

Definindo resiliência

Resiliência é um construto teórico relativamente recente na psicologia, amplamente significando presença de saúde emocional em face de adversidades e estresse (Bonanno, 2004; Masten, 2001; Rutter,

2003; Yunes, 2003). Uma definição atual caracteriza a resiliência como um processo dinâmico que abrange adaptação positiva dentro de um contexto de significativa adversidade (Luthar, Cicchetti, & Becker, 2000). Nessa concepção, "adaptação positiva" refere-se às capacidades individuais (ou do grupo familiar) para enfrentar adversidades, "ser transformado por elas, mas conseguir superá-las" (Pinheiro, 2004, p. 68). Finalmente, resiliência tem sido conceitualizada como a interação de fatores individuais e sociais, mas também das características dos eventos estressores aos quais o indivíduo é exposto ao longo do seu desenvolvimento e dos fatores de proteção presentes no ambiente familiar e social (Junqueira & Deslandes, 2003).

A compreensão dos processos de resiliência ou vulnerabilidade deve ser contextualizada na interação entre os fatores de risco e proteção (Pesce, Assis, Santos, & Oliveira, 2004; Pinheiro, 2004). Os fatores de risco podem ser de ordem física, social ou psicológica. Além disso, os fatores de risco podem englobar múltiplos eventos estressores, um estressor isolado ou a sobreposição de riscos pessoais e ambientais (Place, Reynolds, Cousins, & O'Neill, 2002). Os fatores de proteção, por outro lado, podem mitigar o efeito da exposição a eventos estressores (Trombeta & Guzzo, 2002), atuando como facilitadores no processo individual de perceber e enfrentar o risco (Pesce *et al.*). Ainda, podem estar presentes em ao menos três níveis distintos e complementares, isto é, no indivíduo, no contexto familiar e no contexto da comunidade (Place *et al.*).

Alguns fatores de proteção têm sido associados a uma resposta positiva após experiências de maus-tratos. Entre os fatores que operam no indivíduo, destacam-se: a) disposições de temperamento; b) habilidades cognitivas/inteligência; c) auto-estima e perspectiva otimista; d) autocontrole; e) atribuição externa da responsabilidade do abuso; e, f) espiritualidade (Cicchetti & Rogosch, 2001; Heller, Larrieu, D'Imperio, & Boris, 1999). Operando em nível familiar, têm sido caracterizados como fatores protetores à coesão familiar, o vínculo seguro a uma figura parental não abusiva (Spaccarelli & Kim, 1995) e, em níveis mais amplos, o apoio social (Heller *et al.*).

268 Resiliência e psicologia positiva: interfaces do risco à proteção

Tais fatores protetores têm sido considerados aspectos centrais nos processos de resiliência em diversas situações de risco e adversidade (Masten, 2001). Nesta perspectiva, resiliência refere-se não a uma qualidade única ou extraordinária, mas a um processo comum, ordinário, que resulta do funcionamento de sistemas adaptativos humanos básicos (Bonanno, 2004; Masten). Entre esses, o sistema corporal de resposta ao estresse (em particular, o sistema neuroendócrino) desempenha um papel fundamental na compreensão dos processos de resiliência diante de eventos estressores traumáticos, como maus-tratos (Margolin, 2005; Yehuda, 2004). Um resultado satisfatório no desenvolvimento organiza-se, em grande parte, em torno dos processos neurobiológicos direcionados a manter, frente à percepção de uma ameaça, um estado interno compatível com a vida. Como esse processo é essencialmente orquestrado pelo encéfalo, crescente esforço tem sido despendido no estudo das propriedades deste órgão, em particular, na capacidade de desenvolver-se e modificar-se como conseqüência das experiências ambientais – fenômeno que se denomina plasticidade.

Neuroplasticidade e resiliência

O desenvolvimento do sistema nervoso (neurodesenvolvimento) reflete a complexa interação entre natureza e ambiente, na qual os processos organizacionais e maturacionais ocorrerão a partir do interjogo de programas geneticamente determinados e o padrão, a intensidade e a natureza das experiências físicas, cognitivas e emocionais iniciais (Kolb & Gibb, 2001; Shore, 2002; ver revisão em Grossman *et al.*, 2003). Não surpreendentemente, pesquisas atuais sobre o desenvolvimento humano buscam justamente integrar processos biológicos às variáveis comportamentais e contextuais (Rutter, 2002).

Na área de estudo hoje denominada neurociências, algumas das primeiras formulações teóricas sobre plasticidade sináptica foram apresentadas por Donald Hebb, psicólogo canadense, ainda na década de 1940 (Elbert, Heim, & Rockstroh, 2001; Kristensen, Almeida, & Gomes, 2001). Posteriormente, os trabalhos de David Hubel e Torsten Wiesel, envolvendo sutura da pálpebra em macacos e gatos, e os trabalhos de William Greenough e colegas, criando ratos em ambientes "enriquecidos" (ou seja, com grande estimulação visual e motora), ofereceram as bases sobre os mecanismos de plasticidade em diversas áreas encefálicas (Kolb & Whishaw, 1998).

O termo plasticidade é de origem grega, podendo ser traduzido como "formar" e se referindo tanto à capacidade de aprendizagem e modificação ao longo do desenvolvimento quanto à reorganização encefálica após alguma lesão (Johnston, 2004; ver revisão em Stiles, 2000). Ainda que plasticidade tenha sido tradicionalmente empregada para destacar, predominantemente, a capacidade de reorganização do sistema nervoso após algum dano, é importante considerar que plasticidade é, na verdade, um processo básico subjacente ao desenvolvimento e funcionamento neurais (Stiles). Nesse sentido, a capacidade plástica do sistema nervoso é um processo dinâmico, composto por mecanismos altamente adaptativos (Kaas & Jain, 2003) contribuindo decisivamente à resiliência do sistema. Em termos gerais, mudanças neuroquímicas, fisiológicas e neuroanatômicas ocorrem em resposta à experiência, possibilitando que o sistema nervoso central desenvolva-se, organize-se e responda efetivamente às especificidades ambientais (Curtis & Nelson, 2003; Kolb & Gibb, 2001; Kolb & Whishaw, 1998).[2] Portanto, a neuroplasticidade, como

---

2. Em termos específicos (moleculares), modificações estruturais incluem alterações na eficácia sináptica, na formação sináptica, na plasticidade sináptica, bem como alterações na densidade dos espinhos dendríticos e comprimento da arborização dendrítica (Elbert *et al.*, 2001; Kolb & Whishaw, 1998). A capacidade sináptica está relacionada ao número (finito) de sinapses que cada neurônio pode receber sobre seus dedritos e soma. Plasticidade sináptica, por sua vez, refere-se às modificações sinápticas dependentes de experiência, operando por dois princípios: (a) quando um axônio pré-sináptico é ativado e, simultaneamente, um neurônio pós-sináptico está fortemente ativado sob influência de outras aferências, acaba por ser reforçada a sinapse formada pelo axônio pré-sináptico; (b) quando um axônio pré-sináptico é ativado e, ao mesmo tempo, o neurônio pós-sináptico é ativado fracamente por outras aferências, a sinapse formada pelo axônio pré-sináptico é fraca (Bear, Connors, & Paradiso, 2002, p. 731). Os mecanismos aqui descritos são as bases do aprendizado e da memória.

um processo dinâmico e não-linear (Elbert et al., 2001), auxilia a compreender por exemplo os diferentes padrões de recuperação funcional após lesões encefálicas em estágios iniciais do desenvolvimento (conforme séries longitudinais de casos descritos em Stiles, 2000). Mas também a plasticidade é uma característica fundamental do sistema nervoso, sem a qual não haveria possibilidade de modificação dependente de experiência.

Maus-tratos, neuroplasticidade e resiliência

Ao início deste capítulo, procurou-se descrever como maus-tratos na infância e adolescência constituem um conjunto de experiências adversas capazes de produzir prejuízos em diferentes áreas do desenvolvimento. Particularmente, os efeitos dos maus-tratos associados a alterações neurobiológicas foram enfatizados. Após, resiliência foi brevemente conceituada em termos gerais para, logo a seguir, discutir a neuroplasticidade como um mecanismo relacionado à resiliência.

Essa capacidade plástica do sistema nervoso, de organizar-se em uma forma dependente de experiência (Greenough, Black, & Wallace, 1987; Kolb & Whishaw, 1998), foi demonstrada na resposta biológica a eventos estressores, particularmente nas modificações do eixo HHA e do complexo *locus ceruleus*-noradrenalina-sistema nervoso simpático. Nessa situação, quando a resposta ao estresse é prolongada, pode haver uma disfunção na capacidade do organismo em auto-regular o sistema neuroendócrino, surgindo manifestações patológicas como o TEPT ou a depressão (Grossman et al., 2003). Esse é um exemplo de plasticidade conduzindo à desadaptação (Perry, 1999).

Por outro lado, o foco deste capítulo recai justamente sobre o processo inverso, expresso na seguinte pergunta: Como a neuroplasticidade pode auxiliar no processo de resiliência frente aos maus-tratos em crianças e adolescentes? Um conjunto de evidências empíricas sugere que modificações ambientais podem mitigar os efeitos de eventos estressores sobre o sistema nervoso, diminuindo assim a resposta corporal ao estresse. Algumas dessas evidências serão examinadas a seguir.

Cuidados parentais, apoio social e ambientes estimulantes

Algumas das contribuições mais significativas sobre os efeitos dos cuidados parentais (na verdade, do cuidado materno) ao desenvolvimento têm sido feitas por Michael Meaney e colaboradores (Meaney, 2001; Weaver, Szyf, & Meaney, 2002). Em uma série de estudos com ratos, esses autores demonstraram que os cuidados maternos alteravam a resposta comportamental e neuroendócrina ao estresse. De forma simplificada, foram detectadas alterações no eixo HHA promovendo uma resposta adaptativa frente a estressores em filhotes criados por mães que cuidavam mais, quando comparados a filhotes de mães que não cuidavam da mesma maneira. Essas alterações estão relacionadas a um aumento na produção no hipocampo do fator neuronal de transcrição NGFI-A e aumento da ativação da expressão gênica de receptores glicocorticóides (Meaney). Adicionalmente, foram demonstrados efeitos de expressão gênica associados aos cuidados maternos em outras estruturas além do hipocampo e amígdala, entre elas, porções mediais do córtex pré-frontal (Zhang, Chrétien, Meaney, & Gratton, 2005). Em linhas gerais, esses estudos são um forte argumento do papel moderador dos cuidados parentais sobre os efeitos da adversidade ambiental no neurodesenvolvimento.

Ainda outra linha de investigação tem sido desenvolvida de forma a enfatizar o efeito moderador do ambiente social mais amplo, além do cuidado parental. Considerando a impossibilidade de explicar a etiologia dos maus-tratos a partir de modelos simples, com apenas uma variável de risco (Cicchetti & Toth, 2005), diferentes modelos interativos foram desenvolvidos a partir do trabalho seminal de Belsky (1980, citado em Belsky, 1993) para contemplar o fenômeno em seus contextos ecológicos mais amplos. Atualmente, alguma evidência começa a surgir sobre os efeitos moderadores do ambiente social na resposta neurobiológica a eventos estressores traumáticos. Por exemplo, Thorsteinsson, James e Gregg (1998, citado em De Bellis, 2005) demonstraram o efeito do apoio social na diminuição da freqüência cardíaca e dos níveis de cortisol durante situações estressoras. Adicionalmente, Gunnar, Brodersen, Krueger e Rigatuso (1996) demonstraram diminuições nos níveis salivares de cortisol em bebês conforme o tipo de cuidado e interação estabelecidos com as babás ou cuidadoras, promovendo assim uma moderação do eixo HHA (para uma discussão sobre os efeitos protetores do apego, ver Nachmias, Gunnar, Mangelsdorf, Parritz, & Buss, 1996; Shore, 2002).

A pesquisa básica na área de neuroplasticidade tem sido próspera em identificar os efeitos ambientais no desenvolvimento neurobiológico. Inicialmente, os trabalhos de Hebb, verificando diferenças na aprendizagem em labirintos entre ratos criados "no laboratório" *versus* ratos criados "em casa" – criados livremente dentro da casa do próprio Hebb – foram fundamentais (Stiles, 2000). Posteriormente, em uma seqüência de experimentos, descrita em Greenough e colaboradores (1987), ratos foram criados em três condições distintas: a) individualmente; b) socialmente, em pequenos grupos; e, c) em uma situação de complexidade ambiental, caracterizada por grupos de ao menos 12 ratos criados em espaços amplos com objetos variados que eram modificados diariamente. Em linhas gerais, foi demonstrada diferença significativa ao longo do desenvolvimento: ratos criados em uma situação de complexidade ambiental apresentavam um aumento de 20% no número de dendritos por neurônio (portanto, maior superfície disponível para sinapses) no córtex visual em relação aos ratos criados nas outras duas condições.

Os estudos aqui apresentados oferecem, a partir de evidências distintas, um quadro de referência para conceitualizar o trinômio maustratos – neuroplasticidade – resiliência. A Figura 1 apresenta esquematicamente processos de resiliência e vulnerabilidade associados às reações corporais (com especial ênfase ao eixo HHA), que caracterizam a resposta corporal do organismo frente à presença de fatores de risco – como maus-tratos – e fatores de proteção.

Se por um lado o sistema nervoso altera-se funcional e anatomicamente como decorrência dos maus-tratos, por outro lado, é esta mesma capacidade plástica que permite uma reorganização neural quando experiências "nutritivas" são oferecidas, possibilitando a ocorrência de processos de resiliência ao longo do desenvolvimento. Assim, a neuroplasticidade, que é um processo básico subjacente ao desenvolvimento e funcionamento neurais (Stiles, 2000), permite ao sistema nervoso modificar-se na presença de fatores de proteção (como cuidados parentais ou apoio social), resultando em um funcionamento individual, familiar e social adaptado mesmo na presença de fatores de risco.

Implicações e direções futuras

Este capítulo descreveu a resposta neurobiológica como um mecanismo de adaptação ativa do organismo ao ambiente. Se na parte inicial foram destacadas algumas das principais alterações neuroendócrinas frente a experiências como maus-tratos, as seções finais destinaram-se a descrever a neuroplasticidade como uma característica fundamental na promoção de resiliência operando no nível individual. No entanto, conforme exemplificado por alguns dos estudos apresentados, os mecanismos promotores de resiliência que operam no indivíduo são influenciados pelo contexto familiar e social.

Nessa perspectiva, possibilidades de intervenção podem ser vislumbradas. Em termos de prevenção primária, propiciar um contexto ambiental imediato caracterizado por ser cognitiva, emocional e socialmente estimulante, especialmente nos anos iniciais, serviria como um fator de proteção inespecífico frente a maus-tratos que poderiam ocorrer posteriormente. Infelizmente, grande parte das situações de

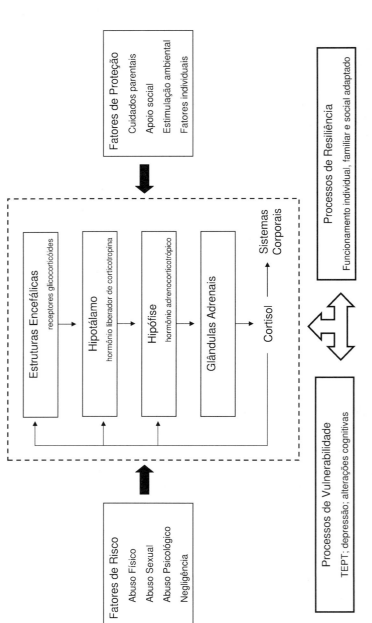

Figura 1. Processos de vulnerabilidade e resiliência na resposta corporal a eventos estressores traumáticos. A linha tracejada delimita a resposta neuroendócrina do organismo determinada (setas sólidas unidirecionais) pelos fatores de risco e proteção. A resposta corporal, os processos de vulnerabilidade e os processos de resiliência afetam-se reciprocamente (seta multidirecional).

Neuroplasticidade e resiliência em crianças e adolescentes... 275

maus-tratos ocorre justamente em um contexto familiar que dificilmente poderia ser caracterizado como protetor, quanto mais estimulante (Cicchetti & Toth, 2005). Ainda assim, mesmo após a ocorrência de maus-tratos no contexto mais imediato (familiar), os efeitos moderadores do ambiente social amplamente concebido (creche, escola, abrigos, famílias adotivas) na regulação da resposta neuroendócrina ao estresse não deveriam ser minimizados. Outras modalidades de intervenção, como a psicoterapia e a farmacoterapia, ao atuarem direta e indiretamente no ambiente externo (por exemplo, vínculo terapeuta-paciente promovendo uma experiência emocional significativa e não-abusiva) e interno (por exemplo, neuroquímica, promovendo modificações na neurotransmissão e neuroproteção), auxiliam nos processos de resiliência frente a experiências adversas como os maus-tratos (Asnis, Kohn, Henderson, & Brown, 2004; De Bellis, 2001; Ehlers, Clark, Hackmann, McMannus, & Fennell, 2005).

Neste capítulo optou-se por enfatizar os processos de resiliência a partir de uma perspectiva da resposta neurobiológica a experiências estressoras como os maus-tratos. Tal ênfase justifica-se pela relativa ausência – na literatura psicológica publicada em língua portuguesa – de investigação sobre os processos biológicos associados à resiliência. Ainda que muitos dos estudos apresentados neste capítulo sejam provenientes da pesquisa básica em neurociências, conduzidos em paradigmas experimentais pouco familiares aos cientistas sociais, espera-se que o quadro de referência aqui apresentado possa promover o desenvolvimento de pesquisas e intervenções capazes de integrar os processos biológicos no estudo da resiliência humana.

Referências

American Psychiatric Association. (2002). *Diagnostic and Statistical Manual of Mental Disorders* (4a ed. revised). Washington, DC: Author.

Asnis, G. M., Kohn, S. R., Henderson, M., & Brown, N. L. (2004). SSRIs versus non-SSRIs in post-traumatic stress disorder: An update with recommendations. *Drugs, 64*, 383-404.

Azevedo, M. A. & Guerra, V. N. A. (1997). *Infância e violência doméstica: Fronteira do conhecimento.* São Paulo: Cortez.

Bear, M. F., Connors, B. R., & Paradiso, M. A. (2002). *Neurociências: desvendando o sistema nervoso* (2a ed.). Porto Alegre: Artmed.

Beers, S. R. & De Bellis, M. D. (2002). Neuropsychological function in children with maltreatment-related posttraumatic stress disorder. *American Journal of Psychiatry, 159*, 483-486.

Belsky, J. (1993). Etiology of child maltreatment: A developmental-ecological analysis. *Psychological Bulletin, 114*, 413-434.

Bolger, K. E. & Patterson, C. J. (2003). Sequelae of child maltreatment: Vulnerability and resilience. In S. S. Luthar (Ed.), *Resilience and vulnerability: Adaptation in the context of childhood adversities* (pp. 156-181). New York: Cambridge University Press.

Bonanno, G. A. (2004). Loss, trauma, and human resilience: Have we underestimated the human capacity to thrive after extremely aversive events? *American Psychologist, 59*, 20-28.

Bremner, J. D. (2002). *Does stress damage the brain? Understanding trauma-related disorders from a mind-body perspective.* New York: W. W. Norton.

Bremner, J. D., Narayan, M., Staib, L. H., Southwick, S. M., McGlashan, T., & Charney, D. S. (1999). Neural correlates of memories of childhood sexual abuse in women with and without posttraumatic stress disorder. *American Journal of Psychiatry, 156*, 1787-1795.

Bremner, J. D. & Vermetten, E. (2001). Stress and development: Behavioral and biological consequences. *Development and Psychopathology, 13*, 473-489.

Breslau, N. (2001). The epidemiology of posttraumatic stress disorder: What is the extent of the problem? *Journal of Clinical Psychiatry, 62*(Supl. 17), 16-22.

Breslau, N., Kessler, R. C., Chilcoat, H. D., Schultz, L. R., Davis, G. C., & Andreski, P. (1998). Trauma and posttraumatic stress disorder in the community: The 1996 Detroit Area Survey of Trauma. *Archives of General Psychiatry, 55*, 626-632.

Briere, J. & Elliott, D. M. (2003). Prevalence and psychological sequelae of self-reported childhood physical and sexual abuse in a general population sample of men and women. *Child Abuse & Neglect, 27*, 1205-1222.

Charmandari, E., Kino, T., Souvatzoglou, E., & Chrousos, G. P. (2003). Pediatric stress: Hormonal mediators and human development. *Hormone Research, 59*, 161-179.

Cicchetti, D. & Rogosch, F. A. (2001). The impact of child maltreatment and psychopathology on neuroendocrine functioning. *Development and Psychopathology, 13*, 783-804.

Cicchetti, D. & Toth, S. L. (2005). Child maltreatment. *Annual Review of Clinical Psychology, 1*, 409-438.

Curtis, W. J. & Nelson, C. A. (2003). Toward building a better brain: Neurobehavioral outcomes, mechanisms, and processes of environmental enrichment. In S. S. Luthar (Ed.), *Resilience and vulnerability: Adaptation in the context of childhood adversities* (pp. 463-488). New York: Cambridge University Press.

De Antoni, C. & Koller, S. H. (2002). Violência doméstica e comunitária. In M. L. F. Contini, S. H. Koller & M. N. S. Barros (Eds.), *Adolescência e psicologia: concepções, práticas e reflexões críticas* (pp. 85-91). Rio de Janeiro: Conselho Federal de Psicologia.

De Bellis. M. D. (2001). Developmental traumatology: The psychobiological development of maltreated children and its implications for research, treatment, and policy. *Developmental and Psychopathology, 13*, 539-564.

De Bellis, M. D. (2005). The psychobiology of neglect. *Child Maltreatment, 10*, 150-172.

De Bellis, M. D., Keshavan, M. S., Shifflett, H., Iyengar, S., Beers, S. R., Hall, J., & Moritz, G. (2002). Brain structures in pediatric maltreatment-related posttraumatic stress disorder: A sociodemographically matched study. *Biological Psychiatry, 52*, 1066-1078.

Ehlers, A., Clark, D. M., Hackmann, A., McMannus, F., & Fennell, M. (2005). Cognitive therapy for post-traumatic stress disorder: Development and evaluation. *Behaviour Research and Therapy, 43*, 413-431.

Elbert, T., Heim, S., & Rockstroh, B. (2001). Neural plasticity and development. In C. A. Nelson & M. Luciana (Eds.), *Handbook of developmental cognitive neuroscience* (pp. 191-202). Cambridge, MA: Bradford/MIT.

Faller, K. C. (2002). *Understanding and assessing child sexual maltreatment* (2a ed.). Thousand Oaks, CA: Sage.

Flores, R. Z., Kristensen, C. H., & Salzano, F. M. (1998). Definir e medir o que são abusos sexuais. In M. de F. Pinto Leal & M. A. César (Eds.), *Indicadores de violência intra-familiar e exploração sexual comercial de crianças e adolescentes* (pp. 39-55). Brasília: Cese/Ministério da Justiça.

Fontes, L. A. (1993). Considering culture and oppression: Steps toward an ecology of sexual child abuse. *Journal of Feminist Family Therapy, 5*, 25-54.

Glaser, D. (2000). Child abuse and neglect and the brain: A review. *Journal of Child Psychology and Psychiatry, 41*, 97-116.

Gomes, R., Deslandes, S. F., Veiga, M. M., Bhering, C., & Santos, J. F. C. (2002). Por que as crianças são maltratadas? Explicações para a prática de maus-tratos infantis na literatura. *Cadernos de Saúde Pública, 18*, 707-714.

Greenough, W. T., Black, J. E., & Wallace, C. S. (1987). Experience and brain development. *Child Development, 58*, 539-559.

Grossman, A. W., Churchill, J. D., McKinney, B. C., Kodish, I. M., Otte, S. L., & Greenough, W. T. (2003). Experience effects on brain development: Possible contributions to psychopathology. *Journal of Child Psychology and Psychiatry, 44*, 33-63.

Gunnar, M. R., Brodersen, L., Krueger, K., & Rigatuso, J. (1996). Dampening of adrenocortical responses during infancy: Normative changes and individual differences. *Child Development, 67*, 877-889.

Heller, S. S., Larrieu, J. A., D'Imperio, R., & Boris, N. W. (1999). Research on resilience to child maltreatment: Empirical considerations. *Child Abuse & Neglect, 23*, 321-338.

Horner, M. D. & Hamner, M. B. (2002). Neurocognitive functioning in posttraumatic stress disorder. *Neuropsychology Review, 12*, 15-30.

Johnston, M. V. (2004). Clinical disorders of brain plasticity. *Brain & Development, 26*, 73-80.

Junqueira, M. F. P. S. & Deslandes, S. F. (2003). Resiliência e maus-tratos à criança. *Cadernos de Saúde Pública, 19*, 227-235.

Kaas, J. H. & Jain, N. (2003). Plasticidade neural. In M. T. T. Wong-Riley (Ed.), *Segredos em neurociências: Respostas necessárias ao dia-a-dia em rounds, na clínica, em exames orais e escritos* (pp. 461-474). Porto Alegre: Artmed.

Kessler, R. C., Sonnega, A., Bromet, E., Hughes, M., & Nelson, C. B. (1995). Posttraumatic stress disorder in the National Comorbidity Survey. *Archives of General Psychiatry, 52,* 1048-1060.

Kolb, B. & Gibb, R. (2001). Early brain injury, plasticity, and behavior. In C. A. Nelson & M. Luciana (Eds.), *Handbook of developmental cognitive neuroscience* (pp. 175-190). Cambridge: Bradford/MIT.

Kolb, B. & Whishaw, I. Q. (1998). Brain plasticity and behavior. *Annual Review of Psychology, 49,* 43-64.

Koller, S. H. (1999). Violência doméstica: Uma visão ecológica. In Amencar (Ed.), *Violência doméstica* (pp. 32-42). São Leopoldo: Amencar/UNICEF.

Kristensen, C. H. (1996). *Abuso sexual em meninos.* Dissertação de Mestrado não-publicada. Curso de Pós-Graduação em Psicologia do Desenvolvimento, Universidade Federal do Rio Grande do Sul. Porto Alegre, RS.

Kristensen, C. H., Almeida, R. M. M., & Gomes, W. B. (2001). Desenvolvimento histórico e fundamentos metodológicos da neuropsicologia cognitiva. *Psicologia Reflexão e Crítica, 14,* 259-274.

Kristensen, C. H. & Borges, J. L. (2004). Neuropsychological impairment, juvenile delinquency, and posttraumatic stress disorder: An exploratory study. In *First International Congress on Neurosciences and Rehabilitation Annals* (p. 15). Brasília: Sarah Network of Rehabilitation Hospital.

Kristensen, C. H., Gauer, G., Giovenardi, M., Parente, M. A. M. P., & Kaszniak, A. W. (2005). Avaliação neuropsicológica no transtorno de estresse pós-traumático. In R. M. Caminha (Ed.), *Transtornos do estresse pós-traumático (TEPT): Da neurobiologia à terapia cognitiva* (pp. 123-131). São Paulo: Casa do Psicólogo.

Kristensen, C. H., Oliveira, M. S., & Flores, R. Z. (1999). Violência contra crianças e adolescentes na Grande Porto Alegre: pode piorar? In Amencar (Ed.) *Violência doméstica* (pp. 104-117). São Leopoldo: Amencar/UNICEF.

280 Resiliência e psicologia positiva: interfaces do risco à proteção

Kristensen, C. H., Parente, M. A. M. P., & Kaszniak, A. W. (2005). Transtorno de estresse pós-traumático: Critérios diagnósticos, prevalência e avaliação. In R. M. Caminha (Ed.), *Transtornos do estresse pós-traumático (TEPT): Da neurobiologia à terapia cognitiva* (pp. 15-35). São Paulo: Casa do Psicólogo.

Luthar, S. S., Cicchetti, D., & Becker, B. (2000). The construct of resilience: A critical evaluation and guidelines for future work. *Child Development, 71*, 543-562.

MacMillan, H. L., Fleming, J. E., Streiner, D. L., Lin, E., Boyle, M. H., Jamieson, E. et al. (2001). Childhood abuse and lifetime psychopathology in a community sample. *American Journal of Psychiatry, 158*, 1878-1883.

Margolin, G. (2005). Children's exposure to violence: Exploring developmental pathways to diverse outcomes. *Journal of Interpersonal Violence, 20*, 72-81.

Masten, A. S. (2001). Ordinary magic: Resilience process in development. *American Psychologist, 56*, 227-238.

McEwen, B. S. (com Lasley, E. N.). (2002). *The end of stress as we know it.* Washington, DC: DANA/Joseph Henry.

Meaney, M. J. (2001). Maternal care, gene expression, and the transmission of individual differences in stress reactivity across generations. *Annual Review of Neuroscience, 24*, 1161-1192.

Nachmias, M., Gunnar, M. R., Mangelsdorf, S., Parritz, R. H., & Buss, K. (1996). Behavioral inhibition and stress reactivity: The moderating role of attachment security. *Child Development, 67*, 508-522.

Nemeroff, C. B. (2004). Neurobiological consequences of childhood trauma. *Journal of Clinical Psychiatry, 65*(Supl. 1), 18-28.

Norris, F. H., Murphy, A. D., Baker, C. K., Perilla, J. L., Rodriguez, F. G., & Rodriguez, J. J. G. (2003). Epidemiology of trauma and posttraumatic stress disorder in Mexico. *Journal of Abnormal Psychology, 112*, 646-656.

Nurcombe, B. (2000). Child sexual abuse I: Psychopathology. *Australian and New Zealand Journal of Psychiatry, 34*, 85-91.

Nutt, D. J. & Malizia, A. L. (2004). Structural and functional brain changes in posttraumatic stress disorder. *Journal of Clinical Psychiatry, 65*(Supl. 1), 11-17.

Osofsky, J. D. (1995). The effects of exposure to violence on young children. *American Psychologist, 50*, 782-788.

Ozer, E. J. & Weiss, D. S. (2004). Who develops posttraumatic stress disorder? *Current Directions in Psychological Science, 13*, 169-172.

Paolucci, E. O., Genuis, M. L., & Violato, C. (2001). A meta-analysis of the published research on the effects of child sexual abuse. *Journal of Psychology, 135*, 17-36.

Pesce, R. P., Assis, S. G., Santos, N., & Oliveira, R. V. C. (2004). Risco e proteção: Em busca de um equilíbrio promotor de resiliência. *Psicologia: Teoria e Pesquisa, 20*, 135-143.

Perry, B. D. (1999). The memories of states: How the brain stores and retrieves traumatic experience. In J. M. Goodwin & R. Attias (Eds.), *Splintered reflections: Images of the body in trauma* (pp. 9-38). New York: Basic Books.

Pinheiro, D. P. N. (2004). A resiliência em discussão. *Psicologia em Estudo, 9*, 67-75.

Place, M., Reynolds, J. Cousins, A., & O'Neill, S. (2002). Developing a resilience package for vulnerable children. *Child and Adolescent Mental Health, 7*, 162-167.

Rutter, M. (2002). Nature, nurture, and development: From evangelism through science toward policy and practice. *Child Development, 73*, 1-21.

Rutter, M. (2003). Genetic influences on risk and protection: Implications for understanding resilience. In Luthar, S. S. (Ed.), *Resilience and vulnerability: Adaptation in the context of childhood adversities* (pp. 489-509). New York: Cambridge University Press.

Sapolsky, R. M. (2003). Stress and plasticity in the limbic system. *Neurochemical Research, 28*, 1735-1742.

Shin, L. M., McNally, R. J., Kosslyn, S. M., Thompson, W. L., Rauch, S. L., Alpert, N. M. et al. (1999). Regional cerebral blood flow during script-driven imagery in childhood sexual abuse-related PTSD: A PET investigation. *American Journal of Psychiatry, 156*, 575-584.

Shore, A. N. (2002). Dysregulation of the right brain: A fundamental mechanism of traumatic attachment and the psychopathogenesis of posttraumatic stress disorder. *Australian and New Zealand Journal of Psychiatry, 36*, 9-30.

Silva, D. F. M. & Hutz, C. S. (2002). Abuso infantil e comportamento delinqüente na adolescência: Prevenção e intervenção. In C. S. Hutz (Ed.), *Situações de risco e vulnerabilidade na infância e na adolescência: Aspectos teóricos e estratégias de intervenção* (pp.151-185). São Paulo: Casa do Psicólogo.

Spaccarelli, S. & Kim, S. (1995). Resilience criteria and factors associated with resilience in sexually abuse girls. *Child Abuse & Neglect, 19*, 1171-1182.

Stein, M. B. (2002). Taking aim at posttraumatic stress disorder: Understanding its nature and shooting down myths. *Canadian Journal of Psychiatry, 47*, 921-922.

Stein, M. B., Kennedy, C. M., & Twamley, E. W. (2002). Neuropsychological function in female victims of intimate partner violence with and without posttraumatic stress disorder. *Biological Psychiatry, 52*, 1079-1088.

Stein, M. B., Koverola, C., Hanna, C., Torchia, M. G., & McCarthy, B. (1997). Hippocampal volume in women victimized by childhood sexual abuse. *Psychological Medicine, 27*, 951-959.

Stiles, J. (2000). Neural plasticity and cognitive development. *Developmental Neuropsychology, 18*, 237-272.

Teicher, M. H., Andersen, S. L., Polcari, A., Anderson, C. M., Navalta, C. P., & Kim, D. M. (2003). The neurobiological consequences of early stress and childhood maltreatment. *Neuroscience and Biobehavioral Reviews, 27*, 33-44.

Trombeta, L. H. A. P. & Guzzo, R. S. L. (2002). *Enfrentando o cotidiano adverso: Estudo sobre resiliência em adolescentes*. Campinas, SP: Alínea.

Vasterling, J. J., Duke, L. M., Brailey, K., Constans, J. I., Allain Jr., A. N., & Sutker, P. B. (2002). Attention, learning, and memory performances and intellectual resources in Vietnam veterans: PTSD and no disorder comparisons. *Neuropsychology, 16*, 5-14.

Weaver, I. C. G., Szyf, M., & Meaney, M. J. (2002). From maternal care to gene expression: DNA methylation and the maternal programming of stress responses. *Endocrine Research, 28*, 699.

Yehuda, R. (2001). Biology of posttraumatic stress disorder. *Journal of Clinical Psychiatry, 62*(Supl. 17), 41-46.

Yehuda, R. (2002). Current concepts: Post-traumatic stress disorder. *New England Journal of Medicine, 346,* 108-114.

Yehuda, R. (2004). Risk and resilience in posttraumatic stress disorder. *Journal of Clinical Psychiatry, 65*(Supl. 1), 29-36.

Yunes, M. A. M. (2003). Psicologia positiva e resiliência: O foco no indivíduo e na família. *Psicologia em Estudo, 8,* 75-84.

Zhang, T. Y., Chrétien, P., Meaney, M. J., & Gratton, A. (2005). Influence of naturally occurring variations in maternal care of prepulse inhibition of acoustic startle and the medial prefrontal cortical dopamine response to stress in adult rats. *Journal of Neuroscience, 25,* 1493-1502.

Sobre os autores e as autoras

Débora Dalbosco Dell'Aglio é psicóloga, doutora em psicologia (UFRGS), pesquisadora do CNPq e professora do programa de pós-graduação em psicologia da Universidade Federal do Rio Grande do Sul. Coordenadora do Núcleo de Estudos e Pesquisas em Adolescência (NEPA) e co-coordenadora do Centro de Estudos Psicológicos sobre Meninos e Meninas de Rua (CEP-RUA/UFRGS). Vice-presidente da Sociedade Brasileira de Psicologia do Desenvolvimento. Áreas de interesse: desenvolvimento humano; psicologia positiva; resiliência; famílias, adolescentes e crianças em situação de risco e de institucionalização. E-mail: dalbosco@cpovo.net

Sílvia H. Koller é psicóloga, doutora em educação (PUCRS), pesquisadora do CNPq e professora do programa de pós-graduação em Psicologia da Universidade Federal do Rio Grande do Sul. Coordenadora do Centro de Estudos Psicológicos sobre Meninos e Meninas de Rua (CEP-RUA/UFRGS). Presidente da Associação Nacional dePesquisa e Pós-Graduação em Psicologia. Áreas de interesse: desenvolvimento humano; psicologia positiva; resiliência; famílias, adolescentes e crianças em situação de risco. E-mail: kollersh@ufrgs.br

286   Resiliência e psicologia positiva: interfaces do risco à proteção

Maria Ângela Mattar Yunes é psicóloga, doutora em Educação: Psicologia da Educação (PU/SP), Pesquisadora do CNPq e professora do programa de pós-graduação em Educação Ambiental da Fundação Universidade Federal do Rio Grande. Coordenadora do Centro de Estudos Psicológicos sobre Meninos e Meninas de Rua da FURG (CEP-RUA/FURG) e do Núcleo de Estudos e Atenção às Famílias da FURG (NEAF). Áreas de interesse: desenvolvimento humano; psicologia positiva; resiliência; famílias, adolescentes e crianças em situação de risco e de institucionalização; educação ambiental. E-mail: yunes@vetorial.net

Clarissa De Antoni é psicóloga graduada pela PUC-RS, especialista em psicologia social/PUC-RS, doutora em Psicologia do Desenvolvimento e da Personalidade/UFRGS. Membro do Centro de Estudos Psicológicos sobre Meninos e Meninas em Situação de Rua (CEP-RUA/Psicologia/UFRGS). Docente e supervisora de estágios e monografias do curso de especialização em Psicologia Clínica – Saúde Comunitária/UFRGS. Áreas de interesse: violência intrafamiliar, vulnerabilidade e resiliência, desenvolvimento de seres humanos em situações atípicas, rede de apoio social e afetivo, pesquisa ecológica. E-mail: clarissadeantoni@yahoo.com.br

Simone Paludo é psicóloga graduada pela UCPEL-RS. Professora da Fundação Universidade de Rio Grande. Mestre e doutoranda pelo programa de pós-graduação em Psicologia da Universidade Federal do Rio Grande do Sul. Membro do Centro de Estudos Psicológicos sobre Meninos e Meninas em Situação de Rua (CEP-RUA/Psicologia/UFRGS). Áreas de interesse: desenvolvimento humano, ecologia humana, psicologia positiva, emoções morais, adolescentes e crianças em situação de risco e de rua, pobreza. E-mail: paludomone@yahoo.com.br

Sobre os autores e as autoras 287

Narjara Mendes Garcia é pedagoga, mestranda no Programa de Pós-Graduação em Educação Ambiental (FURG) e professora Substituta do Departamento de Educação e Ciências do Comportamento na Fundação Universidade Federal do Rio Grande. Membro do Centro de Estudos Psicológicos sobre Meninos e Meninas em Situação de Rua (CEP-Rua) e do Núcleo de Estudos e Atenção às Famílias (NEAF) da FURG. Áreas de Interesse: educação familiar; desenvolvimento humano; resiliência; transgeracionalidade; famílias, adolescentes e crianças em situação de risco; educação ambiental. E-mail: narjaramg@yahoo.com.br

Luísa F. Habigzang é psicóloga graduada pela UNISINOS e mestranda em Psicologia pela UFRGS. Membro do Centro de Estudos Psicológicos sobre Meninos e Meninas de Rua (Cep-Rua/Psicologia/UFRGS) e coordenadora do programa de atendimento a vítimas de violência sexual do CEP-RUA em Novo Hamburgo/RS. Áreas de interesse: Desenvolvimento humano, violência intrafamiliar contra crianças e adolescentes, avaliação e intervenção psicológica. E-mail: luisa.h@terra.com.br

Michele Poletto é psicóloga graduada pela UCS, mestranda em Psicologia pela Universidade Federal do Rio Grande do Sul. Membro do Centro de Estudos Psicológicos sobre Meninos e Meninas em Situação de Rua (CEP-RUA/Psicologia/UFRGS). Áreas de interesse: desenvolvimento humano, ecologia humana, infância, psicologia positiva, resiliência, trabalho infantil, populações em situação de risco e em vulnerabilidade social. E-mail: mipoletto@hotmail.com

Christian Haag Kristensen é psicólogo (PUCRS), especialista em Neuropsicologia (CRP/07) e doutor em Psicologia (UFRGS). Pesquisador do Laboratório de Neurociências (UNISINOS) e docente no Curso de Psicologia e no programa de pós-graduação em Psicologia (UNISINOS). Áreas de interesse: desenvolvimento humano, estresse e trauma, neuropsicologia. E-mail: chkristensen@yahoo.com.br

288   Resiliência e psicologia positiva: interfaces do risco à proteção

Lene Silvany Rodrigues Lima Santos é psicóloga graduada pela UFBA e mestranda pelo programa de pós-graduação em Psicologia da Universidade Federal do Rio Grande do Sul. Membro do Núcleo de Estudos e Pesquisas em Adolescência (NEPA/UFRGS) e do Centro de Estudos Psicológicos sobre Meninos e Meninas em Situação de Rua (CEP-RUA/Psicologia/UFRGS). Áreas de interesse: desenvolvimento humano, resiliência, adolescentes e crianças em situação de risco e de rua. E-mail: limasantos2@ig.com.br

Jeane Lessinger Borges é psicóloga graduada pela UNISINOS/RS e mestranda pelo programa de pós-graduação em Psicologia da Universidade Federal do Rio Grande do Sul. Membro do Núcleo de Estudos e Pesquisas em Adolescência (NEPA/UFRGS) e do Centro de Estudos Psicológicos sobre Meninos e Meninas em Situação de Rua (CEP-RUA/Psicologia/UFRGS). Áreas de interesse: desenvolvimento humano, abuso sexual, Transtorno de Estresse Pós-Traumático, adolescentes e crianças em situação de risco. E-mail: jelessinger@ig.com.br

Renata Maria Coimbra Libório é psicóloga, doutora em Psicologia (IPUSP), professora da área de Psicologia do Departamento de Educação e Programa de Pós-Graduação em Educação da Faculdade de Ciências e Tecnologia da Universidade Estadual Paulista (UNESP), campus de Presidente Prudente, com pós-doutorado na área da Sociologia da Infância, pelo Instituto de Estudos da Criança (IEC) da Universidade do Minho, Portugal. Áreas de interesse: desenvolvimento humano; excluso/incluso escolar e social; resiliência; crianças e adolescentes em situação de risco; violência contra criança e violação de direitos. E-mail: liborio@prudente.unesp.br

Bernardo Monteiro de Castro é psicólogo, mestre e doutor em Letras pela PUC – Minas, professor de Psicologia no Centro Universitário Metodista Izabela Hendrix, de Belo Horizonte, com pós-doutorados em Literatura e em Psicologia na Universidade de

Cincinatti, EUA. Áreas de interesse: desenvolvimento humano, resiliência, exclusão/inclusão social, populações em situação de risco, psicologia clínica, mitologia, literatura, estética. E-mail: bmcastro.bh@terra.com.br

Luciana Rodríguez Barone é psicóloga graduada pela UFRGS. Membro do Centro de Estudos Psicológicos sobre Meninos e Meninas em Situação de Rua (Cep-Rua/Psicologia/UFRGS). Áreas de interesse: populações em situação de risco e em vulnerabilidade social; violência intrafamiliar; rede de apoio social e afetivo, ecologia humana. E-mail: lucianarbarone@yahoo.com.br

Angela Elizabeth Lapa Coêlho é psicóloga, doutora em Psicologia Social pela Universidade de Manitoba, Canadá, professora do Programa de pós-graduação em Psicologia da Universidade Católica Dom Bosco (UCDB), Campo Grande, MS. Membro do Comitê Científico da UCDB. Áreas de interesse: desenvolvimento humano, psicologia da saúde, psicologia positiva, resiliência, aspectos psicossociais dos desastres. E-mail: angelacoelho@ucdb.br

Luciana Cassol é psicóloga, especialista em Psicologia Clínica, ênfase Saúde Comunitária/UFRGS. Experiência em coordenação técnica de abrigos para crianças e adolescentes. Áreas de interesse: Vivência intrafamiliar, vulnerabilidade e resiliência, desenvolvimento em situações atípicas. E-mail: lucassol@pop.com.br

Impresso por :

gráfica e editora

Tel.:11 2769-9056